"一带一路"背景下
我国体育产业发展体系研究

彭志伟◎著

中国纺织出版社

内 容 提 要

本书首先对"一带一路"构想的提出与基本理论进行了分析,接着对"一带一路"背景下我国体育产业发展的理论基础与现实基础进行剖析,在此基础上,重点对"一带一路"背景下我国体育产业发展的服务体系、人才培养体系、资源开发与配置这几个方面加以研究,最后,对"一带一路"背景下我国不同类型体育产业的发展进行了阐述。由此可以看出,本书结构清晰,语言凝练,知识点丰富,且立意新颖,具有显著的科学性、系统性、新颖性、时代性等特点,值得阅读和借鉴。

图书在版编目(CIP)数据

"一带一路"背景下我国体育产业发展体系研究 /
彭志伟著. -- 北京 : 中国纺织出版社,2018.7 (2022.1重印)
ISBN 978-7-5180-4372-9

Ⅰ.①一… Ⅱ.①彭… Ⅲ.①体育产业－产业发展研
究－中国 Ⅳ.①G812

中国版本图书馆CIP数据核字(2017)第292055号

责任编辑:姚 君　　　　　　　　　　　责任印制:储志伟

中国纺织出版社出版发行
地址:北京市朝阳区百子湾东里A407号楼　邮政编码:100124
销售电话:010－67004422　传真:010－87155801
http://www.c-textilep.com
E-mail:faxing@e-textilep.com
中国纺织出版社天猫旗舰店
官方微博 http://www.weibo.com/2119887771
北京虎彩文化传播有限公司　　各地新华书店经销
2018年7月第1版　2022年1月第7次印刷
开本:710×1000　1/16　印张:17
字数:220千字　定价:72.00元

前　　言

　　"一带一路"构想中"一带"是指"丝绸之路经济带",而"一路"则是指"21世纪海上丝绸之路"。这一构想是党中央、国务院以全球形势的变化为依据,统筹国内外而做出的重大决策,具有非常重大的意义,这不仅体现在中国全方位开放新格局的开创方面,还体现在地区及世界和平发展的促进方面。当前,国家有关部门已经按照中央的部署,组织开展了"一带一路"的学习和研究工作,为其的顺利实施与落实奠定了坚实的基础。

　　"一带一路"涉及的领域非常广泛,在政治、经济、安全、文化等方面都有所体现。体育不仅仅是一项文化事业,同时其还具有显著的经济功能和商业价值,这就促进了体育产业的形成与发展。尤其是随着体育事业的不断发展,人们对体育运动的喜爱与参与不断提升,对体育的相关方面的关注程度也逐渐提高,这就推动了体育产业的进一步发展。我国体育产业作为当前经济发展的一个重要分支,并呈现出逐渐递增的发展趋势,因此可以预见,在"一带一路"的带动下,我国的体育产业一定能够获得进一步的发展和完善,并且为经济增长添砖加瓦。《"一带一路"背景下我国体育产业发展体系研究》就是在这样的背景下撰写出来的。

　　本书主要对"一带一路"背景下我国体育产业的发展体系进行剖析和研究。本书特点大致归纳为以下几个方面。

　　(1)从新视角出发,将"一带一路"与体育产业发展有机结合在一起。当前,"一带一路"作为社会热点,正在如火如荼地实施,将其与体育产业发展结合起来,能够为体育产业发展注入新的动力和支持,研究和探索价值极高。

（2）体育产业的发展涉及很多方面,本书从理论基础、现实基础、政策体系、服务体系、人才培养体系、资源开发与配置、不同类型体育产业的发展等方面出发,对我国体育产业进行了全面且细致地剖析,充分体现了全面性与深入性的有机结合。

（3）立意新颖。本书首先交代了"一带一路"的提出,其基本内容和重要意义,然后,在此背景下对体育产业的发展加以研究。体育产业的发展往往是作为一个知识点进行分析的。可以说本书的立意新颖独特,也为体育产业发展体系的进一步研究和完善奠定了坚实的基础。

本书在撰写过程中参考并借鉴了相关专家学者的研究成果和观点,在此表示最诚挚的感谢!另外,由于时间和精力所限,书中难免出现纰漏和不足,敬请广大读者批评指正!

编　者

2017 年 9 月

目　　录

第一章 "一带一路"构想的提出及分析

"一带一路"构想是中国改革开放外交实践的最新发展,其提出不仅受到中国传统文化的影响,同时其直接也是中国当代外交实践的理论对象,还是党的十八大中国外交思想的具体化。为更加深入、准确地研究"一带一路"背景下我国体育产业发展体系,本章分别对"一带一路"构想的提出、内容、意义进行全面阐析,进一步巩固"一带一路"构想的理论基础。

第一节 "一带一路"构想的提出

"一带一路"构想被提出并得以实施,其存在特定的背景和条件。详细来说,"一带一路"构想的提出不仅存在一些理论渊源,还受内在原因和外部环境的影响,具体如下。

一、"一带一路"构想的理论渊源

(一)"一带一路"构想与"上海五国"会晤机制的渊源

1. "上海五国"会晤机制的产生

(1)"上海五国"会晤机制产生的背景

我国和苏联的共同边界共有 7 500 多千米,历史记载的正面冲突很多。1989 年 5 月,苏联领导人戈尔巴乔夫访华,邓小平在会见他时正式宣布:"中苏关系从此实现正常化。"1989 年 11 月,中国和苏联展开谈判,谈判围绕的关键内容是边境地区增强军事领域信任并适度裁减军事力量。1991 年 12 月苏联解体后,中国与苏联的边界问题变成了中国与俄罗斯、哈萨克斯坦、吉尔吉斯斯坦、塔吉克斯坦四国的边界问题,我国的谈判国也随之转变成四个国家。在此之后,五国领导受形势影响依旧维持这项机制,此外五国两方随之转变成五国五方,讨论层面更加多样化。"上海五国"就是遵循这种逻辑逐步发展而来的。

苏联解体之后,受面临国家数量增加的影响,我国和俄罗斯、哈萨克斯坦、吉尔吉斯斯坦、塔吉克斯坦就边界问题的谈判难度更大。但是,自 1992 年 3 月开始,五国两方延续了 1989 年 11 月的中苏两国边境裁军谈判。到 1995 年 12 月,五国两方进行了 22 轮谈判,最后就中国与上述四国关于在边境地区相互裁减军事力量协定及其他有关文件的内容达成一致。因此,在五国的共同努力下,1996 年 4 月 26 日,中华人民共和国、俄罗斯联邦、哈萨克斯坦、吉尔吉斯斯坦和塔吉克斯坦五国元首在上海共同签署了《中华人民共和国和俄罗斯联邦、哈萨克斯坦、吉尔吉斯斯坦和塔吉克斯坦关于在边境地区加强军事领域信任的协定》,这也是"上海五国"会晤机制形成雏形的重要标志。

(2)"上海五国"会晤机制的主要内容

在五国共同商议的基础上,最终协定的内容由以下几方面组成。

第一,五国两方部署在边境地区的军事力量互不进攻。

第二,双方不进行针对对方的军事演习。

第三,限制军事演习的规模、范围和次数。

第四,相互通报边境 100 千米纵深地区的重要军事活动情况。

第五,彼此邀请观察实兵演习。

第六,预防危险军事活动。

第七,加强双方边境地区军事力量和边防部队之间的友好交往等。

换句话说,这项协定促使中国和俄罗斯、哈萨克斯坦、吉尔吉斯斯坦、塔吉克斯坦四国踏上友好和平边界的道路迈出了十分重要的一步,有相当关键的现实意义。

2."上海五国"会晤机制的实施

1997年4月的24日和25日,中国与俄、哈、吉、塔两方又在莫斯科签署了《在边境地区相互裁减军事力量的协定》,主要内容如下。

第一,中国与俄、哈、吉、塔双方将边境地区的军事力量裁减到与睦邻友好相适应的最低水平,使其不具有攻击性,而只具有防御性。

第二,互不使用武力或以武力相威胁。

第三,不谋求单方面的军事优势。

第四,双方部署在边境地区的军事力量互不进攻。

第五,裁减和限制部署在边界两侧各100千米纵深的陆军、空军、防空军航空兵、边防部队人员和主要种类的武器数量,将裁减后的最高数额确定下来。

第六,将裁减方式和期限确定下来。

第七,交换边境地区的军事力量的有关资料。

第八,监督协定的执行情况等。

由此可见,五国会晤获得了很多成果,大大推动了五国领导做出共同保持该项机制、五国两方顺利转变成五国五方、讨论涉及层面更广的合作问题的决定。在此背景下,《在边境地区相互裁减军事力量的协定》和《关于在边境地区加强军事领域信任的协定》为之后中国和四国在双边基础上友好处理边界问题打下了较好的基础。

在谈判边界问题的过程中,还慢慢构建了军事方面的互信机制,构建该项互信机制和相关国家的政治互信存在很多联系,如我国在俄罗斯独立后马上承认,也指出坚持遵循睦邻友好、平等信任、互利合作、共同发展以及遵守国际法则的基本精神来构建两国关系。必须重申的是,这里提及的政治方面的互信得以构建和两国友好存在密不可分的联系。军事互信机制在持续变化的国际环境中被培育起来。冷战结束以后,国际环境出现了翻天覆地的变化,全球化、和平与发展相继演变成世界各国关注的焦点,各个国家和地区都开始自觉谋求合作、谋求更大的发展。中国与俄罗斯、中亚各国都处于经济转轨、社会转型时期,均需要尽快解决国家内部经济发展的各项任务,虽然本地区有多个层面上的历史遗留问题,但构建崭新的合作机制依旧有很大的必要性。

自 1996 年起,为达到增进友谊、和平相处的目标,"上海五国"元首每年均会进行一次会晤,以期有效打击存在于五国内部的恐怖主义、分裂主义以及极端主义。苏联解体之后,受国际伊斯兰极端势力的波及,中亚地区宗教纷争与民族冲突持续增加,整个地区各个国家的极端势力联成一体,一股跨国的恐怖主义势力慢慢形成,严重危及中亚地区各个国家的国家安全和社会稳定,这方面的情况也是"上海五国"元首会晤机制关注的一个关键层面。

1998 年 7 月,五国领导人在阿拉木图举行第三次会晤,共同签署了《阿拉木图联合声明》。由此,五国均做出了一致的决定:"任何形式的民族分裂主义、民族排斥和宗教极端主义都是不能接受的",同时,还首次将"将采取措施,打击国际恐怖主义、有组织犯罪、偷运武器、贩卖毒品和麻醉品以及其他跨国犯罪活动"的原则写入会晤的联合公报。

1999 年 8 月,五国元首在吉尔吉斯斯坦首都比什凯克进行了第四次会晤,同时发表了《比什凯克联合声明》。这次会议结束后,五国执法安全部门领导人和国防部长相继召开了三次实质性会议,深层次探究了建立军事安全以打击恐怖主义合作机制的详细问题。

2000 年 7 月,五国元首的第五次会晤在塔吉克斯坦首都杜尚别举行,乌兹别克斯坦总统以观察员身份参加会晤,各方重点强调了协力打击三股恶势力以及非法贩卖武器、毒品和非法移民等犯罪活动的必要性和深远意义。为此,五国商定,将签署多边合作条约与协定,五国边防、海关和安全部门负责人定期会晤,酌情在五国框架内联合举行反恐怖和反暴力活动的演习,就地区形势和共同关心的国际问题广泛地交换意见,此外在构筑面向 21 世纪的睦邻友好与和平合作大厦也形成共识。

(二)"一带一路"构想与上海合作组织的渊源

1.上海合作组织的产生

21 世纪,"上海五国"升格为上海合作组织,各个成员国尝试挖掘和发挥地区多边组织来成功塑造欧亚地区的良好秩序。毋庸置疑,以上各项倡议尤其是在上海合作组织成立十余年来,对欧亚地区相互协作、长治久安发挥了很大的正面影响,但欧亚地区各个层面的障碍依旧需要尽快解决,如不同类型的亚政治力量、缺乏信任的认知造成的猜疑等均或多或少地制约了以上倡议与机构对欧亚地区秩序发挥重塑的功能,这同样是造成欧亚地区秩序碎片化走向依旧存在的一个关键原因。

2001 年 6 月,上海合作组织在上海正式成立并签署了《打击恐怖主义、分裂主义和极端主义上海公约》。上海合作组织成立是之前"上海五国"功能顺利转换的结果,即解决边界功能转变成反恐功能的关键象征。该项公约首次在法律层面界定了"恐怖主义、分裂主义和极端主义",为维护地区安全与稳定、联合打击三股势力打下了相对稳固的法律基础。

2.上海合作组织的特点

分析五国会晤机制产生到上海合作组织产生的全过程可知,以反恐为中心的地区安全合作组织通过不断发展、不断成长顺利实现了机制化,此外慢慢演变成一个各方面均比较成熟的国际反恐组织。作为崭新的地区安全治理机制,上海合作组织拥有和时代发展要求相吻合的特征,具体体现在以下几个层面。

(1)上海合作组织是有效的地区治理机制

站在全世界的高度分析,全球化产生的效应存在两面性。详细地说,全球化不只是会给世界各国带来很多利益,也会在一定程度上加剧全世界的不平等程度和两极分化趋势,这会使得各个国家发展的脆弱性更加明显,同时增加了部分国家产生内部危机与内部动乱的可能性,还会造成一部分犯罪活动的国际化与恐怖主义的全球网络化等。

解决和处理全球问题应当着眼于全球的整体情况,地区组织同样是全球治理中的一个关键方面,属于地区治理的详细机制。上海合作组织在解决和处理很多项全球性问题上都起到了突出的作用,其不仅积极完成落实打击恐怖主义、分裂主义以及极端主义,也积极打击毒品买卖、武器走私和其他跨国犯罪活动。

(2)大力提倡"互信、互利、平等、协商、尊重多样文明、谋求共同发展"的精神

在组织内部设置一个或几个主导国,大国与小国均有,但在组织原则与机制内部没有大小国家区别对待的情况,相反是成员国彼此平等的多边协商合作机制,这种情况和传统国际组织通行的"大国原则"存在很大不同。剖析上述的原则精神可以发现,上海合作组织在构建良好国际秩序上迈出了一大步。

(3)提出了摒弃"冷战思维"新安全观的主张

1997年4月,中俄两国签署《关于世界多极化和建立国际新秩序的联合声明》,一种崭新的安全观被正式提出。在此之后,该项崭新的安全观慢慢获得"上海五国"所有成员国的肯定,其精神慢慢渗透至上海合作组织的具体机制中。由此可见,以共同安全、合作安全和综合安全等概念为基本架构与基础的安全理念,是《上海合作组织成立宣言》《上海合作组织元首宣言》《上海合作组织宪章》和《打击恐怖主义、分裂主义和极端主义上海公约》等文件的核心思想的重要构成要素。在此项安全理念的作用

下,慢慢优化了上海合作组织传统安全和非传统安全威胁方面的机制。

（4）军事色彩慢慢淡化,反恐力度逐步增强

在功能方面,上海合作组织和传统国际政府组织有本质不同。可以肯定的是,结盟性组织的主要对象是第三方,就算不是结盟性质的军事组织也可以造成组织外的一些国家出现焦虑情绪,由此对这个组织形成防备心理。但需要注意的是,上海合作组织不会让组织外的国家形成防备心理,反之在反恐方面和这个组织存在一些共同利益,因而往往会作为非成员国与该组织开展紧密合作,有些情况下还会加入该项组织来更加得心应手地处理全球化问题。由此可见,上海合作组织作为一种区域合作组织存在十分鲜明的非对抗性特征与非排他性特征,其始终在积极准备和所有国家、所有国际组织进行有效配合,从而彻底消除恐怖主义给世界各国带来的威胁。

借助经济手段来推进欧亚地区实现协同发展,携手构建安全共同体、责任共同体以及命运共同体,是"一带一路"设想的关键目标。深入剖析可以发现,上海合作组织的"上海精神"彰显出的新安全观、新型国家间关系、新型合作模式,和"一带一路"构想是相互统一的关系。

（三）"一带一路"构想与十八大外交思想的渊源

中国共产党十八大报告指出:"合作共赢,就是要倡导人类命运共同体意识,在追求本国利益时兼顾他国合理关切,在谋求本国发展中促进各国共同发展,建立更加平等均衡的新型全球发展伙伴关系,同舟共济,权责共担,增进人类共同利益。"这不光揭示了我国贯彻执行和平发展道路的外交方针,此外充分反映了当前世界日益凸显的国际社会共生现象。以当前世界为比较对象,其与中世纪到近代历史的社会体系以及冷战时期的国际体系有很多方面的不同。在冷战结束以后,世界格局出现了翻天覆地的变化,根据具体时间可将其变化归纳为以下几个方面。

1.世界从冷战分裂转变为大国合作

分析冷战时期可知,两大超级大国均在引领各自盟友实施争夺,进而使得世界被大体分成两个阵营。冷战时期告终后,虽然国家间的冲突次数有增无减,但常见冲突是地区性冲突和小国间的战争,此外常见冲突往往伴随分裂主义、极端主义、恐怖主义等问题。因此,大国间的分歧往往未能演变成直接的武力冲突,少数对抗依旧在理性范围与能够控制的范围。在双方协调以及多方协调下,大国往往可以在短时间内顺利踏上相互协作的轨道。从整体来说,自冷战时代告终后,大国顺利进入合作的长周期。

2.世界从形式上的合作逐渐转变为利益上的依存

在冷战刚刚结束时,大国间的相互协作常常会流于形式,触及根本的内容比较有限。出现这种情况的重要原因是未能迅速消除相互间的隔阂,同时双方重要成员在欧亚大陆上依旧维持着地缘博弈的大体走向,特别是要妥善处理苏联解体后产生的各方面问题,所以存在竞争多于合作的情况。但是,在全球市场体系持续发展与主权国家市场开放力度持续增大的情况下,各主权国家利益在市场作用下被牢牢捆绑在一起,特别是大国间利益表现出相互交织、相互叠加、相互统一的特点,这造成大国之间在利益方面的依存程度持续提升,最终真正达到了本质上的相互协作。

3.世界从利益依存到命运攸关

虽然传统安全问题表现出退潮的趋势,但是环境保护、气候问题、黑客问题、恐怖主义、大型灾害等非传统安全问题正在逐步演变成危及各国利益的关键性因素,上述问题最突出的特征是跨国性特征和无法预测性特征。在此类情形下,利益存在依存关系的各方就演变成为命运攸关方,提出了全球范围内跨国治理、合理治理、全面治理的大体要求。

各方演变成命运攸关方的重要原因是:各方存在关联的经济

利益涉及很多方面且安全利益是共同的,然而这些利益在全球问题的长期作用下表现出不安全性特征。树立命运共同体意识是保障共同利益不被侵害的基础条件,但树立命运共同体意识就需要达到以下几项要求。

(1)舍弃狭隘的国家利益观

毋庸置疑,国家利益是主权国家首要关注的重点,但在当今世界,国家利益已经成为束缚构建全球治理机制的最大因素。究其原因,主要是由于狭隘的国家利益纵容民族主义情绪,而民族主义情绪一旦发展为极端民族主义,那么,其就会对国家背离人类共同体的共同利益起到积极的促进作用,而利益攸关方的利益格局将整体性地受到危害。因此,这就要求一定要将国家利益与人类共同利益的辩证关系处理好。

(2)舍弃狭隘的国家安全观

综合分析整个发展历程可以发现,传统意义上的国家安全观往往会通过牺牲其他国家的安全来追求本国安全,传统意义上的国家利益观往往会对其产生或多或少的作用。受非传统安全的威胁作用,实现狭隘的国家安全存在巨大的难度,有且仅有合作追求共同的安全,方可从根本上保障自身安全,即非传统安全领域中的安全是能够共同享受的公共品。

(3)舍弃文化、宗教、民族的原教旨主义倾向

文化的原教旨主义一般是指在对自身文化存在一种强烈自负感上加以反映,其中占据核心位置的观点是仅有自身的文化方能对世界的唯一文化起到拯救作用。纵览历史可知,盛行于西方国家的欧洲文化中心主义是文化原教旨主义中的一种。尽管宗教原教旨主义并未出现在国家层面上,然而宗教团体在现阶段扮演着一种极为关键的行为体,宗教团体的观念在一些情况下对国家决策有很大影响,最终造成带有特定倾向的宗教原教旨主义国家政策。

民族原教旨主义就是指不同类型的极端民族主义情绪,此类情绪往往会假借爱国主义口号对国际社会中的异族实施排挤。

能够肯定的是,任何一个民族、任何一种文化均存在可取之处,各民族应当在积极汲取其他民族良好文化的前提下尽全力达到自身的发展目标,所以说舍弃文化、宗教、民族原教旨主义倾向存在很大的必要性。

(4)舍弃强权政治和霸权主义

强权政治和霸权主义,实际上就是以大欺小、以强欺弱、随意践踏国际法的行为所构成的国家政策取向。但是,弱肉强食在人类共存方面并不是适用的。在国际社会关系中弘扬平等互信、包容互鉴、合作共赢的精神,共同维护国际公平正义,这才是所谓的人类命运共同体意识。

世界和平与发展需要国际社会共同维护,同时树立人类共同体意识是世界各国行为体均要具备的意识,并非只凭借一个国家或者几个国家就可以树立人类命运共同体意识。

二、"一带一路"构想提出的内在原因

(一)提高中国对外开放水平的需要

十八届三中全会提出:"加快沿边开放步伐,允许沿边重点口岸、边境城市、经济合作区在人员往来、加工物流、旅游等方面实行特殊方式和政策。建立开发性金融机构,加快同周边国家和区域基础设施互联互通建设,推进丝绸之路经济带、海上丝绸之路建设,形成全方位开放新格局。"所谓的"全方位开放新格局"是相对于以往30多年形成的对外开放格局而言的。自1978年对外开放开始,中国的经济特区、沿海开放城市、沿海经济开放开发区、沿江开放城市、内陆开放城市的全方位开放格局就已经形成了。但此类开放格局得以形成的关键因素是其采用的引进外资、对外投资、工程承包等都是中国经济主体"走出去"的常见形式,我国经济对外关联程度从根本上说比较低,即未能完全形成开放型经济体制。由此可见,提升对外开放水平必须积极适应经济全

球化的发展趋势,促使对内开放与对外开放相互推动、促使"引进来"和"走出去"有机结合并产生推动作用,对国际国内要素有序流动、资源高效配置、市场深度融合发挥更大的推动力,高效培育参与和引领国际经济合作竞争新优势,最终实现借助开放推动改革进程的目标。

(二)消除中国东西部经济发展二元现象的需要

分析我国经济发展速度快的原因可知,经济特区、沿海开放城市、沿海经济开放区的市场化改革发挥了突出作用,但我国发展失衡问题依旧值得人们深入研究。与相对发展的东部沿海地区相比,中西部地区的经济发展速度十分缓慢。在最初阶段,优先发展东部沿海地区的目的是推动东部沿海地区率先发展起来,随后对中西部地区产生带动作用,但实践中对中西部地区发展产生的带动作用十分有限,东部地区和西部地区的经济差距在持续增加,资本的本性是出现这种情况的本质原因。东部沿海地区资本逐利的契机比较多,但中部地区和西部地区在自然条件与交通条件的双重限制下,资本逐利的契机十分有限,因而资本自愿在中西部地区施展拳脚的可行性较小。此类二元经济现象对我国综合发展以及我国现代化进程都有明显的制约作用,此外严重的体制与机制的二元现象也一直存在。东部沿海地区和国际市场对接相对成功,开放性特征相对突出,所以市场化程度比较显著;但中西部地区的市场化程度还有待提升,传统计划经济体制产生的影响依旧渗透在很多方面,所以我国东部地区和中西部地区的市场体制和机制存在很多不同点。此类体制和机制的存在是造成"地方割据"经济现象的重要原因。就现阶段来说,东部经济发展已经呈现出瓶颈期的发展特征,这往往反映在资源层面和政策层面。

分析以上资源可知,东部原本拥有的稀缺资源特别是土地资源已经难以继续对东部经济发展产生支撑作用;分析以上政策可知,过去引领经济发展的具体政策已经表现出低效用或没有效用的状态,此外政策创新本身同样陷入瓶颈状态。换言之,东部经济发展在制度创新方面的需求持续增加,同时需要借此完成突破当前瓶颈的目标,这已经演变成我国现代化进程中的直接障碍,也已经演变成我国完成大国成长目标的直接障碍。

单方面依托我国东部沿海地区的发展,很难顺利完成我国现代化与和平发展战略,所以一定要在我国中部、西部、东部沿海地区共同实现现代化后,我国大国成长与国家现代化的宏伟目标方能实现。虽然"西部大开发"战略设想的提出时间较早,但在多方面因素的影响与限制下,这项战略设想并未获得满意的成效,或者说未能充分落实各项战略。从某种角度展开分析,提出和落实"一带一路"构想有助于我国西部大开发的战略布局。

(三)消除中国城乡二元经济现象的需要

城乡二元经济现象是我国需要解决的一个重要问题。就近些年的发展来说,农村剩余劳动力转移至城市为城市发展提供了极大的推动力,这也随之完成了人才从农村向城市的转移,此外让农村一部分稀缺资源逐步流入城市,推进了城市繁荣的进程,但该现象也造成农村在我国现代化进程中的落后问题和不适应问题。农村剩余的人往往是老弱病残妇幼婴,使得农业生产的萧条景象越来越显著。面对进入城市打工的农民工,城市又难以接纳其成为城市人,因此这一批人无论在就业、孩子上学、社会福利等方面都处于城市的边缘,这就成为城市管理的严重后患。没有基本的人力资源,农村的产业培育发展艰难。况且,不能在短期内就实现产业的培育,而且从比较收益来看,农民工没有看到产业收益则会继续被城市的打工收益所吸引。这就导致了空巢老人和留守儿童成为一种普遍的现象。再加上农村产业发展的不理想,使得农民的收益较低,这又进一步促进了农民向城市的流动。这样一来,不仅会导致儿童安全方面的问题,还会产生教育上的缺失,不利于后备人才的培养,进而对国家的发展、国家的未来产生不利的影响。

　　人们经常提到的现代化并非指城市将农村资源消耗殆尽直至消灭农村,而是应当切实有效地拉近农村和城市之间的文明水平。采取此类手段提升中国的城市化率,有很大可能会造成城市难以容纳乡村文化,最终形成城市文明和乡村文明之间的矛盾与冲突。因此,农村是"一带一路"构想最直接的受益对象,借助互联互通的基础设施建设往往可以有效衔接农村和城市,农村的资源可以由此运出去,城市的产业资源可以由此输入农村,最终有效带动农村的产业发展和经济发展。

(四)是突破东部经济发展瓶颈的需要

　　就近几十年来说,东部沿海地区经济快速发展的重要原因就是政策与资源,具体如下。

1. 政策对东部经济发展的影响

　　政策的关键来源就是中央政府授权,即优惠发展政策是从中央取得的,但政策的实际效应并非从最初阶段就十分强烈,政策效应呈递减趋势。还需要重申的是,一种政策在实践活动中推进的具体效果并非一直理想,效应会在政策推进至一定程度时不尽人意。自改革开放以来,政策已经获得全面运用,绩效同样被发挥至极限,换言之就是东部沿海地区在政策层面已经产生严重稀缺的现象。要想彻底打破此类政策瓶颈,可以充分发挥新政策的刺激作用,但这种途径常常会受到地域因素的限制,同时在时间方面与成本方面的要求均比较高,可行性还需要进一步提升;还可以实施制度创新,因此产生的绩效往往存在鲜明的长期性特点和持久性特点,虽然采取这种做法的难度很大,但实现后的经济发展效应是倍增的,所以说后者比前者的可行性更大。

2. 资源对东部经济发展的影响

　　站在长远角度加以分析,东部沿海地区的发展同样是资源型发展方式中的一种,资源的常见来源地分别是海外与我国的中部地区和西部地区。拓展海外资源在境外"威胁论"的作用下日益艰难,而中西部地区则在交通因素的影响下无法获得。针对这种情况,要想达到预期的资源供应,就一定要把内部的互联互通摆在关键位置,如此也有助于我国中部地区与西部地区的经济发展。

(五)提升中西部在中国国家发展战略中地位的需要

中国的现代化是整体上的现代化,并不单单指东部沿海地区的现代化,因此,这就要求一定要重视中西部尤其是西部始终在国家的经济发展战略乃至安全战略上的重要作用。中国的"走出去",不只是从东部的海上"走出去",更要从西部的陆地上"走出去"。从陆上"走出去"面对的则是整个欧亚大陆。要做到这一点,西部地区的交通和产业发展问题是必须解决的重要问题。中西部地区发展长期落后,不仅对中国现代化发展战略产生制约作用,同时也给恐怖主义、分裂主义、极端主义提供了机会。特别是恐怖主义,尽管其形成原因涉及很多层面,但贫困必然是形成恐怖主义的经济根源。

由此可知,立足于全局的发展战略展开分析,真正意义上的西部大开发是我国的一项重要需求,我国需要和美国"西进运动"存在相似之处的重要行动。借助资金流、信息流、人才流、货物流等,可以将我国东部沿海地区、中部地区、西部地区连接起来,将我国城市地区和农村地区连接起来,最终彻底消除我国现代化进程中的二元现象。

三、"一带一路"构想提出的外部环境

"一带一路"构想的实施与沿线国家的共同努力是不可分割的。因为尽管这一战略构想是中国提出的,但是,其与沿线国家经济发展和现代化都存在着非常紧密的联系,因此提出后得到沿线国家的积极响应。由此可见,"一带一路"构想的实施对国际环

境有着非常高的要求,而这个外部环境与经济全球化、全球治理和非传统安全威胁治理这三个方面是有着密切联系的。可以说,这三个方面就是促进"一带一路"构想提出的重要外部因素。

(一)经济全球化

自资产阶级开辟世界市场以来,经济全球化的程度越来越深。截至当前,经济全球化已经呈现出两种发展趋势:一方面是全球市场的一体化,在理论层面的具体反映是全球主义的思想,另一方面是经济发展的区域化,在理论层面的具体反映是新区域主义的思想。

1.经济发展的一体化

当经济全球化演变成世界潮流之一后,支持的观点和反对的观点一直存在。就现阶段的全球化来说,不光扩大了全球范围内的贫富差距,还对发达国家的传统工业与发展中国家的民族工业产生了很大冲击,使得新型社会失衡由此产生,此外造成虚拟经济的发展与危机传导机制,让金融危机在世界各国快速蔓延。

自改革开放以来,推动者还顺利实现了社会与经济的快速发展。就现阶段来说,我国开放程度在不断增大,经济发展速度也在不断持续加快,能够预见我国会在新一轮经济全球化过程中依旧站在最大受益者的阵营中。总而言之,我国融入经济全球化存在比较丰富的经验,可将其大体归纳为以下四个方面:首先,我国经济持续发展的前提条件是世界安定、和平;其次,始终积极落实稳定、持续的改革开放策略;再次,加快我国经济发展速度应当有计划、有目标,特别是在参与经济全球化过程中大力落实可行的开放战略,实施涉及各个层面的开放格局,促使我国经济的对外开放水平持续提升;最后,我国的开放是指互利共赢的开放,是对现阶段国际经济秩序的正确"扬弃",并非是要挑战与彻底否定现阶段的经济秩序,应当对当前的国际经济秩序与政策持有接受的态度并自觉建设,积极和其他国家分享收益与益处。

2.经济发展的区域化

当前,经济发展的区域化程度越来越显著。所谓经济区域化是指特定区域内的国家(或地区)为谋求在区域内实现商品和生产要素(资本、服务和劳动力等)的自由流动而建立的一种区域性经济联合体,是建立在区域差异和地区优势基础上的较高层次的区域经济合作组织形式。❶ 通过区域经济一体化,不仅能够使区域内各成员国之间经济优势互补和资源合理配置得以实现,对于区域内国家(或地区)间的相互贸易和投资的扩大,区域经济竞争力的增强,以及区域内各成员国整体经济实力的提高都会产生积极的影响。在现阶段,绝大部分国家已经转变成一个或多个区域经济一体化协定的参与者,这种类型的区域经济合作发展不仅不会限制双边经济合作的发展进程,还会对后者的发展产生很大的积极作用,区域经济合作已经演变成现阶段经济全球化的一个关键部分。

(二)全球治理

全球治理在资本主义大工业生产和普遍交往的出现、各民族之间的相互依赖形成一个有机整体的发展状况。因此,全球治理是在世界历史进程开创的前提下形成的,此外资本一直以来都在全球治理中发挥着重要作用。

起初,全球治理的进程是由资本开拓的世界市场组成的。从根本上说,资本就是追求利润最大化,倘若资本之间的激烈竞争对资本追求利润的终极目标发挥作用,则各类资本一定会提出适度管理竞争的要求,可以将其理解成资本在全世界实施治理的原始动力。和过去相比,现阶段全球治理的内容、主体、对象均产生了很大变化,但全球治理的物质性工具并没有出现大幅度革新。

---

❶ 胡键."一带一路"战略构想及其实践研究[M].北京:时事出版社,2016.

虽然全球治理已经有数百年历史,但资本依旧是全球治理的唯一物质性工具。虽然崭新的技术革命处于持续变化状态,但资本依旧控制着全球化进程与全球治理进程,此外现阶段的资本要比过去任何时间段的力量都大很多。互联网等信息技术只是为资本控制全球治理进程提供了一些手段,并非是取代资本扮演控制全球治理的角色。

当今资本的全球治理模式与过去的区别是本质性的。过去的"分赃制"的主要目的在于使不同资本在恶性的全球竞争中达成妥协,从而使资本利益最大化得以实现,而在当今,资本的全球治理模式已经从"分赃制"转变为"责任制"。由此可以看出,跨国资本总是在不断协调彼此之间的关系,就是为了使资本和利润流动的进程具有可持续性;除此之外,跨国资本不得不承担过去政府和社会所承担的社会责任,从而达到使资本的经营性运行具有可延续性的目的。

总而言之,资本在市场体系中发挥着血液的作用,要想高效实现资本在全球范围内的善治,具备市场经济精神,坚持遵循市场经济的公平、合作、诚信价值是必不可少的,如此才能保证资本顺利战胜自身的不足,顺利完成资本全球善治的目标。

(三)非传统安全威胁治理

1. 非传统安全问题的基本内容

不同类型的非传统安全的挑战,同样是"一带一路"构想提出的一项关键因素。从特定角度展开分析,经济全球化不只能产生切实利益,还需要面临各方面的挑战。自冷战结束后,军事方面的威胁开始变小,此前被冷战遮掩的非传统安全问题成为各国关注的焦点。一般来说,可以将非传统安全问题大体划分成三个领域,即社会与社会之间、社会与自然之间、人与社会之间。

详细分析可知,社会与社会之间的非传统安全问题由两方面组成,一方面是指避免战争与和平的传统安全问题,另一方面是指摒弃落后并为经济发展的非传统安全问题提供保障;社会与自然之间的问题和人与社会之间的问题往往是非传统安全问题,具体包括环境污染、社会开发自然界的问题等;人口问题、教育问题、健康保护问题、保障社会安定以及和不同社会现象抗争等问题都在人与社会之间问题的范畴中。这些问题的产生和发展已经引起世界各国的注意。

2. 非传统安全问题的防治

为高效预防不同类型的突发性非传统安全问题,我国不得不和国际社会进行积极、高效地协作,所以需要对以往确立的外交思想进行适度调整,具体应当从以下几方面入手。

(1)非传统安全问题使中国外交树立了综合安全观

冷战结束后的最初几年里,中国所关注的重点依然是之前就存在的军事安全问题,到 20 世纪 90 年代下半期,中美关系明显改善,中国的进一步发展受到环境污染、流行性疾病、资源短缺、恐怖主义等一系列非军事灾难的威胁。这时候,中国越来越关注非军事安全问题,因此综合安全被逐步纳入中国的外交思想体系中,并成为党和政府决策的重要依据。

(2)非传统安全问题使中国外交所关注的重点从国内问题逐渐过渡至我国的国际形象

在 20 世纪 90 年代中期之前,我国外交的服务对象完全定位为中国经济发展,即把我国外交的全部决策目标都定位为我国内部发展,但在我国国际地位持续提升的背景下,我国政府对中国国际角色的深远意义形成了越来越深刻的认识。作为一个经济迅猛发展的国家以及联合国安理会常任理事国,树立良好国际形象具有举足轻重的意义。

(3)非传统安全问题使中国外交思想更加关注合作并在合作中谋求双赢

非传统安全问题兴起,不仅会激化国与国之间的矛盾,还会加重国与国之间的紧张氛围,一些国家还有可能会选用传统军事手段处理非传统安全问题,协力探讨对策对相关国家加强对话和合作是有益无害的。特别是随着非传统安全问题的持续增加,国际社会已经产生和以往"权力政治观"有所不同的"问题政治观",此外围绕发展过程中共同面临的问题逐步演变出崭新的国家间关系。在此类关系中,依旧有很多冲突和矛盾需要处理,但在"问题政治领域"里,为妥善处理各项"问题",国际冲突已经让位于国际合作。我国现阶段的外交思想一直在反复重申对话与合作的重要性,只源于受我国整体实力的限制,在传统安全领域内的合作常常会受或多或少的限制。

上海合作组织和东盟覆盖的区域是"一带一路"的核心区域,但涉及的核心区域都为消除恐怖主义费尽心思,恐怖主义与贫困问题相对严重,所以说"一带一路"构想以及由此产生的经济发展将是妥善处理恐怖主义的经济手段。

第二节 "一带一路"构想的内容

2013年9月7日,习近平主席在哈萨克斯坦纳扎尔巴耶夫大学提出共同建设"丝绸之路经济带"。同年10月3日,习近平主席在印度尼西亚国会演讲时强调中国愿同东盟国家共建21世纪"海上丝绸之路"。十八届三中全会报告提出,要加快同周边国家和区域基础设施互联互通建设,推进丝绸之路经济带、海上丝绸之路建设,形成全方位开放新格局。2014年索契冬奥会期间,习近平主席和普京总统就俄罗斯跨欧亚铁路与丝绸之路经济带和海上丝绸之路的对接问题达成战略共识。以上是关于"一带一路"构想提出的简要过程,但是习近平主席并没有展开说明相关内容,所以学术界自战略构想提出后就展开了全方位讨论,同时对其内容进行了多方面阐析。

一、关于"一带一路"内涵的争论

"一带一路"构想的提出时间是 2013 年,学术界对其内容的看法有很多分歧,可以大体归纳为以下几种观点。

(一)"一带一路"是中国崛起的大战略

这种观点指出,分析我国内部情况可知,开展数十年的改革开放留下了很多方面的问题,改革本身同样有很多弊端;但我国的发展和世界经济发展存在十分紧密的联系,我国内部问题同样是世界的问题,所以"一带一路"从根本上说就是内外统筹的大战略举措。立足于这个角度展开分析,"一带一路"不单单是经济发展战略,还是历时较长的政治战略,此外和我国今后能够在世界民族之林站稳脚跟有十分紧密的联系。与此同时,"一带一路"是对国际秩序有改造作用的战略,还是我国为世界提供公共产品的战略。

(二)"一带一路"是中国的新国际主义外交战略

这种观点指出,"一带一路"是中国共产党十八大之后提出来的,在思想上是十八大的延续和外交战略具体化。十八大提出了构建全球命运共同体的设想,而"一带一路"恰恰是对世界范围内命运共同体思想的具体化,充分反映了我国崭新的国际主义外交战略。这项外交战略充分反映了中国外交的转型,即由重视内部发展过渡至关注全球命运,由坚决不干涉原则过渡至创造性介入,由多予少取过渡至和外部互利共赢。"一带一路"国际主义外交战略指出,要深入认识且密切关注欧亚地区内部的深远意义,同时加强政治影响,但经济利益依旧占据着核心位置。

(三)"一带一路"是中国对外经济援助的经济外交战略

这种观点指出,世界经济从金融危机开始处于低迷状态,世界经济急需注入强大的发展动力,一个重要原因是广大发展中国家的增长动力还需要进一步增强。因为我国是世界经济规模仅次于美国的经济体,所以我国应当积极将内部高储蓄转变成对外的援助性投资,尤其是在发展中国家基础设施建设方面起到应有的作用。如此不光可以有效处理发展中国家基础设施存在的"瓶颈"问题,还能在更短时间妥善处理中国高储蓄与外汇储备问题。认同这种观点的人指出,此类援助性投资给出资国带来的回报很多,此外对遏制不断滋生的贸易保护主义有很大的积极作用。

(四)"一带一路"是中国的经济发展设计,也是中国与周边合作发展的倡议

这种观点指出,尽管"一带一路"是一部好经,但万万不可将其念歪。它并非出于政治与战略的考虑,反之属于经济设计中的一种,是以往对外开放战略的进一步延续,由单向性对外开放朝双向性均衡开放的转型。"一带一路"是我国资本输出的关键性载体,资本投资的优先领域就是基础设施,亚洲基础设施投资银行与"丝路基金"能够对其发挥保障性作用。在一定程度上,"一带一路"也是中国过剩产能的对外转移战略。❶

笔者认为,上述几种观点都有失之偏颇之处。首先,中国一直坚持走和平发展道路,制定的任何战略都不可能去挑战既有的主导国,也不可能去改造既有的国际秩序,中国只能作为一个参与者和积极的建设者。同时,中国未必有能力作为主导国来提供全球公共产品,即便有某些能力,那也只能跟既有的主导国一起来提供全球公共产品。其次,中国在欧亚地区的合作一直倡导平等的原则,尤其是处于欧亚地区中心地带的中亚地区,中国与这些国家秉承《上海合作组织宪章》,坚持互信、互利、平等、协商,尊重多样文明,谋求共同发展的"上海精神",推进中国与中亚各国

---

❶ 唐朱昌."一带一路"的定位、风险与合作[J].社会观察,2015(06).

的安全合作、经济合作以及其他领域的合作。因此,"一带一路"不是中国对欧亚地区内部施加政治影响的新国际主义战略。最后,如果说"一带一路"是中国的新"马歇尔计划",那么必须有一个前提:中国有足够的能力来应对金融危机,且有足够的经济资源来维系这种经济援助计划。但能够肯定的是,我国不但不具备这种对外行为能力,此外内部有许多发展失衡问题需要尽快解决,内部发展依旧是我国当前的关键任务。换句话说,"一带一路"并不是我国对外援助计划,而是我国解决内部发展问题的对外倡议。还需要重申的是,尽管第四种观点反复重申"一带一路"是我国的经济发展设计,但也指出是我国过剩产能的对外转移战略。我国确确实实需要妥善解决产能过剩问题,但"一带一路"把基础设施定位成优先发展对象,我国正好是借助最先进的高铁技术为沿线国家基础设施建设服务,换句话说就是凭借先进的科学技术为沿线国家的发展提供技术服务。

综上所述,笔者认为"一带一路"的首要内容是统筹内部大局和外部大局的重要抓手,是相互联系、彼此通畅的经济发展战略构想,最为关键的必然是内部的相互联系、相互沟通。自很早以前开始,我国内部的发展便受内部因素的很多限制,特别是地理方面的自然分割,造成了区域方面的失衡。倘若内部无法达到互联互通的要求,就算外部达到互联互通的要求,内部依旧存在发展失衡的问题,依旧难以改变我国内部发展的地区二元现象。在内部互联互通的过程中,还需要采取多种手段推进对外的互联互通。我国不仅是陆权国家,还是海权国家,所以一定要立足于海陆两个层面实施对外的开放和延伸,力争实现我国外部利益最大化。纵观我国这些年的对外开放可知,其集中反映在东部沿海地区的开放上,虽然大陆边境同样在积极推进改革开放进程,但主要面向亚太地区。那个时期的开放侧重于打开国门迎接外部世界,但在21世纪海上丝绸之路的框架下,东部沿海地区崭新的开放主要侧重于"走出去",将很多精力集中在向海外发展、向海洋发展上。一方面要有效拓宽海上权益,另一方面要构建出跨太平洋地区的大经济圈,尤其是要构建亚太自贸区,立足于战略层面和亚太地区的各国构建利益共同体,对合作共赢的亚太格局发挥积极作用。在陆上,我国的开放程度还需要进一步增加,最关键的原因是我国将战略重心置于东部,西部发展情况相对落后,基础条件有待提升,陆上"走出去"的通道比较少,常见通道只局限于第二亚欧大陆桥、中巴走廊、前往俄罗斯方向的几个通道。而第二亚欧大陆桥同样深受各方面因素的限制难以发挥应有的作用,中巴走廊则深受巴基斯坦的局势困境,内部中巴公路在南疆地区又是地形相对复杂的地段,天气因素产生影响较大,急需从技术层面战胜这些问题,所以说基础设施方面的互联互通相当关键。在不断发展的二元现象的影响下,我国市场体制和市场机制同样在东部和西部之间有二元现象,不仅未在国内产生统一市场,同时未能有机统一国内市场和欧亚大陆的国际市场。由此可知,"一带一路"的核心目标之一就是在欧亚大陆上构建一个体制、机制互联互通的大市场,最终构筑一个资金流、技术流、人才流、信息流、货物流互联互通的欧亚合作大格局。

二、"一带一路"的本质就是互联互通

"一带一路"构想最重要的内容就是复兴古丝绸之路的经济繁荣,特别是亚洲中部腹心地带的经济繁荣和社会稳定。历史上,多种文明、多种宗教、众多民族在这里相互交织、交流、对话、融合,正是这样造就了繁荣的古丝绸之路。但是,历史并非总是风花雪月,在对话与交流的过程中也有冲突。特别是在历史上伊斯兰势力向东扩张的进程中,这里发生了非常惨烈的宗教战争。即便是到了当今时代,冲突仍然存在。倘若顺着我国新疆南部一直西行,不难发现有很多历经战火的残佛教寺庙、石窟的遗迹。然而,不单单是弱小民族及其文化会流血流泪,在某些时代蓬勃发展的经济同样会在宗教冲突和民族冲突中化为灰烬,或者被封

存在历史中。

"一带一路"首先是"互联互通",包括了外部和内部的互联互通。一种观点认为,互联互通主要是从对外的角度来看的。如果仅仅视作对外的新战略是不足以真正理解"一带一路"的。对外进行互联互通固然重要,但中国的发展长期以来受制于内部的种种障碍,尤其是地理上的自然分割,形成了区域上的不平衡。如果内部都不能互联互通,即便外部互联互通了,内部的发展仍然是不平衡的,因而也就不能从根本上改变中国内部发展的地区差距。由此可知,内部互联互通的本质是中国在经济层面应当有一个"西进运动"。原因在于东部资源表现出越来越少的趋势,特别是土地资源几近用尽,但经济热土依旧在东部,所以资金和人才纷纷向东部地区聚集,这大大增加了东部地区城市管理与社会综合治理的难度,而"西进运动"则要在我国东部和西部互联互通的背景下加快西部经济发展速度。

"一带一路"的互联互通主要体现在基础设施、体制、机制三个方面。内部的互联互通在基础设施方面需要充分挖掘和发挥高速公路、高速铁路和航空港建设,但体制和机制层面的互联互通同样是必不可少的。自很早开始,我国就严格遵循邓小平的不平衡发展与梯度发展理论来加快我国经济的发展速度,因而体制方面和机制方面的"二元化"现象比较严重,具体是指东部和中西部在体制和机制上存在很多方面的不同,由此造成我国市场的分割情况相对泛滥,此外在各种地方保护主义的影响下,国内统一大市场并未真正形成。在这种情况下,互联互通根本无法落到实处。由此可知,在基础设施互联互通的背景下,应当把体制和机制方面的互联互通摆在重要位置,促使我国内部形成开放、统一的大市场。

"一带一路"在践行内部互联互通的过程中,还需要全面落实对外的互联互通。针对我国面向太平洋、背靠欧亚大陆的实际情况,对外的互联互通不仅要保证海上通道畅通,还要保证欧亚大陆腹地的通道安全畅通。但需要注意的是,我国在"走出去"问题上不单单受恐怖主义等非传统安全威胁的长期作用,和周边国家未形成相互信任的外交关系同样需要解决。由此可知,强化对外的互联互通,不仅要坚持推进高铁外交,从而顺利打破自然因素与不同类型的非传统安全因素的束缚,还要从根本上增强对周边国家的软实力攻势,凭借柔性文化和这些国家构建良好关系,也要适度加大和周边国家的经济投资与贸易往来,促使中国发展成功转变成周边国家协力发展的经济大格局。"一带一路"的重中之重是突破中亚、俄罗斯、东欧国家,成功构建面向欧亚大陆的经济圈,着眼于多个层面来推进我国的南亚和印度洋战略,与巴基斯坦、印度建立战略关系,使之成为新丝绸之路战略的重要支点国家。毋庸置疑的是,巴基斯坦和我国保持着传统友谊关系,然而政局稳定性不高、恐怖事件接连不断等对我国实施战略步骤产生了制约作用,在客观层面不利于提升巴基斯坦在我国"一带一路"中的地位,但我国依旧不可以放弃巴基斯坦。印度是与我国相邻的大国,是古丝绸之路上不容忽视的角色,所以我国"一带一路"必然不可以对印度视而不见。当前,印度的发展态势相对较好,同时印度和我国的关系也在发生着崭新突破,这是一个好势头。通过采取多种措施,有希望使我国的南亚战略与印度洋战略演变成"一带一路"的关键构成部分。当完成这项任务后,"一带一路"进入非洲的难度将会降低。因为印度稳住之后,东南亚的中缅走廊(以下都用中印缅孟经济走廊)也相对来说安全多了。最终,"一带一路"就形成了两个连接点:中巴走廊和中缅走廊。当然,中缅走廊目前遭遇的困境较多,解决好缅甸问题考验着中国的战略智慧。

在"一带一路"框架下,还是资金流、技术流、人才流、信息流的互联互通。当前,国内不少省市都在争抢"一带一路"的起点问题,目的是要搭乘"一带一路"的快车,促进本省区的经济发展,这本无可厚非。然而,这种思维依旧是把一省一区的发展当成重要基础,不具备大局意识,战略眼光十分有限,并非是互联互通的发展思维。互联互通的要义并未十分重视起点位置,相反其高度重视通道和机制上是否可以保证资金流、技术流、人才流、信息流的通畅。从地理上说,我国传统意义上的东西部分界线大体是东经110°经线,但从经济发展角度进行划分,东部的大体范围则大大缩小,基本上仅指东南沿海地区。中国内部的资金流、技术流、人才流、信息流大多集中在东南沿海地区,到安徽、江西、河南、湖南、湖北之后的情形则截然不同,同时这种发展思路就不再是"一带一路"的思路。由此可知,我国经济发展应当分配更多精力在推进东经110°经线以西地区的发展工作上。在此基础上,达到资金流、技术流、人才流、信息流在我国内部市场和外部市场通畅运行的目标。

就以前来说,我国对外开放的侧重点是对外资实施引进和利用,这对我国产业发展产生了很大的积极作用。然而,我国当前的实际情况是拥有相对充足的资金,所以我国要做的不只是要利用外资,还应当促使我国资金"走出去",并使其在国际市场上更有活力。与此同时,我国以前并不具备先进的技术,很多情况下都需要对外引进,但我国现阶段的技术已经逐步领先世界,因而中国"走出去"也标志着中国技术"走出去",如中国高铁"走出去"、中国核电和卫星导航系统"走出去"。分析现阶段的实际情况可知,我国人才建设的战略不足,绝大多数情况依旧会采取传统思维,往往会通过培养个别所谓的领军人才来支撑具体项目,没有对我国人才的群体性崛起予以高度重视,因为在使用人才的过程中依旧聚焦于所谓的领军人才,大批在本领域内有独到研究的人才被搁置起来,无法真正发挥作用。这当然是一种人才浪费现象。此外,中国的眼光虽然能够盯住国际人才,也注重引进外部人才,但却不愿意用好内部的既有人才。一方面是人才的短缺,另一方面是人才的浪费,而人才短缺恰恰是人才浪费所造成的。我们总以为"外来的和尚会念经",结果内部的"和尚"只好往外部走,而被引进的"和尚"成为内部的"和尚"之后就很快被闲置起来,引进多少人才成了一种政绩工程。在这种情况下,必然难以形成人才流。从根本上说,人才流并非是把人才挪来挪去或者引进来跑出去,而是确保人才使用机制能够充分发挥应有的作用。总而言之,我国应当在"一带一路"框架下构建畅通的资金流通道、技术流通道以及信息流通道,成功构建领先世界的金融港、技术港、人才港、信息港。

"一带一路"构想并不止步于恢复古丝绸之路的繁荣,更加关键的是探究我国当前发展情况与今后战略。在我国崛起为世界大国的过程中,我国内部环境和外部环境并不乐观,所以"一带一路"的建设应当是我国面向欧亚内陆开放的崭新战略。我国内部发展问题涉及很多层面,因为我国东部沿海地区发展速度较快,尽管已经出现了很多问题,但往往是发展过程中的问题,绝大多数都能够借助发展来妥善解决。然而,我国中西部则存在着发展滞后的问题,主要原因是发展过程中存在瓶颈性问题,所以必须加快发展速度方能妥善解决,最先需要解决的问题是基础设施落后问题。尽管我国中西部高速公路和铁路在近些年的发展情况比较乐观,但和我国中西部发展的实际需求还有很大差距。由此可见,发展我国中西部基础设施的首要任务就是完成内部互联互通。

一直以来,我国对外开放都把全方位摆在重要位置,但向欧亚内部开放的难度要比向东部海洋开放的难度大很多。尽管海洋上存在岛链困锁问题,但东部开放型经济着实使我国由大陆走向海洋,推动海洋经济实现了快速发展。在经济和科技实力快速发展的情况下,我国突破岛链困锁的可能性持续增大,我国经济同样在持续向深海经济发展。但是,我国向欧亚内陆开放不仅会受自然条件的限制,还会受周边安全局势的作用,这使得我国在欧亚开放问题上持谨慎态度,其中中亚地区三股势力猖獗给我国向欧亚内陆全面开放带来了很大的阻力。针对三股势力,我国一定要加大主动性,贯彻落实积极防范策略。

但需要重申的是,发展中西部经济并不是降低东部沿海经济的重要性,而是指将我国东部和中西部置于国家发展战略的层面来探讨这项崭新的发展战略。换句话说,新丝路经济应当由陆上丝绸之路和海上丝绸之路两方面的内容组成。就陆路方面来说,我国的经济与战略影响力可以通过中亚、南亚辐射到欧亚大陆;就海上方面来说,中国的经济和战略影响力可以覆盖亚太地区和印度洋沿岸国家。这"一带""一路"通过两条"走廊"即中巴(中国—巴基斯坦)和中缅(中国—缅甸)连接起来,最终形成一个内外互联互通的战略格局。

三、中国城市群的战略布局

在行政区划方面,我国始终采取省、县、乡三级行政区划体制,所以在行政管理方面同样遵循省县乡的区划落实各项管理工作。在此类管理体制下,地方领导不可以超越本行政范围。倘若要实施跨行政区划合作,同样只能参照具体项目完成,行政区划使得管理方面的地方主义与本位主义难以摆脱。因此,我国从很早开始仅存在城市管理的理念,未形成城市群管理的理念。因此,我国各个地区在"一带一路"构想被提出后纷纷争抢热点,原因是抢到热点则标志着抢到了本省、本市经济发展概念性的引擎。从本质上说,这是对"一带一路"的曲解,并非是互联互通的思维。互联互通不存在起点的说法,有优势的地方都是起点。互联互通思维就是加强城市管理概念,加强城市群管理的概念。中国当前城市群发展状况具体如下。

随着"一带一路"构想的推进,《人民日报》微信客户端曾撰文指出,中国将出现五个超级城市群,除了已获批的长三角、珠三角和长江中游城市群,环渤海和成渝城市群也已纳入版图。从表面看确实很有道理,但依旧是以我国传统的行政区划为依据布局出的中国城市群,并非属于"一带一路"构想中的内容。"一带一路"构想的实质是互联互通,同时是内部和外部两个方面的互联互通。因此,以上五个城市群布局并未从根本上彰显"一带一路"构想以及今后的发展走向。

城市布局的立足点是发展战略。我国已经形成的城市群大多是在对外开放的过程中形成的,但存在十分明显的行政干预印记,甚至并未产生真正的城市群。真正的城市群应当具备畅通无阻的资金流、信息流、货物流以及人才资源,城市之间的不同应当能够忽略不计。

然而,既有的三个城市群无论如何没有去掉地方主义的行政色彩,甚至资金流、信息流、货物流、人才流也是严格限制在一城一市之中的。一旦从一个城市向另一个城市流动时,无论哪一方面都会受到行政方面的限制。也就是说,我们还没有城市群的管理理念,仍然是城市管理的思维。这样的管理思维显然不容易推进"一带一路"的构想。崭新的城市群应当服务于"一带一路"构想的推进工作,此外实施"一带一路"应当充分发挥新城市群功能转型的作用,尤其是要充分发挥它们的辐射作用。换句话说,"一带一路"的推进还会对已经存在的城市群实施整合,至少在功能方面会有所调整。

为了推进"一带一路"构想,我国城市群布局会出现的变化是:既有的三个城市群会得到进一步发展,以东经110°经线为分界将出现以西安、兰州、银川为中心的陕甘宁城市群,其既有新丝绸之路经济带的历史基础和文化底蕴,又处于中国东西部结合部地带,在资金流、信息流、货物流、人才流中起到中转作用,东部承接环渤海城市群和长三角城市群的先进技术,自身的发展又促使东部的技术向西继续流向乌鲁木齐、喀什、伊宁等中国最西部的城市,而这些城市则构成了中国西部城市群。这个城市以往都会充当技术、资金、人才的受援方,在经济发展滞后和恐怖主义的双重影响下,我国之前把全国整体战略的主要功能定位成维护国家统一与地区稳定,其他功能则占据次要地位。但是,在"一带一路"构想中,西部城市群的核心功能将会转变成经济辐射重心,不仅可以在我国西部地区成为经济中心,还要成为辐射至中亚和南亚的经济中心,所以乌鲁木齐等城市可以构建功能性的经济特区。这个城市不仅要承担中巴经济走廊的建设工作,还要发挥中国和中亚国家友好关系的功能。中国与中亚国家的经贸关系主要是指中国新疆与中亚国家的经贸关系。同时,中巴高铁能否建成,从中国内部讲关键是取决于乌鲁木齐、喀什的经济发展状况和整个新疆地区的安全与稳定,所以说西部城市群不再扮演被援助方的角色,而应当自觉发展成自主创新的地区。第三个新的城市群是以成都、重庆、贵阳、昆明、南宁为中心的西南城市群。这个城市群实际上是四边形的,南北走向的两条边都会延伸到国外,一条经昆明延伸到缅甸直到印度洋沿岸,另一条经南宁延伸到整个中南半岛。这里恰恰是中印缅孟经济走廊和中国与中南半岛国家的泛亚经济区(中国—东盟自贸区),因此西南城市群同样也是以主要城市为中心的经济辐射点。第四个新的城市群是以沈阳、长春、哈尔滨、呼和浩特为中心覆盖整个东北和内蒙古东部城市的城市群。这个城市群对内需要积极落实我国的东北振兴计划,对外需要扮演好中蒙俄经济走廊的重要组成部分,是"一带一路"构想中最东边的经济发展走廊。最后一个也是最重要的新城市群就是环渤海城市群,由于该城市群和首都北京的安定存在密切联系,所以城市功能和政治功能要远远大于经济功能,但北京的经济功能也是极为重要的。

因此,未来中国在推进"一带一路"过程中就不只是有五个城市群,而是有八个城市群,并且所发挥的作用各有不同。当前,各省市仍然沿用过去的逻辑,争抢"一带一路"的起点,从而获得"一带一路"的经济概念,形成本省、本地区发展的"概念股",这显然是曲解了"一带一路"的构想。"一带一路"的重点是互联互通,只要能够实现互联互通,就没有起点和终点。就一个地区的发展来说,重中之重是有无形成自身的技术优势和创新优势,有无符合"一带一路"构想在全局上对各个城市、各个地区的定位。

第三节 "一带一路"构想的意义

一、"一带一路"构想对中国的意义

(一)为中国经济发展打造新引擎

自国际金融危机爆发后,发达国家市场需求大幅度降低,对我国外向型经济产生了不同程度的影响。建设"一带一路"可以形成崭新的欧亚商贸通道以及经济发展带。就现阶段来说,我国已经签署并实施的自由贸易协定有12个,欧亚大陆腹地国家大多处于空白状态。目前,中国在欧美发达国家的市场份额显著提升,而"一带一路"域内国家资源丰富,人口众多,经济增长要素具备很大的潜力,此外发展速度还要进一步加快,已经存在和我国合作的愿望,所以可以将其定位成拓展全方位对外开放新格局的重点方向。我国可以着重实施基础设施共同开发项目,协力打造产业园区与跨境经济合作区,实现物流、交通基础设施、多式联运等领域互联互通的目标,促使区域生产网络得以优化。

(二)推出对外开放战略2.0版本

自改革开放以来,我国对外开放在很多方面都取得了理想成效,但在地理因素、资源现状、发展基础等因素的限制下,对外开放的整体情况是东快西慢、海强陆弱格局。"一带一路"将构筑新一轮对外开放的"一体两翼",具体是指加快向西开放的速度,促使内陆沿边地区由对外开放的边缘迈向前沿,构筑东部经济升级的崭新支点,促使沿海地区的外贸结构更加完善,为经济转型升级注入活力,分担资源环境的压力,逐步形成东西联动发展的良好态势。在"一带一路"构想的引领下,我国应当实施统筹规划,促使交通基础设施、贸易、投资、能源合作与人民币国际化等领域的开发开放实现同步发展。

（三）以创新模式跳出传统发展路径

从全局来分析，我国整体上已经进入工业化中后期，绝大多数制造业都出现了产能富余的问题，此外基础设施互联互通和一部分新技术、新产品、新业态、新商业模式的投资机会不断增加，创新融资方式必须达到更高的要求。

李克强总理强调，推动装备走出去和国际产能合作，金融服务要同步跟进。这项举措不但能增加我国外汇储备的利用途径，还能有效打破商业融资方面的很多束缚，对实现人民币国际化有很大的积极作用。未来，我国国内将会有更多的富余储蓄转变成沿线国家的生产性投资、债权、股权，这是我国凭借国民储蓄方式出现结构性变化的重要象征，同时会对世界各国投资配置方式产生不容忽视的影响。在这种背景下，深化"一带一路"能够有效带动资源配置朝着世界各地不断拓展，把要素禀赋优势逐步升级为对外投资新优势，借助资本输出带动中国全球贸易布局、投资布局、生产布局的重新调整。从全局角度展开分析，这是我国自近现代以来第一次提出以我为主的洲际开发合作框架，这将会对过去西方大国主导的全球发展格局产生有力冲击。

二、"一带一路"构想对世界的意义

（一）连接欧亚大陆，形成大西洋和太平洋之外的全球第三条贸易轴心

世界银行统计结果表明，1990年至2013年的全球贸易、外国直接投资（FDI）年均增速为7.8%和9.7%，而"一带一路"65个国家（不包括澳大利亚、新西兰和东帝汶）同期年均增速分别达到13.1%和16.5%；尤其是国际金融危机后的2010～2013年，相关国家对外贸易、外资净流入年均增速分别达到13.9%和6.2%，

比全球平均水平高出 4.6 和 3.4 个百分点,这将会对全球贸易投资复苏产生很大的带动作用。

(二)构筑新的产业转移梯次

这里所说的新的产业转移递次是指"新雁阵模式"。20 世纪 60 年代至 20 世纪 80 年代,从日本到"亚洲四小龙"再到东盟其他国家,通过产业梯度转移,大力发展外向型经济,东亚实现了带动整个地区经济腾飞的"雁阵模式"。结合比较优势,在今后一段时间,我国劳动密集型行业与资本密集型行业将有很大可能会转移至"一带一路"周边国家和沿线国家,对沿线国家产业升级与工业化水平提升产生显著的带动作用,由此顺利构筑出以中国为雁首的"新雁阵模式"。有关测算数据表明,我国未来十年在"一带一路"国家总投资规模将达到 1.6 万亿美元,占对外投资比重达 70%,将为泛亚和欧亚经济一体化注入强大的推动力。

(三)有利于中亚等全球化落伍地区更快地融入国际经济贸易体系,获得更多发展红利

中国凭借新兴大国的优势特点,能够为经济后进国家提供较高性价比的基础设施建设方案,有效帮助沿线国家突破储蓄缺口对经济起飞的制约,为沿线产能承接国家创造就业、开发人力资源、发挥比较优势提供现实性的机遇。近期,由中国首倡的亚洲基础设施投资银行(以下简称亚投行)得到区域内外 57 个国家大力响应和支持,注册资本达 1 000 亿美元,即将开始运营,显示国际社会包括域外国家极为看好亚洲基础设施投资的市场潜力。

(四)使中国与国际经济的对接更加紧密

自改革开放以来,我国经过了长达数年的快速发展,我国正处在由吸引外商直接投资过渡为扩大对外直接投资的窗口期,进入引进来与走出去并重的阶段。2014 年,中国成为世界第二大对外投资国,这充分说明我国未来会在更大范围、更宽阔领域、更深

层次上融入全球经济体系。沿"一带一路"将会构建出一系列相互交织的战略通道,进而促进我国内部各主要经济区块和"一带一路"沿线国家的联系和整合。

　　总而言之,对外开放并未像当前一样影响我国的方方面面。面对世界的发展,"一带一路"构想要求我们着眼于全球,采取更加积极的态度完成国际国内两个大局的统筹工作,由此更加积极地规划全方位对外开放。

第二章 "一带一路"背景下我国体育产业发展的理论基础

"一带一路"是由我国提出,其他国家共同参与、共同发展、共同获益的倡议。该倡议的提出为各个国家和地区提供了新的发展机遇。而体育产业作为经济发展的重要组成部分,在"一带一路"背景下更应该获得新的发展,并且体育产业的发展是以一定的理论作为基础的。本章就"一带一路"背景下我国体育产业发展的理论基础进行研究,首先对体育产业的基本知识进行论述,重点对体育市场理论、体育消费理论、体育产业结构理论以及体育产业经营管理理论进行分析。

第一节 体育产业概述

一、体育产业的概念

对于体育产业的界定,存在很多观点,这些观点都是从不同的思维基点和实用角度来对体育产业的概念做出部分解释的。目前,我国国内将体育产业及相关的概念界定为"为社会大众提供体育产品和体育服务的活动,以及同这些活动有关的活动的集合"。❶

---

❶ 刘远详.体育产业结构优化研究[M].济南:山东大学出版社,2015.

二、体育产业的分类

国外学者对于体育产业的分类,有以下几种比较具有代表性的观点。

第一种,皮兹模式,将体育产业分为体育表演、体育生产和体育推广三个亚类。

第二种,米克模式,将体育产业分为体育娱乐、体育产品、体育支持性组织三部分。

第三种,苏珊模式,将体育产业分为体育生产和体育支持两个大类。

第四种,从体育产业发展历史的角度出发,将体育产业分为职业体育、大学体育、业余体育。

此外,体育产业根据作用于人的身体与精神、有形和无形可以分为以下几类(图 2-1)。

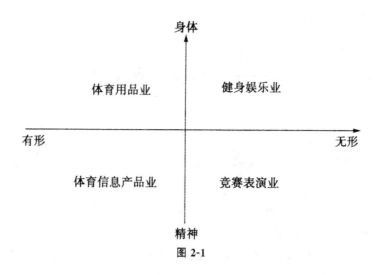

图 2-1

2008 年 6 月,国家统计局和国家体育总局联合制定的《体育及相关产业分类(试行)》,将体育产业分为八大行业,分别是体育场馆管理活动,体育健身休闲活动,体育组织管理活动,体育中介活动,其他体育活动,体育用品,体育服装、鞋帽及相关体育产品的制造,体育用品、服装、鞋帽及相关体育产品的销售,体育场馆建筑活动。

三、体育产业结构

所谓体育产业机构是指构成体育产业的各个行业相互之间的技术经济联系和数量比例关系,它既反映出各个行业之间在技术层面上相互制约、相互依赖的关系,也反映出了各类体育资源在各个行业的配置情况以及区域分布情况。

体育产业结构主要包括以下几种形态。

①体育产业的产值结构。

②体育产业的区域布局结构。

③体育产业的关联效应结构。

④体育产业的就业结构。

⑤体育产业的供需结构。

第二节　体育市场理论

一、体育市场需求

(一)体育市场需求的含义

在体育市场中,对于某一种体育商品的需求主要是指在一定时期中,消费者在各种可能价格水平下能够愿意购买这种体育商品的数量。为了便于更好地理解体育市场需求,需要从以下几个方面进行考虑。

1.消费者对体育商品的购买欲望是体育市场需求的重要前提

购买欲望是需求的重要前提,而消费者对体育商品所表现出来的购买欲望是体育市场需求的重要体现。缺少购买欲望,那么体育市场需求也就无法存在。由此可见,购买欲望是促使消费者通过购买体育商品来使自身需要得到满足的内在动因,这种购买欲望是否能够顺利实现取决于消费者所具有的支付能力以及体育生产者所能够提供的商品数量。

2.消费者对体育商品的购买能力是体育市场需求的主要表现

所谓购买能力就是指在体育消费方面,人们的支出能力,也就是消费者所具有的经济条件。一般情况下,通过个人可支配收入来对消费者的经济条件进行衡量。在其他条件相同的情况下,可支配收入越多,那么消费者对于体育商品的需求也就会越大。此外,消费者的购买能力也会受到体育商品价格的影响。

3.体育市场需求是一种有效需求

有效的体育市场需求是指在体育市场中既有购买的欲望,同时也具有支付能力的需求,它是对体育市场现实需求情况的反映。所以,有效的体育市场需求是对体育市场变化进行分析并对体育需求趋势加以预测的重要依据,同时也是体育生产者制定营销策略和经营计划的重要出发点。只具备购买欲望但没有支付能力,或者只有支付能力但没有购买欲望的需求都是潜在需求。对于前一种需求来说,它会随着现代社会生产力的发展以及人们生活水平的不断提高,而逐渐得到转化,成为有效需求;后一种潜在需求则成为体育生产经营者重点开发的对象,即通过制定有效的市场营销策略,如推销、宣传、广告等,促使其成为有效的体育需求。只有同时具备购买欲望和支付能力的需求,才是真正的有效需求。此外,对于体育服务产品来说,有效的需求也包含了闲暇时间因素。

4.体育市场需求是一个流量概念

需求是指某一时期内消费者愿意并能够购买的商品数量,它只能以某一特定时期,如每月、每季或每年计量,是一种流量。例如某消费者每月支付用于健身的费用 50 元,每月购买体育用品费用 80 元,每月观看体育比赛的费用 100 元等,强调的是在一个月的时间内。

(二)体育市场需求规律

对于某一种体育商品来说,其需求量同其价格之间存在着一种变动关系,在不对其他因素进行考虑的情况下,如果体育商品的价格升高,那么对于这一商品,人们愿意并且能够购买的数量就会减少,也就是需求量会下降,这主要是因为,价格的升高会导致一部分人失去购买能力。相反,如果某一体育商品的价格下降,那么人们愿意并且能够购买的数量会增加,也就是需求量升高,这主要是因为价格的下降会使更多的人具有购买能力。这便是体育市场需求规律,需求量同价格呈反方向变动关系,即一种体育商品的需求量会随着其价格的升高而减少,随着其价格的下降而增加。

(三)体育商品需求函数与需求曲线

1.需求函数

对于一种体育商品来说,其需求量和价格之间呈现负相关性,使用函数形式来进行表示,便是体育商品的需求函数,需求量就是价格的函数。

$$Q_d = f(P)$$

在上述公式中,P 为体育商品的价格,Q_d 为体育商品的需求量,f 为函数关系。

体育商品的需求函数就是指在其他条件不变的情况下,一种体育商品在一定时期中其需求量同其价格之间的关系。

2.需求曲线

需求函数表示一种体育商品的需求量与商品价格之间存在

着一一对应的关系。如果使用数字将某种体育商品的各种价格水平与相对应的该商品的需求量一一排列出来,便能够获得这一体育商品的需求表。表 2-1 所示为一场体育比赛门票的需求表。

表 2-1　某场体育比赛门票的需求表

价格—需求量组合	A	B	C	D	E	F	G
价格(元)	10	20	30	40	50	60	70
需求量(张)	700	600	500	400	300	200	100

从表 2-1 中很清晰地看到体育比赛门票的价格同需求量之间的函数关系。在门票的价格定位 10 元时,其门票的需求量是 700 张;当门票提高到 20 元时,其需求量便会下降到 600 张;在门票的价格为 30 元时,需求量便会下降到 500 张;等等。倘若将表 2-1 中的每一商品价格所对应的需求量组合作为一个点的坐标,在直角坐标系中描绘相应的各点 A、B、C、D、E、F、G,然后把这些点用平滑的曲线连接起来,便得到了需求曲线 D,需求曲线 D 为一条向右下方倾斜的曲线,如图 2-2。❶ 需求曲线就是通过采用几何图形来表示商品价格同需求量之间的函数关系。

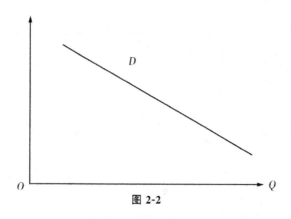

图 2-2

---

❶　杨铁黎.体育产业概论[M].北京:高等教育出版社,2010.

(四)影响体育市场需求的因素

1.商品自身的价格

根据需求规律可知,体育商品的价格升高,那么这种体育商品的市场需求量就会减小。反之,如果体育商品的价格下降,那么其需求量就会增大。在购买体育商品时,消费者往往会遵循"最大效用"原则,即根据自身所掌握的市场信息,使用有限的收入来购买到对自己最具有价值的商品。体育商品的需求量随着体育商品自身价格的变化而变化,对于同一种需求,可能会有很多种体育商品来选择,那么在其他体育商品价格不变的情况下,如果某一体育商品的价格下降,那么消费者就会购买更多的这种体育商品来替代其他的体育商品,所以这种体育商品的需求量就会增加,反之,其需求量就会减少。体育商品价格的变化给体育商品的需求量所带来的这种影响,称为"替代效应"。

此外,在一定时期中,消费者的收入基本上是固定的,如果某体育商品的价格上升,会使体育消费者感到实际收入下降,对这种体育商品的购买行为就会减少,导致这种体育商品的需求量减少;反之这种体育商品的需求量就会增加。体育商品价格的变化对体育需求量的这种影响,称为"收入效应"。

收入效应和替代效应是同时存在的,使得体育商品的需求量会随着自身价格的变化而呈现反方向变化。

2.消费者的收入水平

就某一体育商品来说,如果消费者的收入水平提高,那么对这种体育商品的需求量就会增加,反之就会减少。通常来说,如果消费者的收入增加,那么他们便会购买更多的此类商品,但也存在例外,一些低档商品,在消费者收入增加时,其需求量就会下降,而在收入减少时,其需求量就会上升。

3.消费者的偏好

需求量是消费者针对体育商品所希望购买的数量,这必然会受到消费者偏好的制约。当消费者对某种商品的偏好程度增强时,该商品的需求量就会增加。相反,偏好程度减弱,需求量就会减少。对于体育商品特别是体育服务来说,消费者的偏好对市场需求量有着至关重要的影响。

4.相关商品的价格

一些商品的需求量除了受到自身价格的影响之外,会取决于同类其他商品的价格。某种商品的相关商品可以分为替代品和互补品两种类型。

所谓替代品是指两种商品在某种程度上存在相似性,也就是在某些方面具有相似或相同的使用价值。通常来说,某一商品的替代品如果价格升高,那么就会因为替代品需求量的下降而造成这一商品需求量的上升,反之亦然。

所谓互补品指两种商品之间存在着某种消费依存的关系,也就是一种商品的消费必须同另外一种商品的消费相配套。通常来说,某种商品互补品价格的上升,会因为互补品需求量的下降而造成这一商品需求量的下降。

5.消费者对商品的价格预期

对于某种商品的价格,当消费者预期在未来时期会上升时,那么这一商品的现期需求量就会增加;当消费者预期在下一时期会下降时,那么这一商品的现期需求量就会减少。在一般来说,消费者因为不可能具备完全的知识或信息,他们只能做到预期效果的最大化,特别是在体育消费中,消费者自始至终都将遇到在不确定情形下做出决策的情况。

6.市场规模与消费者数量

市场规模越大,消费者数量越多,市场需求量就会越大。相

反,市场规模越小,消费者数量越少,则市场需求量就会越小。❶
需要注意的是这里所说的市场规模同市场的大小之间存在着非
常密切的关系。所谓市场大小是指市场的边界,这里既指地理边
界,同时也包含了产品的范畴。

7.其他因素

除了受上述因素影响外,市场需求量还会受到消费意识、个
人闲暇时间、国家政策、季节、教育程度、交通工具等因素的
影响。

二、体育市场供给

(一)体育市场供给的含义

一种体育商品的供给是指在一定时期内,在各种可能的价格
水平下,生产者愿意并且能够提供出售的该种体育商品的数量。❷
供给和需求是一组相互对应的概念,理解体育市场供给的含
义,需要注意以下几个方面。

1.满足体育需求是体育市场供给的目的

体育市场需求是体育市场供给的前提条件,也就是说生产者
必须以使消费者的需求得到满足作为经营目标,通过建立一套同
体育市场需求相适应的体育市场供给体系,以保证向消费者提供
满足其需求的、高质量的体育商品。

2.生产者愿意提供的体育商品是体育市场供给的表现

在体育市场供给中,体育市场需求是其前提条件,而生产者
是否愿意提供相应的体育商品则是决定体育市场供给的关键所

---

❶ 杨铁黎.体育产业概论[M].北京:高等教育出版社,2010.
❷ 同上.

在。即在价格一定的情况下,生产者愿意提供一定数量的体育商品,并随着商品价格的变动而相应变动。

3.体育市场供给是生产者能够提供的体育商品

体育市场供给是一种有效供给,如果生产者只是愿意,但不具备供给能力,那么就不能成为有效的供给。由此可见,生产者对体育商品所具有的生产和提供的能力是决定体育市场供给的客观条件。

4.体育市场供给是一个流量概念

供给是指生产者在某一时期内愿意并能够提供的商品数量,它只能以某一特定时期,如每月、每季或每年计量,跟需求一样,供给也是一种流量。

(二)体育市场供给规律

一种体育商品的供给量与该商品的价格也存在一种变动关系,在不对其他因素进行考虑的情况下,如果体育商品的价格升高,那么生产者便会增加该商品的生产数量,也就是供给量增大,以获得更多的利润。相反,如果体育商品的价格下降,那么生产者便会减少该商品的数量,也就是供给量下降,这主要是因为价格的下降,会造成利润的下降。这便是供给规律,供给量同价格成正方向变动关系,也就是说,一种商品供给量会随着价格的不断上升而增加,随着价格的不断下降而减少。

(三)体育市场供给函数与供给曲线

1.供给函数

体育商品的供给量与价格之间的正相关关系,用函数形式来表示,就是体育商品的供给函数,供给量是价格的函数。

$$Q_s = f(P)$$

上述公式中,P 为体育商品的价格,Q_s 为体育商品的供给量,f 表示函数关系。

体育商品的供给函数是指在其他条件不变的前提下,一种体育商品在一定时期内,其供给量与价格之间的关系。

2.供给曲线

供给函数 $Q_s = f(P)$ 表示一种体育商品的供给量与商品价格之间存在着一一对应的关系。如果使用数字将某种体育商品的各种价格与各种价格相对应的该商品的供给量一一排列出来,便能够获得这种体育商品的供给表。表 2-2 是某体育商品的供给表。

表 2-2 某体育商品的供给表

价格—供给量组合	A	B	C	D	E
价格(元)	2	3	4	5	6
需求量(单位数)	0	200	400	600	800

由表 2-2 可以清晰地看到某种体育商品价格与需求量之间的函数关系:当体育商品的价格为 6 元时,其供给量为 800 单位;当价格降到 4 元时,其供给量就会减少 400 单位;如果价格继续下降到 2 元时,其供给量为 0。如果把表 2-2 中每一个商品价格—供给量组合作为点的坐标,在直角坐标系中描绘相应的各点 A、B、C、D、E,然后把这些点用平滑的曲线连接起来,便得到了供给曲线 S,供给曲线 S 为一条向右上方倾斜的曲线,如图 2-3。供给曲线是采用几何图形来将商品的价格与供给量之间的函数关系表示出来。

(四)影响体育市场供给的因素

1.体育商品自身的价格

如果其他条件不变,某种体育商品的价格上升,那么单位商品所产生的利润就会增加,这既会促使原来生产者扩大生产,同时也会吸引其他生产者加入到此类商品的生产队伍之中,最终使得这种商品的供给量不断增加;相反,如果商品的价格降低,那么这类商品的供给量就会下降。

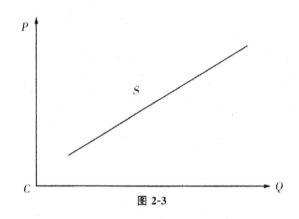

图 2-3

2.生产成本

在商品价格不改变的情况下,生产成本提高那么利润就会减少,使得该商品的供给量减少,相反生产成本下降,利润就会增加,其供给量也会增加。在体育活动中,一些体育项目有着很高的投入成本,这也使得它的供给量非常有限。

3.生产的技术水平

一般情况下,提高生产技术水平,生产成本会随之下降,利润便会增加,此时生产者愿意提供更多的产品,即产品供给量会增加。通过机械化制造体育用品的厂商所提供的产量要比运用手工制造体育用品的厂商所提供的产量要多。

4.相关商品的价格

一种体育商品的供给量不仅随着自身的价格变化而变化,而且也会随着一些相关商品价格的变化而变化。相关商品主要有联合副产品和其他相关产品两大类。为了更好地满足人们的精神需求,在体育商品生产过程中也会生产信息、新闻、指定产品、竞赛名称、竞赛标志等许多副产品。与体育商品有关的其他商品,如休闲娱乐产品、文学艺术产品等同样也属于满足人们精神需求的产品。

当体育商品的供给量同闲暇商品的供给量达到均衡时,相关商品价格的变化会对体育商品的供给量产生影响,其作用机制就是相关商品价格的提高,所获得的利润也会提高,如果体育商品的价格不定,那么体育商品的生产投资就会减少,供给量就会下降;相反,体育商品的供给量就会增加。

5.生产者对未来的预期及生产者数量

当生产者看到体育商品未来的预期,其价值在未来会上涨时,这一商品的供给量就会不断上升;如果生产者对于体育商品未来价格的预期比较悲观,预期其价格会下降,那么在生产计划中,生产者就会减少这种商品的供给。在一般情况下,生产者数量越多,供给量越大;生产者数量越少,供给量越小。

6.政府的政策因素

在体育商品的供给曲线中,税收、土地征用等政府政策同样也会产生非常重要的影响。减税或免税、土地征用费打折扣都会促使更多的企业投资体育商品,从而促使体育商品供给量的增加。从我国现状看,政府行为与体育商品特别是竞技体育表演的供给量有着极其密切的关系。我国职业足球、篮球、排球、乒乓球等项目的竞赛表演供给,均由相关的政府管理部门确定。俱乐部、个人对于正式比赛(如职业联赛、挑战赛等)的供给量无权确定。我国政府管理部门对于非锦标类的商业竞赛供给量也有很强的控制力。因此,俱乐部和个人根据市场需求提供竞赛商品的灵活性受到制约,造成总供给与总需求失衡。

7.其他因素

气候、人口数量、教育水平、相关产业发展状况以及社会经济发展水平等都对体育商品供给量有一定的影响作用。

三、体育市场结构

(一)体育市场结构的含义

所谓体育市场结构是指体育类企业同市场的关系与特征。

其内容主要包含以下几个方面。

①卖方之间的关系,即各个体育企业之间的关系。

②买方之间的关系,即消费者之间的关系。

③买卖双方之间的关系,即体育企业同消费者之间的关系。

④市场中已有的买方和卖方同正在进入或者可能进入市场的买方和卖方之间的关系。

由此可见,体育市场结构是反映体育市场竞争和垄断关系的一种结构。

现代体育市场竞争结构,是指体育市场竞争的程度,即体育参与者和体育生产经营者的数量多少,体育产品之间的差异程度,体育市场进出的难易程度等。

竞争是体育市场存在的条件,不同的竞争程度决定了不同的体育市场结构。市场结构是不同市场势力相互作用的结果,反映了市场中不同企业之间的竞争关系、资源占有关系和交易关系等。

(二)体育市场结构的类型

1.完全竞争的体育市场

完全竞争又被称为"纯粹竞争"。也就是说市场上不存在任何垄断因素。

这种市场结构主要具有以下特点。

①市场中拥有众多的买者和卖者。在市场总量中,每一个卖

者所能够提供的产品数量与每一个买者所购进的产品数量在市场总量中所占的比例非常小,不存在一个买者或卖者能够对市场价格产生非常显著的影响力。市场总供给和总需求共同决定着价格,对于每一个卖者或买者来说,它都是价格的接受者,并不是影响者。

②市场内每个企业生产的产品几乎是同质的无差异产品,产品之间具有完全的可替代性,因此如果其中一个企业提高产品价格(无论幅度多大),所有的消费者都会转而购买其他企业的产品,用微观经济学的术语描述就是,该产品的需求价格弹性趋于无穷大。

③在市场中,无论是新企业进入到市场或者原有的企业退出市场都是自由的。也就是说,在该产业预期利润率很高的情况下,就会有很多企业进入其中,而如果产业利润率低于正常水平,那么企业就会不断退出。

④所有的卖者和买者都掌握了有关交易的所有信息。信息的完备有助于交易双方进行充分的比较,择优汰劣,促进竞争。此外,完备的信息还能够帮助买卖双方做出最优的决策。

2.完全垄断的体育市场

同完全的竞争相比,完全垄断是另外一个极端的市场结构,也就是只有一个买者或者卖者的市场。

完全垄断的市场结构具有以下特点。

①在市场中只有一个企业对商品进行生产和提供。

②完全垄断企业所出售的商品没有其他商品能够直接替代,所以它的商品需求交叉弹性为零。

③其他企业难以进入到市场同垄断企业进行竞争。如果某个行业市场的进入壁垒高不可越,它就成了垄断市场。

3.寡头垄断的体育市场结构

寡头垄断市场是指少数大企业控制着产业市场大部分产品

的供给,它们具有较高的市场份额。这是一种介于完全竞争和完全垄断之间、以垄断因素为主同时又具有竞争因素的市场结构。

寡头垄断的体育市场结构具有以下特点。

①少数大企业控制着产业市场,它们所生产和销售的商品在产业总销量和总生产量中占有很高的比例。

②商品基本同质或者差别较大。主要存在两种情况:一是几个大企业所提供的商品基本同质,不存在比较大的差别,相互之间有着很高的依存度;另一种是商品存在比较大的差别,彼此之间的相关程度比较低。

③进出市场困难。在产业中,少数大企业在技术、资金、销售规模、产品知名度和美誉度、销售渠道等方面都占据比较大的优势,这使得新企业很难进入到行业市场之中抗衡。同时,垄断企业在生产规模和投入资本方面都比较大,这使得企业很难退出市场。

4.垄断竞争的市场结构

垄断竞争是一种比较接近现实经济状况的市场结构,它介于完全竞争和完全垄断之间,且偏向完全竞争。

垄断竞争的市场结构具有以下特点。

①市场内企业数量较多,因此每个企业的市场占有率较低,没有市场力量。

②商品有差别。市场内不同企业生产的商品是不"同质"的,它们销售在质量、外观、商标、售后服务和声誉等方面有差异的品牌产品,并且各个企业是它自己品牌的唯一生产者。由于这些商品差异的存在,使得企业能够在一定程度上排斥其他产品,享有一定的定价自主权。不同企业的差别商品之间仍具有较高的替代性。

③进入和退出容易。新企业带着某种新品牌的产品进入市场和原有企业在它们的产品无利可图时退出市场都比较容易,这

一点可以说是垄断竞争和寡头垄断市场结构的一个很重要的差异。垄断竞争市场内企业的规模都不大,原始投入资本也比较低,因而新企业进入或原有企业退出的资本壁垒和技术壁垒都比较低,寡头垄断市场则与此相反。

第三节　体育消费理论

一、消费行为简述

(一)消费

所谓消费就是指人们的某种需要通过使用物质资料和劳务(服务)得到满足的行为过程。

消费可以分为生产性消费和非生产性消费两大类。

生产性消费是指在生产过程中所发生的物质或精神的支出过程。

非生产性消费是指消费者个人生活需要通过使用消费资料及劳务(服务)得到满足的行为和过程,又称"生活性消费"。它又可以分为生存需要消费、发展需要消费和享受需要消费等(图2-4)。

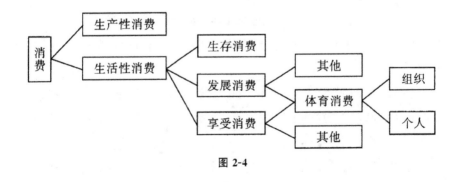

图 2-4

（二）消费行为构成要素

通常来说，消费行为主要包含以下因素。

1.消费主体——消费者

消费者，指在经济生活中能做出统一的消费决策的单位（个人、家庭）。

2.消费目的——幸福

消费者提供各种生产要素获得相应的收入，并把收入用于消费，消费的目的是为了获得幸福。假定人们在一定时期的欲望既定，故效用越大越幸福。消费者的行为目标也被假定为追求效用最大化。因此，对消费的目的进行评价可以采用以下公式来进行。

$$幸福 = \frac{效用}{欲望}$$

3.影响因素

为了对消费者的行为进行完整地理解，需要从以下几个方面进行考虑。

首先，要对消费者的偏好进行研究，这主要是因为消费者的偏好在一定程度上制约着其消费行为。

其次，对消费者所面临的预算约束进行充分考虑，对于消费者的消费行为来说，消费者的收入问题在其中发挥着至关重要的作用。

最后，要将消费者的偏好和预算约束放到一起来对消费者的选择进行测定，也就是说，在了解消费者偏好和有限收入的情况下，消费者会购买哪一种组合的商品来获得最大限度的满足。

由此可以看出，消费者的消费行为是可以引导的，并且商家可以通过适当调整商品的组合消费获得较好的结果。

4.欲望

欲望是一种缺乏的感觉与求得满足的愿望。不足之感、求足之愿，是一种心理感觉。

人的欲望可以被分为五个层次，分别是生理需要、安全需要、社交需要、尊重需要和自我实现需要。

生理需要和安全需要是人的基本需要。

社交需要是一种归属和爱的需要，是人希望属于组织并有一席之地，期待获得友谊等，这一需要源于人的社会性。

尊重的需要表现为人需要有自尊，比如信心、能力、本领、成就、独立与自由，并且需要他人的尊重，比如在社交圈和工作圈中需要在他人那里有威望并被接受、承认和关心。需要有地位、名誉并得到别人的赏识。

自我实现的需要是人在成长、发展中能发挥自己的潜在能力。

人的欲望是无穷尽且多样的。在消费方面，人类也表现得永无止境。

5.效用

效用是指从消费某种物品中所得到的满足程度。满足程度越高，效用越大；反之，效用就小。

效用也是一种心理感觉，因人、因时、因地而不同。效用同使用价值是有区别的。效用是一种以主观感受为标准的判断，完全取决于某人对该商品或劳务的主观感受；而使用价值则是要由客观的价值规律来决定的，是不能由某一个人主观决定的。

二、体育消费的含义

体育消费是在社会经济获得巨大发展尤其是媒体产业发展的基础上得以逐步形成的。体育消费既是媒体业不断发展而形成的产物,同时也是促使其行业不断发展的重要动力。体育消费的重要性早已跳出媒体业发展的局限,成为影响经济文化发展的重要因素。

在人们的生活消费中,体育消费是其中的一个重要组成部分,同时也是现代生活消费中必不可少的一部分。它是人们在理解体育功能价值的基础上,根据自己的需要和条件,在寻求、购买和使用体育产品(服务)的行为过程中对体育消费资料的使用和消耗。

体育消费主要可以分为两部分:一是体育行政管理部门的消费,主要是在日常工作、科研和训练中,体育机关、运动队以及体校等体育组织对体育物质资料的消耗;二是一般意义上的居民个人的体育消费,主要是为了使居民的个人生活和健身需要获得满足而在体育信息、劳务或物质资料等方面的消耗。

从行为学角度讲,体育消费是指一切和参与体育活动有直接或间接联系的个人及其家庭的消费行为。包括居民购买运动器具、体育服装鞋帽、体育彩票、体育书报、门票,甚至还包括为参与体育活动或观看体育比赛而支付的交通、住宿、餐饮等费用。

从经济学角度讲,体育消费是指人们支付一定货币所购买的体育效用的经济活动,它是体育产业存在的前提和发展动力。

作为社会生产力发展到一定阶段的产物,体育消费是现代生活消费的一个重要组成部分。它是人们的物质生活条件满足基本生活需要而做出的一种选择,是一种以对体育功能主观再认识为基础的新型消费类型。此外,体育消费也是人们在完成日常工作以及必要的休息和家务劳动之外在闲暇时间中的个人消费行为。现代经济社会的飞速发展,人们有了更多的闲暇时间,生活方式也开始向着休闲化的方向转变,在社会经济文化各个方面中,体育消费也发挥着越来越重要的作用,具有巨大的潜能。

三、体育消费的特征

体育消费具有以下几个特征。

(一)体育特征

体育消费是指消费者以体育运动作为中心,采用直接或者间接参与的方式进行消费。从参与体育的性质来看,体育消费可以分为主动体育消费和被动体育消费(媒介体育);从消费的层面来看,消费者可以有条件地被分为主动体育消费者和被动体育消费者。主动体育消费是一种更为积极的社会体育行为,带有体育人口的性质。

(二)经济学特征

体育消费是采用货币交换的方式来进行的。消费者必须付出一定的现金,才能拿到能够满足自身需要的体育用品或体育劳务产品。这就可以从经济学角度去考察人们的体育消费行为。

(三)理性消费特征

人们的体育消费行为是有意识的行为。人们支付的现金是属于其可支配现金的一部分,其消费行为是一种理智性的和可重复性的消费行为。

(四)文化特征

文化同体育消费行为有着非常紧密的联系,体育消费的方式与消费者的文化和消费方式有着非常紧密的联系,消费方式和消费观念能够反映出不同的文化传统,同时也是消费者所选择的生活方式的重要组成部分。

四、体育消费的特点

(一)体育消费的积极性

人们在进行体育消费之后,获得的是心理的愉悦和生理的健康,劳动的动力与精力得到增强,降低了生病的概率,提高了劳动效益。由此,体育消费的积极性也就显而易见了。

(二)体育消费的同步性

只要在基本生活有了相应的保障之后,人们才会选择进行体育消费,所以只有国民经济不断增长,人们的收入水平有了提高之后,体育消费也才会得到增加。由此可见,体育消费同经济增长具有同步性。

(三)体育消费的非迫切性

体育消费需求具有比较大的弹性,从居民需要的迫切程度来看,对于体育方面的需求,不像维持生存消费的食品或日常用品等那样不可缺少,也不像教育消费、医疗卫生那样迫切。体育消费是一种需求弹性较大的消费。而需求价格弹性取决于商品的需要程度、商品的替代性和商品的供求状况等几个因素。

(四)体育消费的周期性

由于体育消费的类型以及运动项目的流行有着比较短的周期,所以体育消费也具有了同其类型、运动项目流行周期相对应的周期性。

(五)体育消费的不均衡性

很多因素都会对体育消费产生影响,在个人生活水平、生活习惯、个人嗜好、时间等因素的影响下,在不同的地区、不同的时间,不同的人对体育服务的需求呈现出不均衡性。同时,城乡、地区、民族等地理条件因素也会对其产生影响。此外,时间、项目都会对体育消费产生影响。例如,保龄球馆晚上顾客多,白天顾客少。

(六)体育消费的发展性

人们在进行体育消费的过程中,对于实物的消费会带动体育服务的消费以及最后发展到参与体育消费,任何体育参与者为了实现自己的体育消费目的,都必须在体育活动中购买一定的体育产品和体育服务产品。因此,体育消费具有发展性特征。

(七)体育消费能力的层次性

消费能力包括一般能力和特殊能力,体育消费属于后者,体育消费对体育消费者所具备的体育知识、能力、技能有较高的要求。

(八)体育消费的制约性

体育消费虽然是建立在物质消费基础上的第二位消费,但其状况要受到物质文明发展程度的制约,人们只有首先满足衣、食、用等最基本的物质消费才能有体育消费,因此它要受经济、体育甚至体育市场的制约。

(九)体育消费时间的延伸性

在物质消费活动中,消费效率的提高表现为时间的节省,而在体育消费中,消费效率的提高则表现为时间的延伸,是与普通日用等实物消费品相反的。体育消费的发展与时间的消耗成正比,也就是说,体育消费水平越高,人们花费的时间越多。

五、体育消费的类型

根据消费者通过支付货币而获得的具有不同功能的体育消

费品,体育消费可分为以下几种。

(一)参与型体育消费

参与型体育消费是指人们通过使用货币来购买参加体育活动的权利以及享受相应体育服务的消费行为。

(二)观赏型体育消费

观赏型体育消费是指人们用货币购买各种入场券及门票,以观看和欣赏达到视觉神经满足和精神愉悦目的的各类消费行为,如观看各种体育竞赛、体育表演等。

(三)实物型体育消费

实物型体育消费是指人们用货币购买各种与体育活动有关的体育物质消费资料的行为。根据物质产品的用途,实物型体育消费主要包括购买运动护具、运动服装、户外休闲运动装备、运动器材、运动饮料、运动食品、体育纪念品以及体育彩票等。

六、体育消费的结构

在体育经济学中,体育消费结构是其重要范畴之一。体育消费结构能够将人们消费的具体内容很好地反映出来。同时,也能够反映人们的消费需要的满足状况,反映消费水平和消费质量。体育消费结构是指在总体体育消费过程中所消费的各种不同类型的体育产品(包括体育劳务)的比例关系。

以全社会或家庭为单位体来看,目前最常用的体育消费结构是人们购买体育服装鞋帽、体育用品、体育健身休闲、观看赛事门票等方面的消费之间的比例关系。目前,我国体育消费结构的现状是居民的体育实物消费所占的比例远远超过了非实物体育消费;不同地区的体育消费水平以及消费结构存在比较大的差异,东部、南部地区高于西部、北部地区(表 2-3)。

表 2-3　我国不同区域体育消费人数百分比一览表

消费项目	东部地区	中部地区	西部地区
购买运动服装、鞋帽	67.4	63.9	66.1
购买体育器材	34.2	34.3	33.1
购买体育报刊图书	14.5	12.3	14.5
到体育场馆参加健身	13.5	10.9	10.8
观看体育比赛	5.3	5.1	5.3
其他消费	1.4	2.1	3.0

从消费群体来看，体育消费结构包含了商务消费者和大众消费者之间的比例关系。

商务性消费者包括赞助商、媒体、政府机关等单位。商务消费者不能直接参与到体育产品的消费之中，但通过他们的购买、流通和转换，构成了体育市场的另一个收入来源。

大众体育消费者是体育产品的最终用户。在体育市场交换价值中，这些大众体育消费者所产生的观赏性消费支出和参与性消费支出是其重要组成部分。

七、体育消费水平

（一）体育消费水平的概念

体育消费水平是指在一定时期内按人口平均实际消费的体育产品数量。它是对体育消费需求的满足程度的反映，也就是说，它是社会生产力以及整个国民经济的综合指标。通常来说，体育消费水平可以使用一定的货币数量来衡量。

（二）居民体育消费水平的影响因素

1.经济因素

①社会经济发展水平。

②居民人均收入水平。居民人均收入水平越高,居民的体育消费水平也越高。

2.非经济因素

①闲暇时间。闲暇时间的多少制约着居民的体育消费,体育消费减少,体育消费水平自然就降低了。

②文化程度。不同文化程度的居民的体育消费水平之间具有显著差异。主要表现为:文化程度越高,其社会地位和经济地位相对也较高,他们一般具有从事体育消费的物质条件,同时对体育消费的价值也有较为深刻的认识,他们不仅认识到了体育的生物学价值,而且体会到体育消费的社会学价值,因而成为体育消费中的主力军。另外。体育消费的对象也是一种带有亚文化性质的消费,自然与人们的文化素养有着密切联系。

③心理、习惯、自然因素等。体育消费水平的高低与居民体育消费的多少有直接关联。而居民的体育消费受其心理、个人习惯以及自然因素的影响,例如居民个人的偏好就直接影响居民是否从事某项运动,自然环境同样具有很强的影响作用,比如在暴风雨天气,居民就不能从事户外的体育运动项目等。

(三)衡量体育消费水平的指标

衡量体育消费水平的指标主要包括以下三方面。
①体育消费总额。
②参与体育消费的总人口数。
③体育消费结构。

(四)体育消费水平差异

我国体育消费水平的差异与我国社会的二元结构有直接关系,主要从以下几个方面表现出来。
①城乡差异。
②地区差异。地区间的差异非常明显,东部地区居民的体育

消费明显高于中部和西部的居民。

③结构差异。我国目前居民体育消费以实物型消费为主,体育服务产品的消费明显低于体育物质产品的消费。

(五)体育消费水平结构

目前,我国居民的体育消费水平的结构划分为以下四类。

第一类为体育微消费,即全家年平均体育消费额低于 50 元,占 20%。

第二类为体育弱消费,即全家年平均体育消费额为 50~100 元,占 25%。

第三类为体育旺消费,即全家年平均体育消费额为 101~500 元,占 38%。

第四类为体育高消费,即全家年平均体育消费额>500 元,占 13%。

就社会整体来说,在社会体育消费中,弱消费和旺消费占据主体地位。体育高消费的居民将会达到一定的规模,但这种消费是社会中少数人的消费选择。某些高档体育消费项目或领域在我国得以适当发展能够很好地满足社会中少数先富的一部分居民的体育需求。但政府应当加大投资力度促进那些能够满足广大普通居民需求的一般居民体育消费得以优先发展。

八、体育消费心理

(一)体育消费心理的含义

体育消费行为的过程和心理状态是一个发生—发展—完成的过程。要了解体育消费心理,首先要确定什么是消费心理?从整个消费活动来看,就是消费者对商品或服务的认识过程、情绪过程和意志过程,以及这三个过程的交汇与统一。

体育消费心理是指消费心理在整个体育消费行为中的表现,

体现在体育消费需求、动机、决策和行为等心理过程中。

体育消费心理带有一定的倾向性。人们在购买体育商品或消费劳务的过程中,是在心理因素影响下,产生某些消费的心理倾向性。如人们普遍存在追求"物美价廉"、"求新求奇"、从众等心理倾向。

人们体育消费行为的实现,其一般的心理过程是围绕货币到体育消费转化而产生的认识过程、情绪过程和意志过程的融汇,是三者的统一,最终完成具体行为。

另外,居民体育消费行为的心理现象还必然受到买卖行为主体相互关系的影响。体育消费行为主体居民是消费者和业务员、服务员,他们的相互关系,与社会其他活动领域的行为主体之间的关系相比较也有其特殊性。这是因为居民体育消费者的心理现象在市场领域、体育领域必然会受到市场经济、体育活动的双重制约。

研究人们体育消费需求、动机、目的、行为等的心理过程可以进一步了解体育消费心理产生、发展、变化的一般规律,可以预见人们的消费行为和消费倾向。

(二)体育消费心理分析

1.宏观分析

(1)体育消费者的个性心理特征

①体育消费者的气质、性格:体育消费者的气质、性格上的差异特征形成的体育消费群体。

②体育消费者理性:在购买商品时,体育消费者会根据自身的知识经验和媒体介绍,进一步认识这种商品,并要考虑自己的实际经济承受能力,从而做出是否购买的判断和分析。

③体育兴趣:不同的人对不同的运动项目的感兴趣程度是不同的,体育兴趣的浓厚与否也直接影响到体育消费者的行为。

(2)体育消费行为心理与体育市场、消费环境的双向关系

消费者的体育消费心理和体育营销、体育消费环境存在着双

向影响关系。首先,影响消费者体育消费行为心理的因素是多样的,既有社会因素,同时又有体育商品本身的因素。其次,体育营销活动对体育消费者心理的引导也会对其产生影响。

2.微观分析

消费需要是消费者对健身、健美等目标的渴求和欲望,是产生体育消费行为的原动力。它形象地反映消费者生理需要、安全需要、社交需要、尊重需要和自我实现需要。

(1)体育消费者的需要

体育消费者的需要分生理、心理、社会需要等层面。因此,产生了为激发消费者体育消费需要应该创造的条件。

①体育生理需要产生的生理状态。

②体育心理需要产生的心理状态。

③体育社会需要产生的社会环境。

(2)体育消费的行为动机

消费者的体育消费行为出自一定的动机,而动机来自消费者自身的体育需要和外在环境的培养。只有当消费者产生了某种体育需要并且需要获得满足时,才会产生消费动机,并进而转化为消费行为。对于不同性别、年龄、文化、职业、收入的人,要引起他们的体育消费行为动机,尚有一定的差异。

(3)体育消费目的

体育消费目的是指体育消费行为所要达到的目标,即体育消费的预期目标。我国消费者进行体育消费的目的主要包括以下几种。

①健美休闲目的:这主要是指消费者为了获得娱乐消遣、健美、健身的目的所进行的体育消费。

②提高适应能力目的:主要是指消费者为了提高自身的交际、自身能力、丰富生活等目的所进行的体育消费。

③康复目的:是指消费者为了促进健康、恢复机体功能所进行的体育消费。

第四节　体育产业结构理论

一、体育产业结构失衡的表现

所谓体育产业结构失衡是指体育活动中由于各个构成部分相互之间所形成的质的联系以及量的比例关系的不协调程度不断加剧,对正常的体育经济活动以及可持续发展造成阻碍的现象。

体育产业结构失衡主要表现为以下几点。

①核心产业发展滞后。

②区域结构趋同。

③关联效应不强。

④有效供需不充足。

⑤产业附加值低。

⑥区域发展失衡。

⑦体育用品层次以及标准化程度低。

⑧吸纳就业能力需要得到提高。

二、体育产业结构失衡的原因

对体育产业结构进行调整,之所以未能获得较大的收效,其原因主要在于以下几个方面。

①有效需求不足。

其一,收入总体水平不高,差距过大造成可支配收入不高。消费的多少,其背后是收入水平的高低。可支配收入不高会对居民的消费造成直接影响。

其二,边际消费倾向递减,进一步强化了有效需求不足。所谓边际消费是指在所增加的收入中用于消费的所占有的比例,也就是说在增长的收入中,增加的消费所占有的比例。边际消费倾向受到众多因素的影响,如居民的收入水平、收入结构、生活方式、消费方式、社会保障、消费习惯等因素。这些年来,我国之所以会出现边际消费倾向不断弱化的现象,除了与居民的收入增长放慢有关外,还同不乐观的预期有着较大的关系,具体如下。

A.收入预期不明确:居民对未来收入变化的预期会对边际消费倾向的变化产生直接影响,如果居民的收入预期降低,那么居民的体育消费也会受到影响。

B.消费预期不明确:如果居民的预期支出过度增长,那么他们的消费预期便会受到阻碍。

C.消费观念落后,对有效需求的增长造成阻碍。

D.信用环境以及市场秩序不佳,使得消费欲望及其实现之间形成了一个屏障,造成了消费难以顺利进行,这对有效需求的增长形成制约。

其三,体育消费意识较差。

其四,缺乏必要的技术支撑。

其五,对于闲暇时间的利用不佳。

其六,消费空间不充足。

②管理体制障碍。管理体制障碍是造成体育产业难以得到良好发展的一个重要原因。政府体育主管部门有着高度集中的智能,管理少,办事多,这使得群众性体育社团、单项运动协会的作用难以得到发挥,被不断淡化,使社会办体育的热情受到了极大的抑制。管理体制不顺,经营机制不灵活,对体育经营单位采用单一的行政型管理。经营分散,各自为政,追求小而全,缺乏规模效益和整体观念,市场秩序混乱。这样的体制和机制安排是放眼于以使政府需求得到满足为主,而不是满足大众多样、个性化体育需求的体制。这种管理体制对于体育产业的培育和发展来说是非常不利的,对于体育产业结构的优化也是非常不利的。

③缺乏扶持政策。

④政策执行不力。

⑤政府干预过度。

⑥无形资产流失。

⑦商业运作水平不高。

⑧投融资机制不完善。

三、体育产业结构优化的目标

体育产业结构优化所要实现的主要目标包括以下几个方面。

①体育产业可持续发展。

②结构高度化和合理化。

③具备核心竞争力。

④供需动态平衡。

⑤区域协调发展。

四、体育产业结构优化的路径

体育产业结构优化的可选路径主要有两种,分别是市场行为和政府行为。下面对这两种路径进行分析。

(一)市场行为

对于现代社会经济运行来说,市场是最为基础的调解者,通过利用价格机制来对资源进行配置,主要是对市场主体的自由竞争进行强调。

市场行为所具有的优势主要包括以下几个方面。

①市场能够容许专业化生产,在市价信息的基础上来进行工作,这远远胜于政府的分配工作。

②市价是唯一没有租值耗散的浪费的竞争准则。

③通过市价来决定出优胜者,是对产出予以鼓励的最为有效的制度。

（二）政府行为

对于社会经济运行来说，政府是宏观调控者，通过借助于国家计划来实现体育产品以及体育资源的供给与需求的平衡。

政府的宏观调控主要具有以下两点优势。

①对于全体成员来说，政府是具有普遍性的组织。

②同其他经济组织相比较来说，政府具有强制力，如果缺少了政府的干预，那么市场的有效配置就很难实现。

第五节　体育产业经营管理理论

一、体育产业经营管理的层次

体育产业经营管理是一个多维的、不同层级管理单元互动的综合管理系统，它主要是由体育产业的政府管理、行业协会组织自律性管理以及广大体育企业的自我管理三大部分构成。从其形态上来看，它是一个比较典型的金字塔形（图 2-5）。

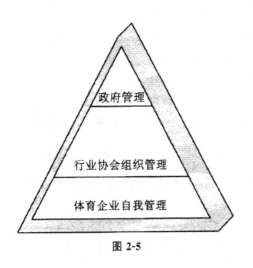

图 2-5

在最上层的是政府管理,主要包括政府的相关部门,如工商行政管理部门、体育行政管理部门、改革与发展委员会以及公安、司法、规划、税务、环境等部门根据法规和法律从宏观层面上来对体育产业的改革与发展加以调控。

在中间层的是行业协会组织自律性管理,主要起到承上启下的作用,它是由各种类型的体育市场主体自组织的机构,属于非政府组织,代表了本行业的利益,并根据规程、规章和行业惯例来对本行业进行自律性管理。

在最下层的是体育企业的自我管理,它在整个行业管理中处于基础地位。它是由成千上万个体育企业根据自身所处的发展阶段和行规行约,对生产与经营的各个环节进行自我规范,达成企业发展目标的管理行为。

二、体育产业经营管理主体的类型

(一)隶属于政府体育行政部门的产业经营管理主体

在建立社会主义市场经济的条件下,政府虽然已经明确规定政府行政部门及其公务人员,不得从事市场产业经营活动,但由于历史和现实的原因,仍存在隶属于政府体育行政部门的产业经营管理主体,如隶属于政府体育行政部门的体育场馆、体育彩票管理中心等。

(二)社会体育组织性质的产业经营管理主体

社会体育组织性质的产业经营管理主体主要是指各类体育协会,如奥委会、各单项体育协会等,主要以体育赛事活动为产业经营内容。

(三)体育企业性质的产业经营管理主体

体育企业性质的产业经营管理主体主要是指各类体育企业

法人和经济实体,如职业体育俱乐部、体育健身俱乐部等。

(四)体育中介性质的产业经营管理主体

体育中介性质的产业经营管理主体主要是指各类从事体育市场中介活动的经济组织,如体育经纪人组织、体育广告公司等。

三、体育产业经营管理主体形成的必要条件

体育产业经营管理主体得以形成需要具备以下条件。
①转变政府职能,实行政企分开。
②明晰产权和产业经营权。
③建立权责明确的法人治理结构。
④实行科学管理,提高体育企业的管理水平。

四、体育产业经营管理主体的规定性

①产业经营管理主体是具有行为能力的经济组织。
②追求利润的最大化是产业经营管理的目标。
③产业经营管理主体具有体育资源配置的功能。
④产业经营管理主体的双重身份:它既是体育生产要素的需求者,又是体育商品的供应者。

五、体育产业经营管理的对象

体育产业经营管理是以体育产业部门的整个产业经营管理活动及规律为研究对象的,对体育产业的界定存在着不同的看法。

曾经获得国家体委认可的体育产业主要有以下几个。

主体产业——包括体育娱乐、休闲、健身,体育表演、运动竞赛,体育彩票、体育咨询、培训、体育无形资产的开发等。

相关产业——运动用品、体育器材等。

体办产业——补助体育事业发展的其他经济活动。

体育主体产业的产业经营管理活动及其规律是体育产业经营管理要研究的重点。体育产业部门的产业经营管理活动,就是通过有组织的团体活动,将资金、劳动力和生产资料等要素作有效地结合,实行连续的体育商品的生产、交换和分配,实现体育产业经营的目标和目的。

通过研究体育产业部门产业经营单位主体行为揭示对实践上有用的体育产业经营管理的原则和方法,是体育产业经营管理的主要任务。

六、体育产业经营管理的目标

体育产业经营目标是指体育产业经营单位在一定时期内,其产业经营活动所要达到的目的,也就是体育产业经营单位期望达到的某种理想,通常情况下可以使用数量、时间、数字或项目来表示。

第一,目标可对产业经营的成效进行衡量。

第二,目标可以对合理分配体育产业经营单位资源进行指导。

第三,目标可以促使员工的积极性和潜在力量得到充分激发。

第四,目标可以为体育产业经营单位创造出良好的声誉。

体育产业经营单位的产业经营目标可以分为经济目标与社会目标。

在体育产业经营中,经济目标主要是指为促使体育产业经营单位的经济效益得以顺利实现所制定的目标;社会目标是指为体育产业经营单位所要承担的社会责任而制定的目标。

以上两种目标能够对体育产业经营单位顺利实现行动施加强烈的影响。从整体上来看,社会目标能够很好地促进经济目标的顺利实现。

第三章 "一带一路"背景下我国体育产业发展的现实基础

当前,在"一带一路"的带动下,我国体育产业尽管仍然存在着一定的不足,但也已经取得了一定的发展成效,这是毋庸置疑的。需要强调的是,我国体育产业的发展,与其深厚的现实基础有着密切的联系。具体来说,这些现实基础涉及的内容较为广泛。本章主要对"一带一路"背景下各地体育产业发展的优势、新常态的界定以及我国竞技发展的新常态、国内外体育产业的发展状况等内容加以分析和研究。

第一节 "一带一路"背景下各地体育产业发展的优势

"一带一路"作为中国下一阶段对外开放和对外经济合作的总纲领,国内各地区、各省市的全面覆盖与全面参与是其题中应有之义。"一带一路"建设涉及全国各省、自治区、直辖市。国内各省(区、市)应按照国家"一带一路"建设的总体蓝图,将各自优势充分发挥出来,抓住"一带一路"建设的战略机遇,对国内区域经济协同发展起到积极的促进作用,使东中西互动合作进一步加强,积极主动"走出去",全面提升各地区开放型经济水平。下面就对不同地区体育产业发展的优势加以分析和阐述。

一、西北、东北地区体育产业发展的优势

西北、东北地区包含新疆、陕西、甘肃、宁夏、内蒙古、青海、黑

龙江、吉林、辽宁,每一个地区都有其各自的特点和优势,下面就对几个典型地区的特点和优势加以分析。

(一)新疆的特点与优势

新疆是丝绸之路经济带的核心建设区,在"一带一路"建设中的区位优势是非常显著的。新疆有着丰富的资源、辽阔的地域、众多的口岸,与中亚、南亚、西亚经贸合作交流基础良好并持续深化发展。为了进一步推进"一带一路"建设,新疆需要加快建设向西开放基础设施的互联互通,建设面向中西南亚和欧洲的大通道,加大沿边开放力度。积极建设中巴经济走廊,使国际现代物流业发展速度进一步加快,区域性国际营销网络逐渐趋于完善,使跨境电子商务得到进一步的发展,对亚欧现代物流网络一体化发展起到积极的推动作用,使丝绸之路经济带上重要的交通枢纽、商贸物流和文化科教中心得以形成。

(二)陕西的特点与优势

陕西不仅是古丝绸之路的起点,同时还是文化交流、贸易往来的中心。陕西地处中国东西接合地带,在统筹东中西区域协调发展和向西开放过程中具有特殊的重要地位。陕西的产业优势主要在装备制造、能源化工、科技教育等方面得到体现,建设成为丝绸之路经济带的核心区域,建设综合交通枢纽中心、国际商贸物流中心、科教文化旅游中心、能源金融中心、经贸合作中心,打造丝绸之路经济带新起点和内陆型改革开放新高地,是西安的目标所在。成为具有历史文化特色的国际化大都市、欧亚合作前沿城市、开放型体制机制创新城市,是西安未来的建设目标。

(三)宁夏的特点与优势

宁夏的优势主要表现在三个方面,即区位优势、现代农业优势和人文交流优势。以国家"一带一路"为引领,进一步打造丝绸之路经济带战略支点。以宁夏内陆开放型经济试验区为平台,将银川综合保税区建设好,用好用足中阿博览会"金字招牌",着力实施四项行动计划,使陆上、网上、空中丝绸之路的建设速度进一步加快。实施开放通道拓展计划,建设一批铁路公路项目,把银川河东国际机场打造成面向阿拉伯国家的门户机场。

(四)内蒙古的特点与优势

内蒙古独特的区位优势,对内蒙古在"一带一路"四条线路之一的中蒙俄经济带中举足轻重的地位起到了重要的决定性作用。俄蒙两国与内蒙古相邻地区有着非常丰富的资源,这就在一定程度上为加强双方合作开发提供了客观基础。通过内蒙古矿产业、林业、农业、畜牧业生产和技术比较优势的利用,加强与俄蒙矿业、林业、农业、畜牧业的开发合作,有着非常广阔的前景。

(五)黑龙江的特点与优势

通过国家"一带一路"规划的贯彻实施,进一步加快"中蒙俄经济走廊"的建设速度,使对俄全方位交流合作进一步加强。同时,加大铁路、公路、口岸等互联互通及电子口岸建设力度,推动跨境通关、港口和运输便利化,借助俄远东港口开展陆海联运。使与俄远东毗邻地区省州长合作交流机制更加完善,加快对俄进出口加工基地和境内外产业园区建设,将跨境产业链条成功打造出来。除此之外,还要积极参与俄远东地区矿产资源、工业产业链、农业生产和深加工、金融、物流、跨境电子商务等领域的合作开发。

(六)吉林的特点与优势

吉林是东北亚丝绸之路的源头和起点,同时也是"一带一路"的重要支点,支撑着中蒙俄经济走廊的构成和发展。吉林省深入实施长吉图开发开放先导区战略,主动融入国家"一带一路"建设。

二、西南地区体育产业发展的优势

西南地区主要包含广西、云南和西藏三个地区，每一个地区都有着各自的特点和优势。

(一)广西的特点与优势

广西地处我国大陆东、中、西三个地带的交汇点和华南、中南、西南三个经济圈与东盟经济圈结合部的区位优势，决定了广西不仅在我国东中西联动开放发展中要发挥重要作用，而且在我国西南、中南地区开放发展中要发挥新的战略支点作用。充分发挥广西作为西南与中南地区出海大通道和连接中国—东盟国际大通道、交流大桥梁、合作大平台的战略作用，以北部湾经济区和珠江—西江经济带为战略核心，以面向东盟和粤港澳台开放为战略重点，以中国—东盟国际大通道和中国(南宁)—新加坡经济走廊为战略主轴，以泛北部湾经济合作和广西—云南面向东盟沿边开放带为战略前沿，以西南中南地区为战略后方，实施以开放为主导的跨越式发展战略，把广西建设成为中国西南与中南地区开放发展新的战略支点、海上丝绸之路新门户新枢纽、中国—东盟合作高地，形成海上丝绸之路与丝绸之路经济带有机衔接的重要门户。

(二)云南的特点与优势

云南是古丝绸之路的重要组成部分，在"一带一路"推进过程中，有着不可替代的地缘区位等优势。立足于云南在"一带一路"中对南亚东南亚的辐射，加快云南连接周边国家基础设施建设，加强与周边国家交通基础设施和运输体系的对接与沟通。积极参与孟中印缅经济走廊、大湄公河次区域经济合作，使滇印、滇缅合作以及云南同越北、老北合作机制进一步完善。积极参与打造中国—东盟自贸区升级版，使云南与周边国家的多边、双边合作水平得到稳定的提升,对境外替代产业规范发展起到积极的促进作用。为国家总体外交大局提供良好的服务,将高层互访和会谈达成的相关工作落实好,开拓周边人文科技环保合作新领域。通过将侨务资源优势充分发挥出来,使公共外交和民间外交对全省发展的服务能力得到进一步的提升。

(三)西藏的特点与优势

西藏自治区是联系内外的重要枢纽。"一带一路"构想在很大程度上拉动了西藏经济的发展,为西藏的发展带来了前所未有的机遇。通过立体交通网络的建立,对西藏交通跨越式发展起到了推动作用。加快完善口岸建设,开展边境贸易,积极参与孟中印缅经济走廊建设,对环喜马拉雅经济合作带建设起到了积极的推动作用。旅游基础设施建设项目的投入和国家旅游发展基金支持力度要进一步加大,将对口援藏省(市)大型国有骨干旅游企业的积极作用充分发挥出来,助推拉萨国际旅游城市、林芝生态旅游大地区建设,以及中尼跨境旅游区建设,从而将西藏打造成世界级旅游胜地。

三、沿海和港澳台地区体育产业发展的优势

沿海地区也包含着多个城市,比如,福建、广东、浙江、江苏、上海、北京、天津、河北、山东、海南,再加上港澳台,便构成了狭长的发展地带。这一地区的优势也是较为独特的,下面就对几个代表城市的特点和优势加以分析和阐述。

(一)福建的特点与优势

福建与东南亚、中亚、中东等国家和地区联系紧密,在融入"一带一路"建设、加强对外交流与合作方面具有历史渊源久远、人文关系密切、海洋文化底蕴深厚、产业互补性明显等独特优势。福建"一带一路"的重点方向是东南亚,福建将加快建设厦门东南

国际航运中心,重点推进厦门新机场建设,增开至东南亚、南亚等国际航线等。重点建设快速铁路,加快建设高速公路。突出基础设施互联互通、经贸合作和人文交流,推进中国—东盟海上合作基金项目、远洋渔业基地建设。进一步做好华侨特别是新生代华侨工作,以服务经济建设为主线提升外事贡献率。

(二)浙江的特点与优势

浙江外贸优势明显,是"一带一路"的新源头和新起点。其优势主要在地缘、人缘方面得到体现。加快推进海洋经济发展示范区和舟山群岛新区建设,强化对"一带一路"沿线地区的服务和支撑作用,将浙江在"一带一路"规划中陆海统筹、东西互济的关键门户和战略地位确定下来。深入推进宁波—舟山港一体化,深化与"一带一路"沿线地区港口、口岸的合作,完善海陆联动的集疏运网络,发展海铁联运、海河联运、江海联运,加快形成"路连中西部、海接东南亚、空跨中东欧、网联全丝路"的"一带一路"海陆联运枢纽。稳步推进"义新欧"中欧班列运行常态化。优化浙江产业和企业在"一带一路"的沿线布局,鼓励有条件的浙江企业大胆"走出去",在"一带一路"主要节点和港口共建产业园区,扩大与沿线国家的经贸合作领域和规模,形成国际区域分工协作的产业布局。

(三)上海的特点与优势

上海贯通"一带一路"的重要节点,其优势主要在市场、产业、金融和制度等方面得到体现。上海在国际经济和区域经济合作机制方面发挥"领头羊""排头兵"的作用。在"四个中心"和自贸区建设的基础上,上海在资源、投资、贸易和金融等方面的制度建设和创新上有着非常宝贵的经验。

(四)天津的特点与优势

作为北方最大的港口,天津港具有区位、政策、产业、服务等要素叠加的综合优势。天津港的经济腹地以北京、华北、西北等地区为主,交通处于京津城市带和环渤海经济圈的交汇点上,占据海运、铁路和空运的枢纽地位。作为"一路"节点,天津港能够直接延伸到哈萨克斯坦、土库曼斯坦、蒙古国等国家。在"一带"铁路运输方面,天津有着非常独特的优势。国内也只有天津港能够同时拥有四条铁路通往欧洲陆桥港口。京津冀协同发展战略将对三地的功能定位、产业分工、城市布局、设施配套、综合交通体系等方面进行合理规划,天津国际港口城市和北方经济中心的地位将会得到进一步的提升。天津在丝绸之路经济带交汇点的支撑优势更加突出,这对于北京和河北的金融、物流等相关功能向天津聚集是非常有利的;天津与北京、河北的紧密协同,能够使辐射带动中西部的能力得到进一步增强。突出天津特色,在服务京津冀协同发展和"一带一路"国家战略、发展实体经济、壮大融资租赁业等方面实现更大突破。

(五)山东的特点与优势

山东地处我国东部沿海,是黄河流域最便捷的出海通道,是东北亚经济圈的重要组成部分,是"一带一路"海上战略支点和新亚欧大陆桥经济走廊的重要沿线地区。将山东对外工程承包能力较强的优势充分发挥出来,对企业到沿线国家扩大对外工程承包业务,参与沿线国家基础设施建设起到积极的促进作用。引导山东传统优势产业和装备制造业到"一带一路"沿线国家投资,对优势企业在全球布局产业链条起到促进作用。将山东海洋经济和海洋科技综合实力强的优势充分发挥出来,推进与沿线国家在港口建设与海洋航运、海洋渔业、临港产业、海洋生态保护、海洋防灾减灾、海洋科技与人才教育等方面的合作,将山东建设成为我国与沿线国家的海洋经济合作示范区和海陆统筹发展试验区。突出抓好青岛、烟台、日照、济南等节点城市、支点城市建设,把这些城市打造成改革开放高地、开放型经济高地,使其在山东融入"一带一路"建设中发挥重要支撑作用。

（六）海南的特点与优势

海南的地理区位条件是非常独特且优越的,海南的优势主要从国家政策、外交平台、侨务资源、经济特区、国际旅游岛等方面得到体现。建设"岛上海南""海上海南",推动国际旅游岛建设迈向更高水平,建设世界级的旅游目的地。通过积极参与泛北部湾经济圈、泛珠三角区域合作,深化琼港澳台交流,全面融入中国—东盟自贸区,打造海上丝绸之路桥头堡,为进一步促进南海周边国家和地区开展区域共同开发,深化海上经贸合作提供重要的战略支点。

（七）港澳台的特点与优势

1.香港的特点与优势

作为国际化大都市,香港也是国际化的金融中心、贸易中心、航运中心、信息中心,同时东盟是香港的第二大贸易合作伙伴。香港的优势主要体现在国际贸易与物流上,其不仅是连接内地与海上的重要中转点,同时也是 21 世纪海上丝绸之路的重要节点。构建以香港为基地的全球融资体系,通过加强与"一带一路"区内沿线国、区外国家的业务联动,通过与日本、韩国等东亚市场合作,以产业合作和贸易往来提升人民币作为区域贸易结算货币地位,为俄罗斯、中亚等新兴市场提供项目融资。

2.澳门的特点与优势

澳门的优势主要从语言、人才、资金方面得到体现,协助中国企业拓展葡语国家市场。"一带一路"也将为其建设世界旅游休闲中心、中国与葡语国家商贸合作服务平台提供强大推力,这对于澳门实现经济适度多元化的目标是有所助益的。通过与葡语国家的联系优势的利用,将连接中国与各葡语国家间的平台、纽带和桥梁作用充分发挥出来,将推进与横琴、南沙两个自贸区片区对接作为重点。

3. 台湾的特点与优势

台湾的优势主要是指其地理优势,具体来说,其位处海上丝绸之路起始的要冲地带,既可以和海峡对岸的福建自贸区建立区域合作伙伴关系,也可以深度连接珠三角和长三角,并在此过程中与大陆携手共同开拓国际市场。两岸经济优势互补,协调发展,合作共赢的机遇依然存在,有着巨大的发展潜力。

四、内陆地区体育产业发展的优势

我国内陆地区主要是指重庆、四川、贵州、湖北、湖南、江西、安徽、河南、山西这几个城市,这些城市都存在着自身的特点和体育产业发展的优势,下面就对其中的几个典型加以分析和阐述。

(一)重庆的特点与优势

重庆处于丝绸之路经济带、中国—中南半岛经济走廊(连接21世纪海上丝绸之路)与长江经济带"Y"字形大通道的联结点上,具有承东启西、连接南北的独特区位优势,是丝绸之路经济带的重要战略支点、长江经济带的西部中心枢纽、海上丝绸之路的产业腹地。加快建设长江上游综合交通枢纽,着力打造内陆开放高地,着力增强战略支点、集聚辐射功能,着力培育特色优势产业集群,着力推进城市群建设,着力构筑长江上游生态安全屏障。重庆将进一步强化长江上游航运中心功能和国家物流中心枢纽功能,建设以云计算为支撑的"国际信息港"和西部通信枢纽。区域合作方面,重庆将与川、黔、鄂等地合力打造沿江承接产业转移高地,培育形成具有国际水平的产业集群。面向德国、俄罗斯及中东欧加强高端装备、新能源、新材料等领域合作,引导重庆及周边汽摩、化工、材料、能源等优势企业面向南亚和东南亚拓展。

（二）湖北的特点与优势

作为"长江经济带"的一个中心地区，湖北有着非常显著的地理区位优势，具体来说，主要表现为：向西与丝绸之路经济带、向东与海上丝绸之路双向对接，承东启西、连南贯北。同时，湖北的交通运输、邮电通信等基础设施日臻完善，因此，其有着非常显著的产业体系优势。湖北主动对接长三角、珠三角、京津冀地区，承接制造业和劳动密集型服务业转移。

（三）江西的特点与优势

江西也具有独特的独立区位优势，具体来说，是指江西毗邻长江三角洲、珠江三角洲，是依托长江建设中国经济新支撑带和促进中部崛起的重要省份，具有承东启西、连接南北的重要地位和作用。促进交通网络互联互通，对接"汉新欧""渝新欧"等中欧国际铁路班列，扩大江西至宁波、厦门、深圳铁海联运，拓展连接"一带一路"陆运和海运通道。把江西建设成为连接"一带一路"内陆战略通道、内陆开放合作高地、生态文明国际合作重要平台。将江西资源丰富、生态优良的优势充分利用起来，同时，也将绿色食品、工艺技术、文化创意、新能源新材料、生态健康旅游、劳务输出等优势充分发挥出来，将优势产业作为向"一带一路"相关国家和地区开放的重要突破口，坚持"引进来"，更要"走出去"，对江西优势产业抢占全球价值链的中高端，成为"一带一路"的产业支点起到积极的推动作用。

（四）河南的特点与优势

河南的地理优势主要表现为，其处于连东接西、承南接北的位置，交通发达，拥有铁路"双十字"和"米字形"高铁网，高速公路通车里程多年居全国首位，郑州航空港成为全国首个上升为国家战略的航空港经济发展先行区。除此之外，河南还有着灿烂的文化，是华夏文明的重要发祥地，与沿线国家开展文化旅游交流具有坚实的基础。

（五）山西的特点与优势

山西的地理区位优势主要表现为，其是新亚欧大陆桥经济走廊的重要区域，与河南、京津冀等发达省市以及陕西、内蒙古两个"一带一路"重要省份相邻，处于重要的经济枢纽位置。另外，山西在煤炭开采、机械设备制造、高铁设备等方面也是处于领先地位的。山西启动太原铁路口岸建设，对大同航空口岸正式开放、设立运城航空临时口岸都起到积极的推动作用，对在太原、大同、临汾建设"无水港"进行了积极的探索，使走出资源型地区和内陆省份可持续发展的新路子的速度进一步加快。

第二节　新常态的界定与我国经济发展的新常态

一、新常态的界定

近年来，在讨论全球金融危机以来的国内外经济发展格局时，"新常态"被越来越多的人所应用；其他如经济发展的"新阶段""新时期""新秩序"等的概括，表达的意思也与"新常态"有着相似的意思。

作为近年来重要的经济术语，新常态最早是由美国太平洋基金管理公司总裁埃里安提出，之后在不同领域都得到一定的应用，所引申出的含义也有所差别。新常态，从其表面上来看，所谓的"新"，意味着有别于旧质，而"常"，则意味着相对稳定，由此可以得知，"新常态"就是不同于以往的、相对稳定的状态。

新常态是在与旧常态作对比中产生的。尽管"新常态"在不同领域所引申出的含义不同，但在宏观经济领域被西方舆论普遍形容为：在出现经济增长率降低、失业率增高、金融风险攀升等危

机之后,经济逐步复苏的过程。❶

"新常态"一词,在国内外的缘起及其表达的含义并不完全一致。

在国际上,"新常态"一词最初是与经济衰退联系在一起的。

在中国,"新常态"一词则与中国经济转型升级的新阶段密切相联。

由此可以得知,新常态概念在国内和国外基本上是相对独立形成的。

全球经济的新常态,实际上就是从危机开始,以探索全球经济发展新路径为主要内容的恢复过程。全球新常态的特征主要表现为:第一,经济增长低水平波动;第二,各国经济恢复陷入"去杠杆"和"修复资产负债表"两难境地;第三,贸易保护主义盛行;第四,主要国家的政策周期非同步;第五,全球出现治理真空。

中国的新常态更应该看作是习近平主席的创造性转化:中国新常态包含着经济朝向形态更高级、分工更复杂、结构更合理的阶段演化的积极的内容。❷

由此可以看出,全球新常态与中国新常态的经济基础是共同的。国内外的经济学家、政治家和商界领袖们都清醒地认识到,自本轮全球危机以后,全球经济的发展,包括构成"全球"的各个国家的经济发展,自然也包括中国在内,均进入了一个新的发展时期。但它们之间也存在着非常显著的区别。具体来说,在国际上,新常态更多的是被动将自20世纪80年代以来的经济增长之长周期的阶段转换反映了出来,其隐含的意蕴,如果不是消极的,至少也是无可奈何的。而在中国则不是这样的,新常态构成面向未来更高发展目标的战略规划,其在对中国经济转型的必要性进行分析的同时,也将中国经济转型的方向以及转型的动力结构都明确指了出来。

新常态蕴含着发展的新动力,这是毋庸置疑的。发现、挖掘

---

❶ 姜同仁.新常态下安徽省体育产业发展研究[M].北京:经济科学出版社,2015.

❷ 李扬,张晓晶.论新常态[M].北京:人民出版社,2015.

并运用好这些动力,需要我们从革命性的角度来调整旧常态下习以为常的发展方式,必须对已被旧常态扭曲的经济结构进行壮士断腕式改革,必须以高度的智慧引领新常态。这也就是说,改革构成新常态条件下的经常性任务。

通过上述分析可以将"新常态"界定为:由传统的非平衡、欠协调、不可持续的粗放型发展方式转入速度适宜、结构优化、可持续的集约型发展方式,形成不同于以往的、相对稳定的良好发展状态。❶

二、我国经济发展的新常态

中国改革开放波澜壮阔,并且创造出了"中国奇迹",而这些都是在新一轮全球化浪潮下展开的。相较于 19 世纪工业革命之后的第一轮全球化浪潮、两次大战之间的第二轮全球化浪潮,从 20 世纪 80 年代末开始的第三轮全球化浪潮是真正"全球"的。由于苏联东欧集团解体并普遍推行市场化改革,再加上广大发展中国家纷纷推行各种形式的改革开放战略,在本国发展市场经济体系并主动融入全球经济体系,绝大多数国家都卷入了全球化过程并享受了全球化收益。

然而,福祸相依。尽管全球化让各国的经济活动紧密联系在了一起,将市场及其运行规则统一了起来,重塑了国际分工体系,使资源配置效率得到有效提高,但是,不可忽视的是,这也是一个让世界各国的经济运行和金融风险发生"日趋复杂关联"的过程。由此可以看出,正是在全球"大稳定"时期,中国经济创造了年均增长 9.8% 的奇迹;同样,正是在金融危机发生后不久,全球经济陷入长期停滞时期,中国经济也步入了中高速增长的新台阶。

2009 年开始,中国经济增速换挡就开始了。自那以后,特别是随着 2009 年大规模经济刺激计划的效果逐渐减弱以及宽松政

---

❶ 姜同仁.新常态下安徽省体育产业发展研究[M].北京:经济科学出版社,2015.

策的退出,中国的 GDP 增速就开始明显回落,物价指数也继而在2011 年开始转向。

除此之外,绝大多数对中国经济增长的预测都认为,未来中国经济的增速将逐步放缓,这也在一定程度上体现出了中国经济的减速。

中国经济进入新常态,不仅能够从全球经济的下行趋势中找到一定的解释,而且中国作为世界上最大的发展中社会主义国家,经济的长期走势自有其内在的规律,而且基于中国国情的内因不容置疑成为主导因素。

当前,中国经济已经从过去 30 余年的"结构性增速"转向了未来一段"结构性减速"的时期,旧常态下的潜在增长率水平是很难再有了,一位数的增长率将成常态,且增速存在较大的进一步下滑可能。

当前,造成增速下滑的原因有很多,其中最主要的往往是结构性因素,是潜在增长率下降的结果。由此可以看出,金融危机后中国经济增长的主要因素是资本要素的积累(投资)。这也在一定程度上证实了结构性减速的判断。

(一)结构性减速的原因

可以将结构性减速的原因大致归纳为以下几个方面。

1. 资源配置效率下降

从国际上看,服务业的劳动生产率低于制造业,是一个普遍规律,因此,当资源发生从制造业向服务业转移的过程时,整体经济的劳动生产率(增速)必然下降。

从人口的空间分布看。传统体制下我国人口极度缺乏流动。市场经济发展起来以后,人口的流动性开始提高,人们从农村进入城市,从中西部向东部聚集。由于这个过程同时伴随着劳动生产率的提高和就业率的提高,这就使我国劳动力的配置效率大大提高。

关于资本配置,可以从两个角度加以分析,一个是资本供给及其同需求的关系,一个是资本配置的机制。在新常态下,通过改变资本配置机制,我国在提高资本配置效率方面还存在着较大的潜力。

总的来说,如果要素能够自由、快速地流动,在一个信息充分的市场导向下,要素通过市场之手自然就可以得到更优的配置,从而对效率提高起到积极的促进作用。中国当前要素配置效率提高困境的症结,主要还是体现在非市场的制度层面。然而,毋庸置疑的是,只有在各个领域的改革扎实推进的前提下,资源配置效率的潜能方能变为现实。

2. 人口红利式微

经济发展的三大支撑要素分别是劳动、资本和技术进步。所谓的"人口红利",实际上就是在过去 30 余年中,每年数以千万计的劳动力从闲置、半闲置状态转而投入制造业,成为支撑我国经济高速增长的主要动力。但是,近年来,中国劳动供给整体上已经放缓,人口老龄化趋势明显,人口抚养比上升,传统意义上的人口红利即将终结,劳动力成本随之上升。这就在一定程度上将中国制造业的这一优势削弱了,同时,也在一定程度上冲击着中国制造业的国际竞争力。在未来相当长时期中,在劳动投入增长率趋降的背景下,摩擦性失业、结构性失业将与某种程度上的"用工荒"长期并存。

劳动力,特别是新增青年劳动力的下降还对创新和创业产生了一定的制约作用。不同年龄人口的创新和创业的质量也不一样,年轻人的创业和创新质量更高。但无论如何,可以肯定的一点是,人口结构在创新以及经济发展中所起到的作用是非常重要的。

靠政府主导干预配置和动员资源以获得赶超效应的高速增长阶段已经接近尾声,我国的经济增长要向以提升劳动生产率为主导的内生发展方式进行全面的转变。而要提高劳动生产率在经济发展方面的贡献,提高人们的教育水平和劳动技能是一个根本上的途径。

3. 资本积累的低效率困境

我国增速下降的主要原因在于全要素生产率和人力资本增速的下滑,而资本积累则是支撑中国高增长的主要生产要素。然而,如果从长远的角度来说,中国的资本积累情况并不乐观,究其原因,主要是由于中国资本积累的效率越来越低。

作为最重要的生产要素,资本的质量还会对经济增长产生影响。这里所说的资本质量,实际上是资本积累效率的又一种说法,其度量指标是资本的边际产出。资本边际产出是非常重要的,究其原因,主要是由于积累资本是为了在将来给我们带来更多的产品和服务的回报,从而增进人们的福利,因此,边际产出越高,资本积累的效率越高。从目前的形势来看,中国的资本边际产出已经下滑到接近发达国家的水平。

从不断降低的资本边际产出(资本回报率)中可以看出,中国已经、至少即将陷入资本的低效率困境,并且直到现在仍未看到资本边际回报改善的迹象。如果一直持续这种状况,那么就很有可能约束和制约我国的资本积累形成,长期来看,供给端的约束仍会强硬地限制经济发展。并且,从资本积累的"黄金律"准则看,这种高积累模式使人们的福利水平有所降低。要提高资本的回报,可以通过提高技术水平和人力资本水平,从而使资本的边际回报得到有效提高;还可以调整分配资本和投资的方向,让市场对资本流向更有效率的企业和行业进行积极的引导。

4. 创新能力有待提高

中国早已跨越了贫困陷阱,现正面临中等收入陷阱的挑战。而要改变这一现状,就需要借助于技术进步,特别是生产效率和产品创新能力的提高。

一个国家在与世界技术前沿差距较大时,提高生产效率的难度会相对较小。通过引进和模仿生产技术、加强基础设施的投入、雇佣低成本的工人、建立足够大的企业以使其规模效应可以降低资本的平均成本,就会使一个在国际市场有竞争力的生产效率的提高较容易得以实现。这种生产效率提高型的技术进步通常伴随着投资的高速增长,Acemoglu 等(2002)将这种后发国家的技术进步模式称为"投资战略"。但是,当一国技术水平较世界前沿差距缩小时,引进前沿生产技术的难度就会变大,生产成本、特别是低劳动成本的优势会逐步丧失,这时,就要求依赖于本国的产品创新效率来使经济发展水平得到有效提升,这时技术的进步就更加依赖于"创新战略"。相比而言,投资战略对生产效率的提高较为注重,而创新战略则对创新效率的提高更加重视。

总而言之,改革开放至今,我国经济一直处于赶超进程之中,这与我国的起点太低,导致技术学习效率较高有着非常密切的联系。然而,随着逐步走向技术前沿,我国的技术学习效率趋减,并导致技术进步放缓。需要重点强调的是,随着我国越来越接近科技前沿,必须从依赖技术进口转向自主创新。这也是习近平总书记在谈到我国未来经济发展的关键所在时,曾连续说了三个创新:"创新,创新,再创新"的主要原因所在。由此可以看出,在总书记看来,经济发展从要素驱动型转向创新驱动型,在很大程度上决定着中国经济在新常态下的发展。

5. 资源环境约束增强

从传统观念上来说,资源是几乎取之不竭的。但是,这至多只是经济处于极低水平下的假象;一旦经济迈上发展之路,就立刻显现出资源环境的约束。具体来说,主要从以下几个方面得到体现。

第一,从能源方面来说,由于受到粗放的发展方式和能源结构的影响,近年来我国原油、煤炭等消费量的绝对规模和在世界总量中的占比都持续上升,新增需求规模占世界比例则更高。由于中国自然资源相对匮乏,这类能源产品的对外依存度均相对较高。同时,由于使用效率低下,单位 GDP 的能源消耗居高不下。

第二,由于多年受到"重发展,轻治理,先污染,后治理"的发展方式的影响,严重地甚至不可逆转地破坏和污染了我国生态环境。而要治理污染,对资金投入有着非常高的要求,这实际上是经济的净损失,主要由政府来投入,但资金来自于政府的税收,因此最终仍由企业和居民承担。而如果要从源头上通过降低排放来治理污染,包括使用更高技术的设备、使用更加清洁的能源类型,所带来的直接的影响就是技术上的难度加大和成本提高。无论是哪一种方式,要治理污染,保护生态环境,都会带来经济、特别是工业的减速。

第三,从世界发展的角度来看,随着新兴经济体和发展中国家全面崛起,未来中国和世界将面临的资源压力也是非常严重的。

需要特别强调的是,在同样的技术水平下,生产相同的产品,不同国家的生产对资源和能源的消耗以及污染的排放,往往会存在着较大的差异性。一般来说,造成人均或每单位 GDP 资源和能源消耗的巨大差异的原因主要有两个方面:一是产业结构的不同导致的排放差异,二是生活中能源和资源消耗的差异。从社会总体来说,这显然就需要将城市化的水平和质量置于更重要的地位,大规模采用低能源消耗的交通方式和低能源消耗的居住方式。

6. 国际竞争压力加剧

经过改革开放后的高速发展,中国贫穷落后面貌已经得到了改变,正向着全面小康的美好愿景前进,但是同时,也不断有各种问题出现。从经济结构的角度上来说,我国目前正处于从产业链低端向产业链中高端升级的阶段,这一发展阶段面对的局面是较为复杂的,一方面要与发达经济体主宰的高端产业竞争,争取占有一席之地;另一方面,印度、越南、印尼等其他发展中经济体正在产业链的中低端与我国展开激烈的竞争。这种两面作战的困境,对中国的经济增长产生了非常大的制约甚至阻碍作用,可以说,这已经成为导致结构性减速的又一因素。

在这样的情况下,中国经济要想得到进一步的发展,就必须逐步放弃和退出低端产业链。因此,迅速前进,尽快拉开同他们的距离是最合理的选择。通过提升竞争力跻身全球产业链的高端,对我国来说命攸关,究其原因,主要是由于这对中国能否真正实现转型升级,能否摆脱中等收入陷阱,能否最终成为现代化的发达国家起到重要的决定性作用。

目前,我国与发达经济体的竞争主要体现在两个方面:一个是技术前沿,一个是国际规则。

首先,在技术前沿方面,第三次工业革命将重构发达经济体与新兴经济体在国际分工体系中的地位及利益分配格局。众所周知,第三次工业革命的代表性趋势是网络化、智能化和服务化,目前,发达经济体仍引领着这一潮流。若不打破发达经济体对这些前沿的垄断,广大发展中经济体的低成本劳动力比较优势将进一步丧失。这种新的分工和利益分配格局,将可能使发达经济体在新一轮工业革命中重拾制造业优势,给尚处于传统意义上工业化中后期的中国带来重大挑战。

其次,在国际规则方面,2007年国际金融危机爆发之后,全球范围内再平衡与结构调整的竞赛再次展开。发达经济体对传统全球化的模式不满意,欲重塑全球化格局。特别是在经贸和国际投资领域,美欧试图通过改变规则提高其自身优势,并在客观上形成对中国不利的国际竞争局面。其主要通过给中国贴上"国家资本主义"标签,试图通过确立"竞争中性"原则来达到使政府对经济活动的支持和中国企业在国际上的竞争优势降低的目的。另外,还试图通过气候谈判确立碳排放规则对中国施予更大的减排压力,极力阻挠中国主张的"共同但有区别的责任"的原则成为国际谈判的基础。为防止中国的技术赶超和中国政府对自主研发的支持,以美国为首的发达国家不仅维持对中国的技术管制,还试图在国际知识产权保护等方面制定有利于发达国家的条款。

在中国国内,他们则力促中国政府在知识产权保护和政府采购方面消除对外资和外国品牌不利的条款。

通过对中国的产业结构和经济规模的充分考量,可以得知,在国际竞争中,美国、欧盟和日本等国仍然是中国的主要竞争对手。这些国家当然不会坐视中国来赶超。除了在国际贸易、投资等方面与中国展开竞争、在国际规则方面约束中国的发展,与中国在中共十八届三中全会对改革做出全面部署一样,他们也纷纷推出自己的结构性改革计划与长期增长战略,改革竞争的序幕悄然拉开。

从上述分析中可以得知,中国经济的未来发展面对着更为复杂的竞争,其中,改革是我们面临的最深刻、最关键、最硝烟弥漫的新竞争。要想取胜,就必须通过彻底、持续的改革,大规模收取改革红利,这是关键之处,不可忽视。另外,我们必须适应以经济增长速度下滑至中高速水平为外在特征、以结构性减速为基本原因的新常态,只有这样,才能给改革留出足够的时间和空间,也才能给改革创造合适的宏观环境。

(二)中国经济发展新常态的特征

2014年11月,习近平主席在亚太经合组织(APEC)工商领导人峰会上首次系统阐述了新常态。在习近平看来,新常态的特点主要有以下几个方面:第一,是速度——从高速增长转为中高速增长;第二,是结构——经济结构不断优化升级;第三,是动力——从要素驱动、投资驱动转向创新驱动。总的来说,中国经济的新常态所表现出的特征主要有中高速、优结构、新动力。

1.中高速特征

新常态最基本的特征,就是中国经济增速换挡回落、从过去10%的高速增长转为7%～8%的中高速增长。从世界范围内来说,当一个国家或地区经历了一段时间的高速增长后,增速"换挡"现象便都会出现。

2. 优结构特征

我国经济新常态的重要表现是潜在的、渐进的结构调整,需要强调的是,这种结构调整不是唯一的、孤立的,而是多元的、全方位的调整,具体来说,主要从产业结构、需求结构、城乡结构等方面得到体现。

（1）产业结构优化

新常态的最重要特征就是中国产业结构优化升级、第三产业超过第二产业。经济服务化理论的主要观点是,产业结构重心具有向服务业转移的规律性,服务业的迅速发展已经成为发达国家的普遍经济特征并进一步成为国际性的发展趋向。新常态下,我国服务业比重上升已经成为一种长期的发展趋势。

（2）需求结构优化

消费需求逐步成为需求主体。经济增长结构也发生了一定的变化,主要表现为:逐步转向以消费为主,更多地依靠内需,从要素效率提升获取动力。

（3）城乡结构优化

城乡区域差距将逐步缩小。按照《国家新型城镇化规划》,至2020年我国城镇化率将达到60%左右。❶ 随着国家新型城镇化战略的实施,城市化速度将进一步加快,城乡二元结构逐渐打破,区域差距也将逐渐拉近。

3. 新动力特征

新常态下,中国经济将从要素驱动、投资驱动逐渐向创新驱动发生转变。从科技的快速发展中可以得知,随着劳动力、资源、土地等价格上扬,中国经济已经开始由过去依靠低要素成本驱动的经济发展方式逐步转换到科技创新上来。

---

❶ 姜同仁.新常态下安徽省体育产业发展研究[M].北京:经济科学出版社,2015.

第三节　国外体育产业的发展状况分析与启示

一、国外体育产业的发展状况分析

关于国外体育产业的发展状况,这里主要就较为具有代表性的几个地区和国家进行分析和阐述。

(一)美国体育产业的发展状况

美国经济在 20 世纪持续增长,与第三产业的迅速发展,特别是体育产业成为美国第三产业中的支柱产业有直接关系。美国人在体育产业发展史上创造的一系列奇迹,使得体育产业的规模、结构、水平和效益都远远高于世界上任何一个国家。

从相关的调查研究中得知,美国体育产业是由以下几个方面构成的,每一种产业都有其各自的发展状况。

1. 健身娱乐业

美国健身娱乐业是美国体育产业中最重要的组成部分,由于美国经济发达,生活水平高,有健身消费的意识和习惯,有全球最大的健身娱乐市场,有充足的高素质的体育经营人才,这就使得美国健身娱乐业具有市场规模大、经营水平高,组织化程度高,竞争有序的显著特点。

2. 职业体育产业

美国的职业体育产业起步早,发展也比较成熟和规范。从当前的形势来看,美国职业体育产业已经走上经营有方、管理有序的良性循环的发展道路。球员、俱乐部和联盟的主要目的在于实现各自的利益,既相互竞争又相互制约,这也标志着其成为一项成熟的产业。

3.体育用品业

体育用品业是美国体育产业的重要组成部分。19世纪上半叶,美国体育开始起步,体育用品也随着发展起来。20世纪20年代,美国体育用品业得到了进一步的发展,这与当时运动员转投体育用品业有着非常密切的联系。后来,随着需求的不断提升,体育用品市场上的需求持续大于供给,这也使得美国的体育用品业受到日本、韩国、中国台湾等国家和地区的冲击。20世纪80年代,耐克和锐步的产生进一步带动了美国体育用品业的发展。

4.体育经纪业

尽管美国的体育经纪业产值不高,但是,其具有非常重要的推动整个体育产业发展的作用。首先,体育经纪业的勃兴带动了职业体育产业的发展和壮大;其次,体育经纪公司和体育经纪人卓越的专业化服务,尤其是拓展市场的能力,对体育无形资产的开发、体育书刊和音像制品的生产和经营,以及体育广告业和体育用品业的发展等都起到了积极的带动作用。

(二)西欧国家体育产业的发展状况

关于西欧国家体育产业的发展状况,主要从英国、意大利、德国、法国等国家的体育产业发展状况上得到体现。

1.英国体育产业发展状况

英国是一个有体育运动传统的国家,有体育消费的意识和习惯。因此,英国的体育消费和体育市场都比较发达,体育产业体系也相当完善。

英国的体育产业主要包括健身娱乐业、职业体育业、体育用品业、体育博彩业、体育赞助和体育广告等。英国体育产业起步早,但发展相对缓慢。

2. 意大利体育产业发展状况

体育运动在意大利社会生活中的地位是非常高的,受到意大利人的欢迎与喜爱,意大利政府一直把体育看作是能带动国民经济增长的重要产业部门。

体育用品业、职业体育产业、健身娱乐业、体育博彩业和体育赞助、体育广告等都属于意大利的体育产业范畴之内。

需要强调的是,足球体育产业是意大利体育产业中最重要的部分,而"足球产业"则是职业体育产业的重要支柱。意大利的足球产业是一个包括门票、广告、电视转播权、俱乐部标志产品的营销、职业运动员的买卖和足球彩票在内的复合产业。除此之外,足球彩票是意大利足球产业中最重要、最有特色的部分,也不能忽视。

3. 德国体育产业发展状况

作为欧洲比较发达的国家,德国的体育产业主要是由体育用品业、健身娱乐业、职业体育产业和体育赞助构成的。其中,体育用品业是德国体育产业中的支柱产业,阿迪达斯公司的产品和市场占有率代表了德国体育用品业的整体水平。健身娱乐业在德国是非常发达的。德国的职业体育产业也高度发达。需要强调的是,德国的赛车、足球和网球是商业化程度最高的运动项目。尤其是德国足球甲级联赛经营管理有序。

4. 法国体育产业发展状况

法国政府鼓励和引导体育与经济的融合,这也是该国体育产业发展与其他欧美国家不同的一个重要方面。法国的体育产业以健身娱乐业为主。由于法国的体育人口占总人口的2/3以上,因此,法国的大众体育消费非常高。

法国的体育博彩业也有相当规模,目前,国家体育基金会基金的 70% 来自体育彩票的收入。除此之外,企业的体育赞助在法国也相当普遍。

(三)东亚国家体育产业的发展状况

东亚国家的体育产业的发展状况可以从日本和韩国两国的体育产业发展状况上得到体现。

1. 日本体育产业发展状况

日本政府对体育产业的发展方面是非常重视的,日本的国际工贸部的主要职责就是对体育产业的发展加以规划和指导。

日本体育产业包含的内容主要有:体育用品业、体育建筑业、体育场馆出租业、健身娱乐业、体育广告和体育赞助以及职业体育产业。其中,健身娱乐业高度发达,国民整体的体育消费水平非常高。由于大众健身娱乐消费非常普及,国民对体育用品的需求量很大,体育用品市场规模迅速扩大。

另外,日本的职业体育产业也有了迅猛的发展,传统的职业棒球联赛继续保持旺盛的发展势头,除此之外,还有逐渐发展起来的赛车、高尔夫球、网球、排球,以及强劲的新发展起来的职业足球联赛。体育广告和赞助业的勃兴就是在职业体育产业迅速发展的带动下实现的。

2. 韩国体育产业发展状况

20 世纪 70 年代中期,韩国的体育产业才刚刚起步,到了 80 年代中后期开始发展迅速,尤其是举办 1986 年的亚运会和 1988 年的奥运会获得成功,对体育产业的发展起到了积极的推动作用。

韩国体育产业的构成要素主要有两个方面:一是体育用品业,二是体育服务业。韩国竞技体育在亚运会和奥运会中取得优异成绩,对大众体育的发展起到了非常大的促进作用,人们对体育用品和健身服务的需求迅速提高。韩国人在体育服务业的消费增长也很快。

二、国外体育产业发展的启示

对国外体育产业发展状况的分析和评价主要是为了借鉴先发国家发展体育产业的经验和教训,从中找到与我国体育产业发展相适应的道路。总的来说,可以将从中得到的启示大致归纳为以下几个方面。

(一)对体育产业发展加以科学规划

20 世纪 60 年代,体育产业开始在西方国家崛起,并且一直保持高速增长的势头,许多国家的体育产业已经或正在成为国民经济的新增长点,对本国社会经济发展起到了积极的带动作用。相较于发达国家来说,我国的体育产业还是较为落后的,但是有着巨大的发展潜力。随着我国社会经济的快速发展,人们生活水平的提高,健康意识的增强,体育消费需求越来越旺。因此,对体育产业目标加以科学规划,使体育产业规模进一步扩大,能够有效拉动内需,并对国民经济的增长起到积极的促进作用。

(二)走政府主导型下的市场发展道路

我国是体育产业后发国家,走政府主导型的发展道路是一个选择。究其原因,可以归纳为以下三个方面:第一,我国的市场经济体制尚不健全,市场体系和市场机制也还没有达到完善的地步;第二,我国体育产业还处在起步阶段,发展成熟度还不够,需要政府保护和政策支持;第三,我国的体育产业需要政府将其独特的主导作用充分发挥出来。同时,需要强调的是,体育产业的发展必须走市场化的道路,政府的引导只是暂时的和有限的,按市场经济规律办事才是必然。❶

---

❶ 柳伯力,李万来.体育产业概论[M].北京:人民体育出版社,2005.

(三)保证梯度发展战略的顺利实施

我国体育产业的发展必须以中国的国情和体育产业发展的现状为主要依据,确立重点、找准难点、以点带面、逐步推进的发展思路,这主要取决于我国的体育产业处于发展的初级阶段。在现阶段,我国体育产业发展中实施梯度发展战略主要包含两个方面,一方面是将体育产业的发展重点科学地确立下来,另一方面是要找准切入点和突破口。

(四)通过多种所有制形式发展体育产业

我国体育产业发展的重要基础是国有、国办体育事业。但在我国鼓励和发展非公有制经济的政策下,国家再向体育产业进行投入是不可能的。因此,这就要求积极采取措施,鼓励和引导非公有制经济主体在更大、更广的范围内参与体育资源的配置,投资于体育产业的生产和经营,从而使体育产业以民营为主的格局尽快形成。

第四节 我国体育产业发展的现实情况分析

一、我国体育产业发展的总体情况

从总体上来看,我国体育产业发展呈现出的情况主要归纳为以下几个方面。

(一)整体规模情况分析

通过对我国有关体育产业统计试点的北京、广东、浙江、辽宁、安徽、云南、四川七个省市的调查分析中可以得知,尽管当前我国体育产业由于规模限制,没有充分发挥出吸纳就业的作用,但是从其前景看体育产业对扩大我国的就业人口的作用潜力巨大。

我国体育产业有着巨大的发展潜力,有可能会成为我国国民经济新的经济增长点。我国体育产业有着非常重要的作用,这主要从扩大就业人口、拉动国内消费、带动经济增长方面得到体现。另外,体育产业作为国民经济新的经济增长点已经初现端倪。

（二）结构特征情况分析

在目前我国体育产业结构中,体育用品制造业、体育用品销售业占据重要的地位,体育服务业所占比重不高。体育用品制造业创造的增加值要高于体育服务业创造的增加值。总产值、就业人口等重要指标也呈现相同的特点。我国的体育产业发展还不成熟,以健身娱乐业为核心的体育服务业发展水平严重滞后。从另一个侧面也说明了我国体育服务业的发展空间还是巨大的。

（三）地域分布情况分析

长江三角洲、珠江三角洲及环渤海经济带,以及沿海地区和竞技体育较为发达的省份,是我国体育产业主要分布地区。其中,北京市作为我国的首都,是全国的政治文化中心,国民经济迅速稳定健康地发展。广东省是我国市场经济的前沿地带,体育产业发展处于全国领先地位。浙江地处东南沿海,是我国最早实行改革开放的地区之一,成为我国经济大省。辽宁作为我国老工业基地,虽然在全国的经济地位已大不如前,但其经济实力仍然保持全国中上水平,同时,其也是我国的体育强省,为体育产业的发展提供了良好的条件。

（四）所有制结构情况分析

目前在我国体育产业经济结构中,非公有制经济已经逐步占据主导地位,形成与公有制经济并驾齐驱的多元化投资格局。尤其在体育用品制造业中,非公有制经济已经完全处于主体地位。

改革开放至今,我国体育以往在计划经济条件下,由政府垄断体育事业的局面已经发生了一定的变化,体育的产业化和社会化水平正在不断提高。具体来说,主要表现为国有经济所占比例不断下降,非国有资产比例在不断提高,我国体育产业投资结构多元化格局正逐步形成。

二、我国体育产业发展过程中存在的问题

经过一系列的深入改革,促进体育产业发展的新政策的出台,我国的体育事业有了一定的发展,但是,原有的"以体为主,多种经营"的格局仍然存在,旧的管理体制和运行机制仍然对体育经济功能的发挥产生一定的制约作用。在我国体育产业不断探索和发展的过程中,依然存在着一些问题和阻碍因素。具体来说,主要表现在以下几个方面。

(一)体育产业发展不平衡,水平有待提高

改革开放以来,我国体育产业呈现出较快的发展速度,但是,由于起步晚和受各种因素的影响,相较于发达国家来说,总体发展水平是相对较低的。另外,受经济发展程度的制约,各地区的体育产业规模和发展水平也是参差不齐的,经济较发达的大中城市和东南沿海地区体育产业发展速度快,并且达到的水平较高,而广大的中西部地区发展则比较迟缓,地区间的发展差距也呈现出逐渐增大的趋势。

(二)体育产业结构的合理性欠缺

我国体育产业结构不够合理,具体来说,主要从以下三个方面得到体现。

第一,体育服务业所占比例太低。按照体育产业发展的一般规律,体育服务业是体育产业发展的重点,一般来说,其在体育产业结构中所占的比重应达到 $60\% \sim 70\%$。而我国体育服务业在

体育产业总体结构中所占比重太低,体育产业结构配置的合理性较为欠缺。

第二,我国体育产业地区有着较大的差距。我国体育产业主要集中于京、津、沪及东南沿海经济发达的省份,而广大内地省份和西部地区体育产业发展则相对落后。从某种意义上来说,我国体育产业的发展在很大程度上受到我国体育产业巨大的地区差距的制约。

第三,我国体育产业不够集中。目前我国只有中体产业一家体育上市公司,多数企业经营规模较小,自己有影响的品牌还没有形成。我国体育市场总体上处于"小、散、乱、差"的局面。❶

(三)体育产业相关法律法规不够健全

目前,关于体育市场的管理缺乏高层次立法,国务院的行政法规甚至法规性文件一项也没有。虽然一些地区和大多数省会城市都发布了地方性体育市场管理法规或政府规章,但在管理权限划分、执法程序和保障措施等方面仍存在着诸多矛盾,这就使体育市场的管理难度进一步增加了。

作为一个新兴产业和朝阳产业,我国的体育产业同其他产业一样要想获得较快的发展,面对大众体育需求的日益增长,以及体育产业前向、后向关联产业链条的延伸,必须要制定新的发展战略和发展政策,并且对体育产业结构进行不断调整,将体育产业的主导部门产业作为发展的重点,使体育产业上一个新台阶,真正成为国民经济新的增长点。❷ 要实现这样的战略目标,需要政府部门对我国体育产业发展实际进行深入的调查,并且对制约体育产业发展的市场因素和政策因素加以分析,将促进和扶持体育产业发展的宏观经济政策制定出来,从而使我国体育产业的持续健康发展得到有力保证。

---

❶ 杨铁黎.体育产业概论[M].北京:高等教育出版社,2010.
❷ 曹可强.体育产业概论[M].上海:复旦大学出版社,2004.

（四）体育系统产业开发不理想

中华人民共和国成立以来，我国体育系统行政事业单位在国有资产方面有了较为充足的积累，其中规格较高具有一定开发潜力的体育场地设施就有 20 000 多个。但是，观念落后、体制与机制僵化、缺乏产业开发理论和经验等因素，在很大程度上制约着体育产业的发展，我国体育系统大量场地设施等有形资产和大量无形资产没有得到有效开发。很多体育系统的产业工作仅局限于出租体育场馆的房屋、收房费等简单的初级开发活动，大量的无形资产白白丧失。这就导致了我国体育行政事业单位的产业工作进展缓慢，经费的自给率在文化行业处于较低水平的情况发生。

（五）体育产业市场化程度低

体育产业中许多部门主要是政府有关部门主办的，因此，往往会造成政企不分、产权不清的问题发生；另外，还会造成部门垄断现象比较严重，市场准入的限制比较多，竞争不充分，还没有形成市场决定价格的机制。一些本来可以市场化经营的领域，被当作公益型、福利型的事业来办，由此，政府无力兴办体育和社会力量想办体育产业却办不成的尴尬局面便形成了。尤其是我国加入世界贸易组织后，体育产业的诸多部门将面临激烈的国际市场竞争，政府是难以代替市场而减少竞争的。

（六）体育场馆建设与发展的理念没有统一起来

体育竞赛表演业、健身娱乐业、体育培训业等多种体育服务业的发展，是必须在体育场馆这一基本载体上才能实现的。可以说，合理的体育场馆布局结构和发展模式能够为体育产业良性运行奠定良好的基础。中华人民共和国成立以来我国的体育事业一直围绕竞技体育这一主线来运行，在体育场馆建设和发展思路方面仍然存在着一些问题，具体来说，主要有以下几个方面。

第一，有关体育行政机构和城市决策机构倾向于建设大型体育场馆，并力求将体育场馆建成城市的形象工程。一般来说，这种场馆往往存在着占地面积巨大、功能单一、造价极为昂贵、维护比较困难的问题。

第二，在场馆建设的发展目标上将服务于竞技体育的大型场馆作为侧重点，这就造成服务于全民健身事业的场馆尤其是社区体育场地设施严重缺乏。

第三，我国体育场馆的建设和管理存在着非常严重的条块分割现象，从而进一步造成非常严重的重复建设和资源浪费的情况。

（七）对体育产业经济功能没有清晰的认识

不同的地区和部门，对体育产业的概念和范畴的看法也存在着一定的差异性，对体育产业发展规律及特征的认识存在着清晰度、全面性欠缺的问题，还有部分人甚至认为体育根本就不能成为一项产业。这些认识上的偏差，以及由此出发确立的管理制度、制定的政策，否认体育在国民经济发展中的产业地位和经济价值，都对体育产业的发展产生了严重的制约甚至阻碍作用。

（八）体育产业经营管理水平有待提高

从总体上来看，我国体育产业经营管理水平是较为落后的，仍然处于由计划经济体制下的管理模式向市场经济转轨的阶段。我国体育产业经营管理水平落后主要从以下几个方面得到体现。

第一，我国体育产业特别是健身娱乐业的科学经营管理模式还没有形成，经营者在经营管理的知识与经验较为缺乏，市场化运作水平较低。由此，便直接导致了企业的运营成本太高，再加上国家税收过高等因素，许多健身娱乐企业在总体上处于亏损经营的状态。

第二，我国体育产业制度建设相对滞后，对体育产业运营管理必要的规范和指导较为欠缺。目前尽管国家体育总局先后制定了《体育运动项目经营活动管理办法》《体育竞赛管理办法》等法规,但是,其针对性和操作性较为缺乏,再加上上述法规属于部门规章,其只有非常有限的法律作用。

第三,我国体育产业中,熟悉体育产业、懂得经营管理、综合素质较高的人才较为缺乏。

第四章 "一带一路"背景下我国体育产业发展的政策体系研究

自改革开放以来,我国中央政府和地方政府相继出台了多项体育产业政策,对我国体育产业发展产生了重大的影响,起到了积极的推动效果。随着时代发展,我国体育政策的制定与实施也不断与时俱进,与国际接轨。本章就来研究"一带一路"背景下我国体育产业发展的政策体系。

第一节 体育产业政策实施的背景及经验

一、体育产业政策实施的理论背景

(一)影响体育产业规模的需求因素

从相关定义来看,任何产业的形成和发展都是对特殊产品的供给和需求两方面共同推动的结果。因此,在体育产业发展中,影响产品供给和需求的各种因素都会影响体育产业的发展进程。

首先,居民收入是影响体育产品需求规模的主要因素。对于居民而言,体育产品并不是生活必需的,在某种程度来说体育产品更像是一种奢侈品。因此,当人们收入达到一定水平,且在满足日常活动基础上存有剩余时,人们才有可能对体育产品产生需求。如果人的收入仅能维持日常生活,那么这个社会就不会存在适合体育产业发展的市场。所以总体来说,居民收入因素是决定体育产业发展的首要因素。

从发达国家的经验来看,体育产业率先在城市中发展开来。因此,城市发展规模是决定体育产品需求的重要变量。当城市居民拥有收入剩余后,就为体育产业发展提供了基础。居民的收入水平决定着体育产品的可接受价格,在体育产品价格相对固定的情况下,城市中体育人口越多,则体育产业效益就越高,一旦体育产业的利润率远高于其他行业时,体育产业自然会蓬勃发展。所以,在居民中体育人口的比例同样对体育产业发展具有决定性因素。

影响一个城市的体育人口数量有很多因素,但最重要的因素是城市规模。由于城市居民人口相对集中,收入较高,消费方式比较流行,所以体育人口也集中在城市,但城市体育人口能否使体育发展呈现出产业化,则完全取决于城市规模。体育人口与城市规模之间的关系是城市规模越大,体育人口就会越多。从历史发展来看,由于国家发展的工业化直接推动了城市化进程,城市规模越来越大,所以在城市化进程中体育产业的规模也不断扩大。从这个发展过程来看,体育产业的形成和发展很大程度上是由城市化进程来推动的。

此外,城市发展水平对商业体育产品的需求也有很大影响。评价城市发展水平需要考虑到综合因素,包括城市化水平、经济结构、基础设施建设、文化发展程度、居民生活质量等方方面面,而城市发展水平在不同层面上都会对体育产品的需求产生影响。例如,在城市中心建设的快速交通网络会在短时间内快速汇集周边地区的主要体育人口,使体育产业发展突破了城市内的体育人口界限,不断扩大体育人口的范围,为体育产业发展提供支持。而如今高速发展的现代信息网络加速了体育信息的传播、扩散和交流,如广播、报刊、电视台、网络媒体等大众传媒能够对体育消费者产生巨大的引导作用,同时激发体育人口消费体育产品的兴趣和激情,提升了社会对体育产品的需求。此外,城市的经济实力、基础设施和城市文化是发展体育产业的客观条件,只有满足这些条件,体育产业才能生根发芽并茁壮成长。

居民的消费方式也会对体育产品需求具有一定影响。体育产品对于某些人来讲是奢侈的,尤其对于收入相对较低的人群来说。一般来讲,对奢侈品而言,消费者随着收入增加,在奢侈品上的消费支出在总支出中的比重是持续上升的。当居民收入超过临界值后,是否把更多的收入用于体育消费上,这与不同国家或城市的居民消费方式有关。不同国家或城市都有传统文化和传统观念,有的地方历来崇尚节俭,把收入剩余用于储蓄或投资,以期望获得更多的收入,那么他们的体育产品需求就十分有限;而有些地方的居民则更看重生活的水平和质量,甚至通过信贷,把奢侈品视为普通消费品进行消费,因而体育产业在这些国家或城市中就能形成一定的规模,体育产业就成为居民消费方式的重要内容。

体育消费之所以成为人们消费的重要内容,还取决于人类社会对体育运动的倡导、人类对健康的重视以及大众传播媒介的宣传效应。例如,英国推崇足球、拳击、橄榄球、高尔夫球等运动,最早成立了具有商业化色彩的"赛马俱乐部",从而形成了体育产业,并迅速传播和流行,成为上层社会的重要活动方式。再如美国、澳大利亚等西方国家,在工业化的背景下存在社会竞争日益激烈,公众承受着更大的压力而产生紧张和压抑,人口老龄化趋势日益明显,国民医疗保健费用持续增长,在这个发展背景下,社会倡导积极参加体育运动,积极唤醒大众对体育运动和健康的认识。西方国家在体育产业发展中制定的相关政策,无不把身体健康作为核心目标,通过大力气的宣传与教育,建设大规模的体育基础设施,使人们参加体育运动的热情和主动性得到了极大地提高。而在公共体育上加大投入,也促进了大众对体育运动的需求,使体育消费在消费中的比重不断上升。

工作日的长度也影响着体育产业的形成与发展。因为体育产业相对特殊,对体育产品的需求异于对普通商品的需求。产生对普通商品的有效需求有两个重要条件,一是购买意愿;二是购买能力,所谓购买能力主要指货币支付能力。体育产品的需求不仅要具备上述两个条件,而且要有充足的时间去消费这些产品,否则形成不了有效需求。即使收入再高,没有业余时间,也不会产生体育产品的需求,因而,体育产业的发展很大程度上取决于工作日的长短,也可以说是闲暇时间的长短。

(二)影响体育产业规模的供给因素

从供给的角度来看,影响体育产业发展的关键因素是体育产业的收益率。体育产业的收益率包含商业体育企业利润率和商业集团对商业体育投资的回报这两方面。这两个方面不是彼此独立而是相互关联的,因为商业集团在体育上的投资从根本上看也是为了获得收益,包括物质回报和宣传效应。

由于体育投资者的投资目标具有复杂性,所以体育企业的目标同样是复杂的。在所有体育企业中,并不是每个企业都追求利润最大化,但对绝大多数的体育机构来说,利润最大化是其维持和发展的最直接动力。如商业足球场、健身俱乐部、保龄球馆、台球俱乐部等各种各样的体育娱乐性企业,利润是其存在的基础条件,利润率越高,这些企业才会有更好的发展。职业体育俱乐部的存在不依赖于利润,这主要是因为职业俱乐部的投资方和所有者首先考虑的是能给他们带来的间接利益。商业集团作为投资者或赞助商,能获得巨大的宣传利益。比如企业为体育俱乐部注资几千万,但收到的广告费节省有可能高达几十亿元。所以,对体育产业来讲,生存和发展并不仅仅依靠于商业利润率,依靠的是产业收益率。从经济学的角度来看,政府(尤其是地方政府)投资的商业体育设施具有多元的目标,不排除寻求便利、宣传自身等目标,但最根本的目标是推动体育产业发展,培养新的经济增长点。

最后,体育产业的发展还受到特定区域的地理环境和气候因素的影响。不同城市处于不同的地理位置,因此具有完全不同的自然气候。有的城市临海或有丰富的湖泊,雨水充足,空气湿润,在发展水上运动上具有独特优势;有些城市有着广袤的草原和雪山,气候寒冷,适合发展冰雪运动。所以不同城市的体育产品供给必须要考虑到本地的地貌特征和气候特点,发展不同的体育项目,才会给体育产业营造良好的发展空间。此外,体育项目的选择也与空间发展特征有直接影响。

二、发达国家体育产业政策的发展经验

在体育产业的发展历程中,其他发达国家在发展过程中采取的相关政策对于我国来说是很好的发展经验。下面简要来概述下美国体育产业的反垄断豁免政策和日本的体育振兴政策。

(一)美国反垄断豁免政策

美国体育产业中实施反垄断豁免政策,其具有非常复杂的结构。在美国体育发展中,一部分反垄断豁免的制定依据源自法律法规,而更多的部分体现在大量的判例之中。而为数众多的判例又因审判机构对反垄断法规具有不同的理解,因而出现不同的结果。但美国体育产业的反垄断豁免政策作为主要的体育产业政策,在推动体育产业发展中确实起到了重要的作用,表现出许多重要的特点,为其他国家和地区制定产业政策提供了宝贵经验。美国反垄断豁免政策具有以下特征。

1.动态性

体育产业在不同发展阶段呈现出不同特征,因此在产业政策上必须与之相适应,进行及时调整。体育产业最初是个相当弱小的产业,在发展之初受到各种因素影响,很难培育出相关规模,形成一定市场,因此,此阶段的反垄断豁免政策覆盖面很大,调节范围广,加速了体育产业的发展进程。到了 20 世纪 80 年代,美国的体育产业已经形成一定规模,如果采取过多的反垄断豁免措施,势必影响消费者利益和社会的公共利益,因此,是时候对体育产业反垄断豁免政策进行调节和改进,此时美国的体育产业政策

是以反垄断为主的政策,适度减小反垄断豁免的范围,目的是弥补市场失灵、保护有效竞争,使消费者和整个社会的利益得到保护。随着体育产业继续发展,尤其是职业体育加速发展,导致职业体育受到更多的审查,反垄断的相关法规无论在理论还是实践上都对职业体育市场的主体行为进行约束,对保证消费者和社会的利益起到关键作用。从美国体育产业发展的经验来看,美国体育产业在制定政策上具有的动态性是恰当的,既保证了体育产业稳步发展,又保证了社会利益不受侵害。

2.框架性

美国的体育产业政策自制定出来就具有双重使命,一是促进体育产业发展,二是规范体育市场主体的行为。前者在遵从产业政策和法律法规的前提下,结合体育产业的特殊性,运用恰当的方式促进体育产业发展;后者是约束体育市场主体的行为,防止过度集中和垄断的现象出现,保护有效竞争,保护社会利益不受到损失。

基于这种原因,美国的反垄断豁免政策一直保持一定的原则框架。首先,反垄断豁免在反垄断政策之下。通常大家理解反垄断豁免时一般认为是给予体育产业反垄断豁免的优惠,是把体育产业规划到反垄断政策的范围之外,事实上这种认知是不准确的。从严格意义上来看,反垄断豁免政策是反垄断政策的延伸,是根据体育产业的特殊性深化解读反垄断政策,是把促进体育产业发展和规范体育市场主体的行为更有效的结合。其次,在实施反垄断豁免的条件下,各个职业体育联盟与政府需要在维护有效竞争上进行交流与合作。例如,美国篮球 NBA 联盟中在维持不同俱乐部之间的竞争平衡上采取了最高工资总额制度、奢侈税制度、选秀制度、转会制度等措施,缩短了球队间的实力差距,与政府的反垄断政策目标高度一致;最后,在相关体育产品的价格定位上坚持消费者权益至上的原则,最终产品采取完全的竞争性市场定价,最大程度减小消费者的权益损失。

3.选择性

所谓体育产业反垄断豁免政策的选择性，并不是让职业体育联盟和俱乐部的所有市场行为都不受反垄断法规的限制，而是专门针对那些必须通过采取反垄断豁免政策来保证体育产业健康发展的市场行为，或者不采用反垄断豁免将会大幅降低体育市场运行的效率并导致消费者受到损失的体育市场行为。此外，体育产业的发展进程也体现着选择性，体现在对反垄断豁免的优惠范围、程度和项目的适时调整。

（二）日本体育振兴政策

日本政府一直很重视体育事业发展，但在相当长的一段时间内强调提高国民体质、身心协调健康发展等目标，并没有将体育视为一个产业，更没有想到制定相关政策扶植相关发展。1960年，日本文部省体育局发布了《体育振兴基本方法草案》，对出台《体育振兴法》的必要性进行详细阐述，并在 1961 年正式颁布了《体育振兴法》。《体育振兴法》有 23 条内容，包括体育活动的定义、行政计划的制定、设施修建、运动员培养、国民运动会及其各种体育竞赛的举办、研究、津贴等多个方面。立法的目的在于"明确有关振兴体育政策措施的基本内容，促进国民身心的健康发展，形成明朗而充实的国民生活"。《体育振兴法》的颁布与实施，对促进日本竞技体育水平的提高起到积极作用，但总体上看，这一时期的《体育振兴法》的着眼点仅仅是如何普及群众体育及提高国家在国际体育的地位而已。

2000 年，日本文部科学省根据《体育振兴法》第四条的要求，推出了《体育振兴基本计划》。这一计划在《体育振兴法》的基础上，对国家体育发展提出更详细的发展规划。《体育振兴计划》由三章组成，分别为终身体育、竞技体育、学校体育。这一计划确定了从 2000 年起以后十年中体育振兴和发展的基本方向，五年后的 2005 年又根据实施情况再次修订。

《体育振兴计划》的每项部分由政策目标、必要措施、基础措施这三方面内容构成。终身体育的政策目标是推动整个社会的终身体育进程,使每一位公民根据个人的年龄、目的、兴趣、技术、体能,随时随地都能进行体育活动。具体目标为成年人每周至少参加一次体育运动,实施率达到 50%;必要措施是到了 2010 年,全国各市町村至少拥有一个综合型地区体育俱乐部,各都府县至少建立一个泛地区体育中心;基础措施则是培养并安排体育指导员、完善体育设施、根据居民需求提供体育信息。

竞技体育的政策目标是培养和强化具有国际水准的运动员,推动形成一个明朗、充满活力的社会。具体目标为有计划地综合推进各项措施,培养优秀运动员,实现在奥运会上获得 3.5% 的奖牌获得率;必要措施是构建一条龙指导体制,从青少年时期就根据连贯的理念,对其进行系统的训练和指导;尽快完善国家级的训练点以及地区的强化点;采取专门的国家教练制度等措施,全面推进指导员的培养;基础措施是运用体育医学等相关的科学方法,推进科学训练方法的开发。

学校体育的政策目标是让学生实现终身的、丰富的体育生活,提高国际竞技水平,加强终身体育、竞技体育与学校体育的合作。具体目标是推进学校与地区社会、体育团体的协作,满足学生的各种体育需求;推动学校与体育团体的合作,推进竞技水平的提升;基础措施是完善学校体育基础建设,包括指导员的培养、设施的修建、根据新指导纲领完善学校体育的学习指导、发展社团体育活动。

第二节　我国体育产业政策的发展沿革与问题

一、我国体育产业政策的发展沿革

相关研究证明,只有当社会、经济发展到一定阶段,体育潜在的产业属性才会被激发出来并日趋成熟,才会有可能形成体育服务产业的形态。所以,对于我国来讲,随着社会、经济的迅速发展,体育产业必然会引起人们的广泛关注,开始对体育产业的政策进行研究。应该说,我国对体育产业的发展进行鼓励和支持,不仅是为了弥补政府主导的体育在发展上的不足,而是把它视为潜在的第三产业的组成部分之一。虽然我国体育产业政策的研究已有一定的积累,但受各时期历史条件的限制,国民对体育产业政策的理解和实施的角度不一,导致体育产业政策的建立与完善相对缓慢,成为改革开放初期体育体制改革落后的一个原因。鉴于此,我国体育产业政策的发展沿革基本经历了以下三个阶段。

(一)第一阶段:1978～1992 年

党的十一届三中全会把发展重点转移到社会主义现代化建设上,使我国经济进入了一个快速发展的时期,从这一时期的体育发展政策来看,一是鼓励体育系统条件较好的事业单位尝试开展多种经营,扩大服务范围,积极增收节支,在体育场馆的发展上提出"以体为主,多种经营",由事业型向经营型转变。二是吸引社会资金,采取赞助和联办的形式,资助体育竞赛和高水平运动队的建设,这在一定程度上缓解了资金不足的窘境。1984 年,党中央在总结中华人民共和国成立,特别是改革开放后我国体育事业发展经验的基础上,下发《关于进一步发展体育运动的通知》,提出了加快我国体育事业发展的指导思想、主要任务和工作措施。1986 年,国家体委发布了《关于体育体制改革的决定》,明确提出了体育场馆等设施要"实行多种经营,由行政管理型向经营管理型过渡",由此,我国体育事业开始向社会化、产业化的方向上发展。因此,这一阶段是我国发展体育产业的政策由点到面,从单一方面向多方面深入发展的准备阶段和起步阶段。

(二)第二阶段:1992～1997 年

1992 年,国家体委召开了"中山会议",把体育产业发展作为融化体育改革的重要内容;同年,《中共中央国务院关于加快发展第三产业的决定》把体育列为第三产业的第三层次,属于提高科学文化水平和居民素质的服务部门。

1993年,全国体委主任会议上发布了《关于培育体育市场,加快体育产业化进程的意见》,提出了体育事业要"面向市场、走向市场,以产业化为方向"的基本思路。1993年国家体委《关于深化体育改革的意见》,提出了体育改革在改变计划经济的体制下,建立起与社会主义市场经济体制相适应,符合体育运动规律,由国家调控,依托于社会,有自我发展前景的体育体制和良性循环运行机制,由此形成了国家办与社会办相结合、集中与分散相结合的体育产业发展格局。

1995年,我国颁布了《中华人民共和国体育法》。在《体育法》中明确规定,县级以上各级人民政府要把体育事业经费和体育基本建设资金列入本级财政预算和基本建设投资计划,并随着GNP逐步提高加大体育事业的投入。同年,国家体委颁布了《体育产业发展纲要(1995—2010)》,在纲要中明确指出体育的产业性质和经济属性,对体育产业的边界进行界定,提出了我国体育产业发展的指导思想和目标以及政策措施。

1996年,全国人民代表大会八届四次会议通过了《国民经济和社会发展"九五"计划和2010年远景目标纲要》,明确"进一步改革体育管理体制,有条件的运动项目要推行协会制和俱乐部制,形成国家与社会共同兴办体育事业的格局,走社会化、产业化的道路"的指导思想,从而确定了我国体育事业发展的政策性导向。同年,国家体委发布了《关于进一步加强体育经营活动管理的通知》。国家体委、各省市政府机构先后颁布了体育经济的相关法规,将体育产业的发展重点从经营创收转为推动体育事业向产业化方向发展上来,并向国家争取一些优惠的经济政策。体育产业相关政策的相继出台,在某种程度上来说已经揭示了体育作为一种特殊行业既具有社会公益的属性,又有为社会服务的产业属性。在适应社会主义市场经济体制的过程中,体育体制改革的一项重大任务就是发展体育产业。此阶段是国家发展体育产业政策的探索和实践阶段,也是体育产业政策逐渐明朗的阶段。但是,想要使体育这一特殊而独立的产业部门形成政策,还要进行进一步的努力。

(三)第三阶段:1997年至今

1997年,党的十五大召开,大会确定了高举邓小平理论伟大旗帜的思想指导,提出建设中国特色社会主义事业全面推向21世纪的行动纲领。此时,体育产业逐步从单一的体育部门发展到社会中,迈向经济建设事业的主战场,逐渐成为国民经济发展的新增长点,受到国家与社会的高度重视。而在一些经济发达的省市中,已将体育产业作为当地社会经济发展的重点行业。

1998年9月1日,国家体育总局、财政部、中国人民银行联合发布了《体育彩票公益金管理暂行办法》。2000年国家体育总局发布了《2001—2010年体育改革与发展纲要》,提出"体育产业作为第三产业的重要组成部分,必将在扩大内需、拉动经济增长方面发挥更重要的作用。应尽快着手制定科学的体育产业发展规划和相应的政策法规,加速培育体育市场",阐述了"加入世界贸易组织后,体育产业作为我国的新兴产业,面对扩大的市场准入和公开竞争的市场规则,必须审时度势,缜密规划,抓住机遇,加快发展,积极开辟海外体育市场"的发展思路。在体育产业的发展目标上,提出"体育产业初具规模,体育产业增加值以较快速度增长;缩小我国体育产品与国外的差距,提高竞争力;城乡体育消费稳步增长,占全部消费性支出的比重有较大提高;努力把体育产业培育成国民经济新的增长点"。

2002年,国务院颁布了《中共中央国务院关于进一步加强和改进新时期体育工作的意见》,提出"当今世界,体育产业的发展明显加快,已经成为国民经济新的增长点。作为第三产业的组成部分,加快体育产业的发展是建立社会主义市场经济体制的需要,符合我国经济结构战略性调整的要求,对于扩大内需、拉动经济增长,实现现代化建设发展目标,有着明显的推动作用"。

在世纪之交至 21 世纪初期,既是国家明确发展体育产业政策、各地进一步探索体育政策的阶段,也是国家实施发展体育产业取得效果与成果的阶段。这一阶段,在国家大力发展体育产业的政策导向下,我国体育产业的内涵和外延得到进一步勾画。但是,在全国范围内,在如何稳步落实中央关于发展体育产业的问题上,因为行业间的理解有着较大的差异,主要由体育系统来负责政策研究和制定的相关工作,社会其他系统在相关理念、政策和实践上取得的成就还不够显著。而在近年来,随着北京奥运会等国际赛事的成功举办,各省、市、自治区相继颁布了有关体育市场、体育经营的法规与政策,并不断修订;许多大中型城市的当地政府也相继出台了体育产业和体育市场开发与管理的有关规章制度。相关政策与制度的出台,为规范体育产业和体育市场管理,建设良好的发展环境提供了保障。近年来,体育行政部门在建立体育产业政策方面下了一番工夫,取得了一定的成就。

二、新时期我国体育产业政策发展中存在的问题

我国体育产业会随着时代发展而不断发生变化,遇到不同的问题。在"一带一路"背景下,我国体育产业政策的发展也存在着以下问题。

(一)体育产业政策内核系统"双重问题叠加"

我国体育产业的政策内核系统重点集中了政府职能转变、运动项目改革、产业业态发展、体育社会组织改革、市场主体发展这五项问题。这五大问题得到的政策红利大小能对国家体育政策发展产生直接影响。根据近年来的发展来看,我国体育产业政策内核系统呈现整体力量薄弱和内部结构失衡的"双重问题叠加"局面。

1.整体力量薄弱

内核系统是体育产业政策体系的核心组成部分,内核系统的强劲与薄弱对国家体育产业政策体系的最终效果产生重要影响,也直接影响到体育产业的发展与改革的进程。作为当前我国体育产业政策内核系统的构成主体,上述五大问题在政策层面到底受到多大的关注,具体有多少政策能切实落实到实处,这些问题在一定程度上能反映出政策内核系统的强弱。

根据相关统计表明,政策内核系统在体育产业政策系统中的比重相对较低,共有382条相关条款,占总体的32%。显然,我国体育产业政策的内核系统较为薄弱,具有很大的提升空间。通过进一步分析可知,政策内核系统在《国务院关于加快发展体育产业 促进体育消费的若干意见》(以下简称46号文政政策)体系中比重仅为31%。

通过数据可见,长期以来,我国体育产业发展中的焦点问题和重点对象在政策上受到的关注度相对不足,政府的政策指导力量尚显薄弱。显而易见,如果一个系统的核心不够强大,即使对其进行再大的支撑,营造再优越的发展环境,该系统也是"扶不上墙";因此为推动国家体育产业的发展与改革,促其健康发展,政策主体要找到产业发展中存在的核心问题,围绕重点对象制定相关的产业政策,显著提高体育产业政策的内核系统。

2.内部结构失衡

总体来看,我国体育产业政策内核系统兼顾了政府职能转变、运动项目改革、产业业态发展、体育社会组织改革、市场主体发展这五方面的问题,为体育产业的改革和发展指明了方向。但是,从政策内核系统内部结构看,产业政策对这五方面的关注并不平均。在政策内核系统中,更加关注产业业态发展,对其他四方面的问题关注度偏低,造成内部结构失衡的局面。

（1）政府职能转变政策亟待落实

政府职能转变的实现既是适应市场经济体制的需要，也是体育管理制度和运行制度创新的需要。自1993年国家体育宏观管理部门提出"面向市场、走向市场、以产业化为方向"的体育产业发展思想以来，政府职能随着产业发展不断发生变化；然而，发展到现在，政府职能在体育产业领域的角色转变依旧不够合理，仍然存在着"越位""缺位""错位"等现象。

作为国家对产业经济活动的主动干预和政府影响经济运行的宏观调控手段，产业政策在推动政府职能转变、促进产业发展中具有不可忽视的作用，但分析我国体育产业发展内容发现，政府职能转变的相关条款在体育产业政策中所占的比重很低，仅有8％。所以，政府职能转变的薄弱与目前我国体育产业加快政府职能转变、创新体育产业管理体制的需求之间有着比较大的差距。

从我国体育产业的长远发展来看，体育产业政策调整要加强"服务型""有限型""责任型"政府的建设，在根本上推动体育产业发展。为此，一方面，中央政府在现有基础上逐步研究和细化加快政府职能转变的政策，还要加强地方政府贯彻落实中央文件工作的指导和检查工作；另一方面，地方政府需要加强学习，提高认识，理解并落实中央政府关于加快政府职能转变，促进体育产业发展等相关文件的精神。

（2）运动项目改革政策尚显薄弱

运动项目是体育产业发展的基石，运动项目市场化和职业化改革能够直接对体育产业的发展水平产生重大影响。1992年以来，我国体育市场化改革逐步在足球、围棋等12个运动项目中实施；但是，迄今为止，运动项目的改革和发展依旧存在很多问题，在政策改革上相对薄弱是重要问题之一。统计结果表明，在当前我国体育产业政策系统中，有关运动项目改革的政策只有区区34条，占内核系统政策条款总数的8.9％。显然，运动项目改革在体育产业改革发展中受到的关注度偏低，需要加强重视。通过运动项目改革历史的回顾可以发现,国家政策的调整在运动项目的改革和发展中起到重要作用;因此,为了重点发挥运动项目在体育产业发展中的基石作用,我国体育产业政策要适应外界环境的变化,加强运动项目改革政策的制定和落实,改变运动项目改革政策相对薄弱的局面。

(3)产业业态发展政策有待调整

体育产业不同业态发展的水平对体育产业发展规模和质量具有直接影响。因此,在相关政策上,重点加强体育产业业态的规划和布局,这十分重要。统计结果表明,目前我国体育产业政策系统中,与产业业态发展相关的政策条款数量为 251 条,占政策内核系统总体的 65.71%。显然,产业业态发展政策得到了各级政府的高度重视与关注。究其原因,是因为我国体育产业长期存在规模较小、业态发展不平衡的突出问题,壮大体育产业业态,促进体育产业的量变是以往和如今的产业发展政策的重要着力点。此外,根据经济基础决定上层建筑的规律,只有体育产业各个业态稳步成长,发展为规模市场,才能促使长期制约体育产业发展的体制和机制性障碍得到解决。所以,这也是当前体育产业政策中重点发展体育产业业态的根本原因。然而,在"一带一路"的背景下,加强体育产业业态"量"的突破固然重要,但是在兼顾"质"上也有一定的发展要求。在未来,科学调整体育产业业态的相关政策非常必要。

(4)体育社会组织改革政策有待弥补

体育社会组织是独立于政府和市场的第三方组织角色,其在体育产业发展中承担重要职能。随着体育改革进程不断深入,体育产业逐渐形成"政府—社会—市场"的三元治理模式,体育社会组织将成为协调这种三元治理模式的内部关系的关键。

相关统计表明,在当前的体育产业政策系统中,与体育社会组织改革的相关政策有 20 条,仅占政策内核系统总政策条款的 5.24%。显然,体育社会组织改革政策的关注程度与当前社会对体育社会组织改革的殷切期望间存有较大差距。当前,我国体育社会组织发展得并不成熟,完全不具备承接政府转变职能后交接出的体育职能的能力。这一问题已成为我国体育产业发展的瓶颈。因此,通过政策扶持,弥补体育体制改革中存在的不足,是我国体育产业发展中亟待解决的问题。

(5)市场主体发展政策尚需加强

从微观角度来看,体育产业是以劳动的形式提供服务产品的企业集合。长期以来,包括体育企业在内的市场主体发展不充分是一项很严重的问题,它制约了我国体育产业的发展;然而,相关数据表明,有关市场主体发展的体育产业政策有46条,仅占政策内核系统政策条款总数的12.04%。虽然比例仅次于产业业态发展,但是与体育产业发展的内在要求之间依然有较大差距。当前,促进体育产业市场主体多元化发展,提升它们的市场竞争力,这是增强体育产业核心竞争力的重点环节。那么,如何在政策制定上给予更多的关注,并如何将市场主体发展相关政策落实到实处,这是今后我国体育产业发展中的又一个重大问题。

(二)体育产业政策支撑系统结构失衡

相关数据显示,在我国体育产业政策支撑系统中,需求型政策工具占比1%,供给型政策工具占比24%,环境型政策工具占比75%,比例很不均衡,是一种结构失衡的局面。所以,"一带一路"背景下我国体育产业政策发展还有一个重要的问题就是支撑系统结构失衡,下面具体阐释。

1.需求型政策工具缺失

需求型政策工具在一定程度上缓解了体育发展的不稳定性,对体育产业发展的各种场馆和范围具有拓展和稳定的作用,推动了体育产业的规模化、产业化;然而,在我国体育产业政策支撑系统中,需求型政策工具严重缺失。这种政策的缺失就导致制定的政策与实际断层,政策的引领作用被削弱。事实上,随着体育产业的进一步发展和政策环境的不断变化,体育产业政策必然会进行调整与优化,因此在均衡各种政策工具利弊的基础上,加大需求型体育政策的制定,以增强体育产业发展的稳定性,这是未来体育产业发展需要去做的。

2.供给型政策供给不足

供给型政策是体育产业发展的重要推动力,可以直接扩充产业发展的横截面与纵截面,确保体育产业的可持续发展。事实上,正是由于我国政府长期在体育产业资金投入、人才培养等要素供给上的落后,才导致社会未能激发出体育产业的热情,才会导致国家体育产业发展受到限制。随着46号文件的出台,国家将发展体育产业上升到全新高度,全社会对发展体育运动投入很大的热情。尽管如此,供给型政策工具在我国体育产业政策中依然较少,目前仅占政策支撑系统的24%,需要进一步提高。

3.环境型政策工具过溢

环境型政策工具对于体育产业发展的影响作用是间接的。相关统计结果表明,我国体育产业政策中,环境型政策工具的使用比率过高,达到了政策支撑系统整体的75%。实际上,环境型政策工具一直是政府比较喜欢的政策工具,环境型政策工具占政策支撑体系的比例在46号文政策体系中占据了73%,接近3/4。环境型政策工具长期被政府所使用,这反映出两个层面的问题。

首先,我国体育产业发展的内在要求是加强环境建设。发展到今天,我国体育产业的市场主体依旧发育得不够成熟,无论是过去还是现在,都尚未通过产业内在动力的驱动健康发展。从历史中可以看出,我国体育产业长期以来由政府来主导,以政策驱动为主要动力的发展过程。也就是说,由于体育产业自身发育得不健康,迫切需要政府通过政策工具营造出健康的成长环境,为其发展扫清障碍。事实上,环境型政策工具的频繁使用直接反映出政府非常希望通过引导措施来改善体育产业发展的大环境。

其次,政府对制约体育产业发展因素的认识依旧不足。环境型政策工具在实质上是一种短期行为,它的使用主要基于体育产业自身发展尚不成熟。从长远来看,随着我国体育产业发展不断壮大,制约体育产业发展的因素必然会产生变化,因此,体育产业政策工具的使用需要采取适当方式进行纠正,要从全局角度和宏观层面来考虑。

第三节 "一带一路"背景下我国体育产业发展的政策选择

一、体育产业内部结构优化的选择

(一)主导产业部门的选择

在体育产业主导产业部门的选择中,要参考到产业关联度基准和收入弹性基准。产业关联度基准强调了选择的产业部门对相关产业部门的带动作用和扩散效应;收入弹性基准强调在收入水平不断提高的情况下,所选择产业的产品在社会需求变化趋势与市场前景,这些内容符合体育产业内部主导产业的实际选择情况。

根据上述两个基准,在我国体育产业发展的选择上,应选择体育休闲健身业和竞技体育经营业为主导产业部门。

首先,体育休闲健身业和竞技体育经营业具有很强的产业关联效应。从其他国家的发展经验来看,体育休闲健身业和竞技体育经营业的发展能够进一步带动体育信息传播业、体育经纪业、体育建筑业、体育场地经营业、体育用品制造业、体育培训业等多个产业部门的快速发展,具有显著的前向关联效应和后向关联效应。

此外,竞技体育经营业的优先发展能够带动城市基础设施建设,改变市容市貌,拓展城市的整体功能,对城市起到宣传推广的作用。在我国,所有举办过国际重大体育赛事的城市,其基础设施建设无一例外都得到空前的改善。

其次,体育休闲健身业和竞技体育经营业对收入弹性有显著需求。从发达国家的发展经验来看,随着经济的快速发展和国民收入的不断增长,体育产业的发展会更加快速。以美国为例,从20世纪60年代开始,体育产业进入高速发展阶段,到80年代,体育产业的产值在国民经济的产业部门排名中位列第22位,进入90年代蹿升到第11位。如今,体育产业已经是美国十大产业部门之一。

在我国,进入21世纪以来,城乡居民的体育消费需求明显提高。相关统计表明,广州市有85%以上的家庭、深圳市有92%的家庭愿意参加群体健身活动;广州市86%以上的家庭、深圳市90%以上的家庭有体育器材;深圳市27%以上的家庭成员有健身卡。国民对体育的需求不断提升,促使该地区的体育休闲健身企业和竞技体育经营企业的发展速度越来越快。其他城市因为居民收入水平各不相同,人均体育消费水平也是不同的,体育人口比重也有很大的差异,但随着收入水平和体育消费快速增长,对体育休闲健身产品和体育竞技与表演产品的需求迅猛增长是不争的事实。

最后,体育休闲健身业和竞技体育经营业是体育产业内部的本体产业部门,优先发展这两个部门是理所应当的。

从狭义的角度来看,体育产业的实质就是体育休闲健身业和竞技体育经营业,如果没有这两个产业门类就没有体育产业,其他体育产业门类的发展离不开体育休闲健身业和竞技体育经营业的存在。即使体育用品制造业可以自主发展,但如果在体育休闲健身业和竞技体育经营业没有充分发展的条件下,体育用品制造业的规模再大,也不能成为体育产业发展的依据。所以,从体育产业发展战略的高度来看,我国体育产业发展必须将体育休闲健身业和竞技体育经营业作为主导产业部门来对待。

(二)重点扶持的产业部门

确定了主导产业部门,就要确定重点扶持哪些产业部门。在重点扶持的产业部门的选择上,一是准确判断出哪些产业部门在制约着主导产业部门的发展,并最终制约整个体育产业发展;二是要选择出适当的产业扶持政策。就我国目前体育产业发展的基本情况来看,重点扶持的部门主要包括体育场馆经营业、体育培训业和体育信息传播业。

1.发展体育场馆经营业

体育场馆主要用来大众进行休闲健身和举办各种体育赛事,如果没有一流的体育场馆,就无法办好出色的运动竞赛,同理,也无法为大众提供高水平的体育休闲健身场所。目前,除了北京、上海、广州等城市举办过大型国际体育赛事和国内重大体育赛事,我国大部分的二三线城市尤其缺乏高水平的体育场馆,且没有形成布局合理、覆盖面广的场馆网络体系,从而在很大程度上制约了体育休闲健身业和竞技体育经营业的发展。

造成这种现象的原因有三个。

第一,投资渠道单一。目前。全国各地的体育场馆建设资金主要依靠各级政府财政拨款和国家体育行政管理部门发行体育彩票的下拨款项,很难采取有效方式吸引社会投资用于场馆建设。

第二,依旧存在管理模式和经营方式陈旧,产权不清晰,权责不明确,机制死板的情况,这绝对会影响场馆的运营效率。现阶段,我国大部分体育场馆隶属于体育行政管理部门,通常采取承包的形式去运营,而承包者通常采取租赁的方式去运转场地设施,由于很多经营者缺乏场馆管理和经营的相关经验,再加上利欲熏心,许多体育场馆被用于进行其他与体育无关的活动,比如在体育馆内进行文艺演出等,导致体育场馆资源被浪费,失去其本来具有的功能,而且许多体育场馆在经营的过程中逐渐背离了体育产业的载体功能。

第三,在体育产业政策上未能关照体育场馆的公益性质。我国的体育场馆基本都具有公益性质,需要向社会大众提供公益体育服务,但自身还要承担税费,如赚取的门票收入、场租收入都要缴纳各种税额,如营业税、城建税、房产税、增值税、产业收入税等,这些相当沉重的税额,能直接影响到场馆经营的效率和日常维护。

2.发展体育场地经营业

第一,各级政府要将体育场地建设视为本地居民的福利,在全民健身计划的背景下充分重视起来,加大财政预算的比重,持续进行投入,使得场馆得到定期维护,不断建设新的场馆,从而形成结构合理、布局得当、覆盖每一个社区或街道的场馆体系,为体育休闲健身业和竞技体育经营业的健康发展提供物质基础。

第二,学习发达国家体育场馆建设的经验,采取公私合作的模式,引入社会力量,在城市的中心地带建设一批设施一流、能举办国内外运动赛事的体育场馆,提高我国体育场馆的档次与水平。

第三,引进发达国家的体育场馆管理模式,改变以往体育场馆出现的运营不善、产权不清、管理僵化的面貌,组建或聘请高水平、专业化的体育场馆管理队伍,在明确各级体育行政管理部门和管理团队责权利关系的基础上,管理团队对体育场馆的经营负完全责任,在经营上拥有绝对的权力,以实现体育场馆资源的高效配置,提高体育场馆的运行效率。

第四,政府要从产业发展的高度对场馆的经营管理大力支持,采取减免税费等相关优惠措施,促进体育场馆设施的更新换代,提高体育设施的使用率和服务质量。

3.发展体育培训业

体育培训业作为一个体育产业门类,是体育休闲健身业和竞技体育经营业得以发展的基础。对竞技体育经营业而言,体育培训业能源源不断地输送各种类型的人才;对体育休闲健身业而言,主要让国民学习并掌握专业体育知识和基本技能,培养对体育运动的爱好与兴趣,培养出大批体育休闲健身产品的忠实消费者。

自改革开放以来,我国体育培训业得到了空前的发展,逐渐形成四条培训的渠道,培养了一批又一批高水平的体育人才。

第一条渠道由国家体育总局各运动训练中心、各省市体工大队、体育运动学校、各省市县体育学校组成,这个渠道在我国体育培训业中占有举足轻重的地位,很多体育明星都由该渠道培养出来。

第二条渠道是由各体育职业俱乐部自主培养的渠道,这个渠道也以培养高素质体育人才为目标,是相对独立的培训体系,也属于体育培训业的高端层次。

第三条渠道是由各级各类学校的体育教育系科、教研室、培训班组成,各中高等学校以培养体育教育与运动训练人才和社会体育指导员为主要目标,这个渠道中的主体之间有很强的前后关联,所以各学校往往会形成合作机制。此外,很多高校还开办运动特长招生,实际上是进行高水平体育竞技人才的挖掘与培养。

第四条渠道是由社会力量组建和创办的体育培训中心或俱乐部组成,主要从事业余体育训练,项目涉及球类运动、户外运动、棋类项目、游泳、格斗项目等,其中篮球、足球、武术等项目的培训机构最多。这条渠道主要对青少年进行启蒙教育和培养初级人才。

目前,我国体育培训业主要出现的问题是各个培训渠道之间各自为政,相互很少沟通合作,未能优化资源配置,造成资源浪费。例如,高等学校具有众多体育培训人才,具有一定实力的体育科研水平,但其科研成果一直停留在学术上,不能用于体育竞技实际;职业俱乐部的人才培训主要用于实际比赛,而缺乏科学的培训体系;社会资本投资的体育培训俱乐部鱼龙混杂、良莠不齐,无法确保培训质量。

因此,各体育部门和政府机构要高度重视体育培训业的发展,充分认识到体育培训业对发展整个体育产业的战略意义,从战略高度引导和支持体育培训业的健康发展。

第一,引导四大体育培训渠道之间相互合作,优化各种优势体育培训资源,建设体育人才培养阵地。强调国家体育运动训练中心与高等学校、职业俱乐部之间的合作,组建集科研、训练、人才培养三位一体的体育培养基地,全力推进我国竞技体育训练水平和竞技体育人才培养水平的提高。

第二,整合省级体工大队、体育运动学校、体育传统高校的体育培训资源,形成设施一流、方法科学、师资力量强大的省级体育训练与体育人才培养中心。

第三,规范社会资本创办的体育培训俱乐部的管理与运营,全面提高初级体育人才的培养水平和训练水平。要制定较高规格的体育培训中心或俱乐部的市场准入条件,严格社会体育指导员的资格获取,确保新加入的体育培训企业具有足够的能力。对原有的体育培训企业要进行严格的评估,对于不合格的体育培训企业,要进行整顿,整改后依然达不到要求的,采取相关措施将其赶出体育培训市场。

第四,国家体育行政管理部门和产业管理部门在财力上支持体育培训业的发展。对于商业化的体育培训企业,如果具备较好的培训条件,享有较高的社会声誉,要给予其减少税收等优惠政策,支持其健康发展;对于非营利性质的培训机构,要进行财力上的支持。

二、体育产业组织政策的选择

在"一带一路"背景下,选择合理的体育产业组织政策的总体目标是优化体育产业内部资源配置,将清体育产业内部企业之间的关系,建立良好的竞争秩序,让体育市场显示出充足的活力,形成规模的经济效益。虽然各国选择的产业组织政策各不相同,但制定政策时基本围绕是否保护竞争、保护竞争的程度、如何实现规模经济、价格联盟的合法性等问题来展开。近年来,我国的产业组织状态发生翻天覆地的变化,原本无序的市场格局正在向专业化、组织化、集约化方向发展,竞争机制的约束性不断加强。然而,由于体育改革的进程相对缓慢,发展目标和采取的模式相对模糊,所以,我国体育产业组织依然有明显的事业性、计划性特征,产业组织结构依然具有分散性的状况,还存在着产业集中度低、专业化程度不高等问题。选择合理的体育产业政策以产业成长、发展的角度出发,切实使体育产业组织结构实现优化,增强体育产业的市场竞争力,提高体育产业的规模经济效益。

(一)保护竞争与抑制垄断

在经济学家看来,垄断经济的效率很低,这是因为在垄断条件下,企业可以制定垄断高价和减少产出,使消费者强制性接受高于竞争性市场的价格,使消费者承受一定的损失,并使市场长期存在供不应求的情况。而且,处于垄断地位的企业,对技术进步和社会需求变化的反应相当迟钝。正因为如此,各个国家在其产业组织政策结构中都把保护竞争和抑制竞争作为产业组织政策的核心内容。

当前,我国体育产业组织的整体情况是竞争不足和过度竞争并存、规模经济不足和垄断严重并存的局面。有的体育部门中,如体育休闲健身业,就有明显的过度竞争、市场无序的状况,因为该行业市场进入的资金要求、技术标准要求都很低,造成大量不具备条件的企业涌入该领域,进而出现了经营过度分散化、市场恶性竞争、达不到规模经济要求的情况;而像竞技体育经营业、体育信息传播业、体育场地经营业、体育广告业等,又存在着严重的垄断。本章第一节阐述的反垄断豁免政策,对发展竞技体育经营业等体育产业部门有积极的意义,可以在集团化的产业组织背景下,将竞技体育经营与体育培训、体育科研、体育广告、体育经纪、体育用品制造、体育建筑等其他领域捏合在一起,实现规模经济效益最大化。但过度垄断一定会损失消费者的福利,并使产业组织丧失活力。所以,结合我国体育产业的实际情况,制定恰当合理的产业组织政策,不断优化市场结构,这对创建一个充满活力的市场和促进体育产业发展具有推动作用。

对我国体育产业的发展而言,抑制垄断和保护竞争并不代表制定或实施单纯的反垄断政策。严重影响我国体育市场秩序的因素是行政性垄断,行政性垄断造成市场行为极端扭曲,市场主体在过程中所选择的经济决策完全取决于政府的政策和官员的意志,而不以市场变化为依据,体育市场上的过度竞争、灰色交易和非理性经济行为都源自于行政性垄断,因而,我国目前体育市场上的反垄断政策首先应是反行政性垄断政策。

实施反行政性垄断的关键是转变体育行政部门的管理职能,做到政企分开、管办分开。政企分开、管办分开,各级政府体育行政管理部门要退出市场竞争,直接或逐步转变为竞争性市场秩序的维护者和监控者,彻底消除政府体育行政管理部门既当运动员又当裁判的怪象,让市场机制真正促进体育资源的流动,实现体育资源的合理配置。在政企分开、管办分开的条件下,体育企业彻底摆脱了对政府的依赖关系,行政性垄断经营彻底消失,这将促使企业进行彻底的转型,让这些企业将目光投向市场,在经营活动中遵循市场规律,从而确立市场主体的地位,在激烈的市场竞争中不断发展,不断繁荣。

反垄断政策还体现在对体育企业的市场行为的控制上。根据国家关于不正当竞争的法律法规,执法部门要对采取不公正的方法、不公平的市场行为进行调查和处罚,特别要禁止体育企业对不同消费者采取不同定价的行为,保护消费者的权益。对垄断产品的价格要严格控制,规定统一价格和最高限价,对体育比赛中的高档器材和全民健身运动所使用的器材实行全国统一定价。在体育休闲健身业和体育用品制造业领域,采取各种措施消除市场壁垒,为新厂商进入创造公平竞争的市场环境。

（二）深化体育产业内部组织改革

我国体育事业在市场化的道路上进行改革,造就了一批具有相当实力的体育企业组织,这些企业组织已发展为体育产业的骨干力量,为国家体育产业繁荣发展奠定了非常重要的组织基础。但是,要注意到,如今有些体育企业中还存在着一些特别的形态,它们表面上是体育企业,但实质上隶属于各级体育行政管理部门,采取的管理方式属于事业化管理。在实际的经营过程中,这类企业本身从市场上获取经营利润,同时还享受着各级政府的补贴和投资,接受着政府所给予的各种政策优惠。这类企业的直观特征是产权关系不清,企业对体育行政部门有很大的依赖,责权利关系不对称。所以,长期以来这些企业的主要目的并不是赢利,企业行为一直存在着短期化倾向。对这部分企业要进行重点改革,在资产评估的基础上明晰产权,通过建立现代企业制度,让这些企业成为自主经营、自负盈亏的经营实体,在体育产业发展中找到自己的定位与角色。对数量巨大的体育事业单位、体育社团,如运动项目协会、体育俱乐部以及实行差额预算的单位等,要进行分类管理,根据其承担的角色,区分为非营利组织和营利性企业。对非营利性组织按照公益企业的性质,严格控制其介入市场的行为。营利性企业按照社会主义市场经济的客观要求,建立起现代企业制度,成为规范的体育市场主体。

（三）促进企业规模化经营

迄今为止,我国体育产业依旧处于起步阶段,在企业形态、运营方式、产业贡献、管理水平上还有很长的道路要走。产业集中度低,规模不大,生产成本较高,缺乏技术创新能力,使得我国体育产业缺乏竞争力。增强我国体育产业的竞争力的一个重要途径就是运用产业组织政策,通过产业重组,培养一批规模雄厚、技术先进、管理科学的大型体育企业,从而实现规模化经营。

企业的规模化经营在其他行业已有先例。在我国企业改革的进程中,通过建立以公司制为核心的现代企业制度,采取合并、兼并和重组的方式,将诸多小的企业兼并为相对较大的企业集团,经过一段时期的发展,这些企业逐渐发展为各领域的龙头企业,不仅在国内本产业发展起到表率和领导作用,而且在国际同行业竞争中有一席之地。

体育企业的规模化经营要吸收其他产业部门的成功经验,积极启动和加快体育企业建立现代企业制度的进程,实施合并、兼并和重组,打造一批具有强大实力的企业集团,全面提升产业竞争力。在体育产业中的合并,是指两个或两个以上的规模较小的独立体育企业按照《公司法》的相关规定,合并组建一个规模较大的体育企业,之前企业自动失去企业法人地位,合并后的企业产生一个新的企业法人,原有企业的资本所有者成为新企业的股东。而体育企业中的兼并是指两个或两个以上体育企业在一个企业的控制之下,其他企业自动放弃法人地位。合并和兼并有横向一体化、纵向一体化和混合式多样经营这三种形式。横向一体化是在具有相同体育产品和服务的企业之间进行,纵向一体化是在产品和服务具有前后向关联的企业之间进行,混合式多样化经营是指跨越不同体育生产领域的企业之间进行合并或兼并,旨在实现多元化发展,降低经营风险,保持稳定的利润水平。

此外,实现体育企业的规模化经营还要在规范企业管理的基础上促进相关有实力的体育企业进行证券市场融资,增加上市公司的数量,吸收社会资金用于体育产业发展。

三、区域体育产业发展政策的选择

(一)区域体育产业发展政策的制定依据

在"一带一路"背景下,结合区域体育产业发展来选择政策,首先要对体育产业发展的客观条件进行科学分析,这是制定区域体育产业发展政策的根本依据。体育产业发展的客观条件包括以下几点。

一是特定城市或地区在广泛区域内的影响力。城市有影响力可能是作为历史发展的文化中心,也可能经济发展水平较高,当然也可能是重要的政治中心,不论是哪种城市,他们所具有的共同特征是这些城市都能凭借自身强大的影响力迅速吸引各种体育资源聚集起来。

二是经济发展水平和体育人口数量。区域内社会经济发展水平将直接或间接决定着当地居民的收入水平,决定着居民的消费水平,影响着他们的消费倾向。在第一节提到过,体育消费某种意义上属于奢侈型消费,这种消费类型只有达到一定水平后才会呈现快速增长的趋势。体育人口的数量决定着体育消费需求的总量,所以只有拥有足够数量的体育人口,才能具有一定的体育消费总量去支撑体育产业发展。

三是自然环境条件。我国幅员辽阔,自然条件千差万别,海洋、平原、草原、山地、丘陵、高原,地势特征极其复杂,南北方气候差异明显。在制定区域体育产业发展政策时,还要考虑到自然气候条件,所以要实施差异化的体育产业发展战略。

四是地方政府发展体育产业的决心。不同城市的相关领导和管理者对发展体育产业有着不同的认知,这会对体育产业的政策选择产生直接影响。例如,北京、上海、广州、深圳、大连等城市,把体育产业作为城市产业结构和城市经济功能的重要组成部分,采取各项措施全面支持体育产业的发展,但有些城市自身并不发达,政府财力有限,所以并未将发展体育产业列为发展规划。所以,在我国体育产业作为朝阳产业,在起步阶段中政府的决心对区域体育产业发展政策有着十分重要的影响。

(二)区域体育产业发展政策的制定与实施

在准确分析不同地域体育产业发展的客观条件的基础上,就可以制定并实施区域体育产业发展政策。对我国现阶段而言,一是基于我国体育产业的整体发展,合理布局不同区域的体育产业门类。对于北京、上海、广州等一线城市,这些城市经济发展水平高、城市人口基数大、体育人口多、体育产业发展基础好,可以将体育产业作为主导产业来培育和发展,打造国际一流、国际知名、影响力广泛的综合体育中心城市;对于与上述城市有一定差距但同样有一定体育产业发展能力的区域中心城市,要选择适合本地区特点的优势体育产业门类,打造具有鲜明特色的区域体育中心城市。例如,在东部地区的一些城市中可在大力发展体育休闲健身业的同时重点发展高水平的竞技体育经营业和体育用品制造业。西部地区的城市可以充分利用独特的自然风光和生态条件稳步推进体育休闲健身业的发展,重点开发户外运动、体育旅游和民族体育等相关项目。

二是恰当选择区域体育产业的主导产业门类。不同地区有着不同的自然条件,主导体育产业门类的选择也应有所不同,应避免不同城市在体育产业门类选择上的趋同化。例如,东北地区的哈尔滨可以围绕冰雪项目发展体育产业,以冰雪运动的竞技表演带动体育休闲健身业、体育旅游业协同发展;青岛、秦皇岛等城市可以重点发展水上项目的竞技表演,以此推动其他体育产业门类的发展;深处西北内陆的天水也可以重点发展自行车运动的训练与比赛,云南、贵州、甘肃等省份的一些城市可以开发国家级和省级高原体育运动训练基地,引导和带动其他体育产业部门的发展。

四、体育产业扶持政策的选择

(一)财政支持与税收优惠

发展体育产业的终极目的是提高人民体质,促进国民身心健康均衡发展,增进国民的福利水平,所以,各级政府要认识到体育产业的公益性产业属性,通过财政支持和税收优惠来扶持当地的体育产业发展。我国政府目前用于体育发展的经费支出远远低于发达国家,如果扣除公益性体育产业支出,真正用于体育产业发展的经费数量很低,很难支持体育产业发展。今后,应逐步提高体育经费在国民收入中的比重,充分发挥财政投入的导向性作用,加大公共体育设施建设,维护社区健身场地,定期对居民进行体质监测,在此基础上通过财政补贴重点扶持一批体育健身休闲业和竞技体育经营业的企业发展。

在税收方面,针对体育企业税负过重的问题,采取相关政策进行税收优惠,通过税收减免、国有资产占用费返还等方式,保证体育企业有足够的利润空间,体现出体育企业的强化发展。对按国家规定设立的青少年活动场所、青少年俱乐部等公益性体育组织,当地政府应免征营业税,降低所得税征收税率。对企业、团体、个人举办的体育赛事、体育活动和公益性体育设施建设等方面的赞助费用,应纳入公益性捐助范围,用来抵消个人所得税,或免征赞助部分公司所得税和有关个人税负。如果是境外捐赠的实物,可按国家有关规定办理免征进口关税、进口环节增值税等。

(二)融资支持

目前,我国体育产业发展中很严重的问题就是发展资金不足,融资渠道不畅,这就导致了许多体育组织与企业长期面临资金短缺的窘境,并使体育产业长期处在较低层次的发展水平。要加快体育产业发展,就需要进行强有力的融资支持,通过制定融资优惠政策,拓宽融资渠道,保证提供一个相对宽松的资本环境来使体育产业得到发展。

第一,国家发改委和各级金融机构从国家产业的战略高度上出发,像支持其他重点产业部门一样去支持体育产业的发展。要把体育产业纳入到优惠贷款范围,通过实施低息贷款或财政贴息贷款等优惠措施,支持国家体育产业发展规划中重点发展的体育产业门类和重点体育项目建设。

第二,降低民间资金进入的门槛,提高体育产业的收益率,提供相对宽松的环境准许各种社会资金进入体育产业领域。

第三,体育产业中引入资本风险,政府证券管理部门要制定相关措施,支持体育产业中的优质企业通过证券市场上市融资。

第四,通过扩大体育彩票发行规模,建立体育基金的方式,筹措体育产业发展基金。

(三)土地和国有资产使用优惠

土地是体育产业发展的基本资源条件,长期以来,国家采取行政划拨的方式对体育事业发展的土地进行使用,这对保证体育事业用地具有积极意义。但是,随着市场经济体制逐步完善,继续沿用国家行政划拨的形式是不现实的,已很难实施下去。当前,解决体育产业发展中的土地使用问题,必须深谋远虑,不能鼠目寸光。

首先,对具有典型公益性质的体育产业,在使用土地上政府应优先解决,并应尽可能给予税费减免上的支持。

其次,鼓励拥有土地资源较为充足的企事业单位以土地入股的方式与体育产业开发商联合承建体育场馆,国家土地管理部门要充分考虑到体育产业的特殊性,在土地使用方向调整审批上制定特殊政策,放宽相应的限制。

由于公共体育场馆具有公益性,其使用的效率直接关系到居民的福利和幸福感的提高,因此,各级政府的国有资产管理部门应该把所征收的国有资产占用方面的收入返还给经营单位,以用于公共体育场馆的维护、更新和改造。如果是占用国有资产的纯营利性体育企业,则要坚持有偿使用的原则,相关部门要及时监管,防止国有资产流失,或者采取恰当的方式,把国有资产由实物形式转化为价值形式。

(四)居民消费引导政策

随着我国经济迅猛发展,城乡居民的日子也是越来越好,可支配收入越来越高,居民消费结构正在发生转型,体育消费不仅是居民消费结构升级的重要方向,而且也是一种关乎居民身体健康与身体素质的战略性消费方式,因此,国家要采取强力措施促进国民的体育消费增长,并为体育产业的发展打下坚实基础。

首先,各级政府要切实认识到体育消费对推动居民消费结构升级、拉动国内需求的重大意义,积极采取各种利国利民的体育消费政策措施,壮大体育产业发展。

其次,充分利用媒体的力量,发动广播、电视、网络、报刊等媒体大力宣传体育运动,包括高水平体育赛事、健身运动课堂讲座、休闲健身项目的推介、体育休闲项目推广等,引领体育消费的潮流与风尚,培养大批的体育消费者和爱好者。

最后,积极引导和推动社区体育健身运动,逐步推动全民参与,做到每个城市社区都要有大众体育健身设施,每个居民都学会至少一项体育运动,街道要有高水平的健身场所,县区都有设施较为先进的体育中心,并且每年都能举办体育赛事与体育表演,从而夯实体育产业发展的消费者行为基础。

第五章 "一带一路"背景下我国体育产业发展的服务体系研究

"一带一路"的发展离不开相应的服务保障体系,而我国体育产业的发展同样离不开相关的服务体系。本章将重点探索体育产业发展的动力和法制建设情况,并对我国体育产业发展的制度进行创新研究,此外还将进一步研究我国体育产业信息网站的运营现状,并提出相应的优化策略。

第一节 体育产业发展动力与法制建设研究

一、体育产业发展的动力研究

近年来,我国体育产业发展迅速,其发展具有很强的动力支撑,主要包括外在动力和内生动力。

(一)外在动力

1.体育产业的相关国家政策

2014 年 10 月 20 日,国务院发布了《国务院关于加快发展体育产业 促进体育消费的若干意见》(国发〔2014〕46 号)文件,对于体育产业的发展来说,这一文件的出台是历史性的文件,对我国体育产业的发展起到了非常大的推动作用。

这几年里,国家又相继出台了《国务院办公厅关于加快发展健身休闲产业的指导意见》(国办发〔2016〕77号)文件;《国务院办公厅关于进一步扩大旅游文化体育健康养老教育培训等领域消费的意见》(国办发〔2016〕85号)文件;《国家旅游局 国家体育总局关于大力发展体育旅游的指导意见》(旅发〔2016〕172号)文件;《国务院办公厅关于印发中国足球改革发展总体方案的通知》(国办发〔2015〕11号)文件,这些文件的出台为体育产业的发展提供了强大的政策支持,提供了强大的外部动力,在我国政府发挥强大作用的社会中,这些政策的出台是体育产业发展的强心剂,为体育产业的发展提供了良好的政策支撑。

2.国家发展战略的需求

目前,我国正处于全面建成小康社会、全面深化改革、全面推进依法治国、全面从严治党的历史发展阶段,国家层面的这些部署一定会影响我国体育产业的发展。从这两年国家体育总局不断开展的改革就能看出体育产业的发展也受到了相应的发展影响,从国家层面到体育总局层面出台了很多关于中国足球改革的发展方案,为进一步发展中国足球提供了相应的发展思路,而足球产业是体育产业的重要组成部分。

目前,我国正处于经济增速放缓的新常态时期,体育产业作为一项新兴朝阳产业,可以成为拉动经济的新增长点,为我国经济的发展做出相应的贡献。近年来,我国的马拉松等体育健身活动发展迅速,体育消费热情高涨,促进体育产业发展的同时,也促进了地方经济的增长。此外,我国的竞赛表演业发展迅速,以中超、中网、上海网球大师赛为代表的体育赛事,吸引了很多人的关注,越来越多的人选择到现场观看比赛,或者通过电视、新媒体等媒介观看比赛,拉动了我国体育消费,从而促进了我国体育产业的发展,同时促进了经济增长。

"一带一路"国家战略的提出,也为我国体育产业提供了一定的发展机遇,通过策划"一带一路"体育赛事,促进我国体育产业不断向前发展。如已经出现的"一带一路·七彩云南"国际汽车拉力赛、"一带一路"国际青少年足球友好邀请赛、格斗"一带一路"搏击对抗赛、"一带一路"国际乒乓球邀请赛等,这些赛事既能扩大"一带一路"沿线国家的交流,又能促进我国体育文化的交流和发展,是我国体育产业发展的良好平台。

此外,我国已经制定了"健康中国2030"规划纲要,体育健身作为促进人们身体健康的重要手段,迎来了历史性发展机遇。体育产业中的健身休闲产业,可以得到很好的发展,人们通过参加日常健身运动、户外运动、冰雪运动、特色运动等,促进自身健康发展的同时,带动我国体育健身休闲产业的发展,从而促进我国体育产业的发展。

(二)内生动力

1.推进体育改革,激发市场活力

我国体育在发展的过程中,长期处于"强政府,弱社会"的管理体制,政府掌握了大部分的体育资源,并没有充分发挥市场的作用,在社会主义市场经济已经确立的今天,应该逐渐发挥市场的决定性作用。这两年来,国家体育总局出台了很多的行政审批改革,包括赛事审批改革、体育协会实体化改革等,如中国足协的脱钩改革,这些改革激发了市场的活力,吸引了更多的社会资本进入到体育产业,为体育产业的发展提供了很好的助力。

2.改变体育意识,促进体育消费

随着人们生活水平的提高,大家都越来越注重自己的身体健康,但是由于长期以来人们的体育意识不够,选择体育健身人群不够。应该积极通过一些手段和方法,努力改变人们的体育意识,宣传体育的价值和功能,引导更多的人参与到体育运动中来。

当人们意识到体育的价值和作用之后,就会积极参加体育运动,同时进行体育消费活动,如购买运动服和运动装备、花钱预定体育场馆、参加体育健身活动。此外,一些体育迷还会到现场观看体育比赛,购买所支持球队的球衣和球队产品,在新媒体日渐发达的今天,越来越多的球迷也开始选择通过付费观看体育比赛,这些都促进了我国体育消费的增长,从而将会促进我国体育产业的发展。

3.盘活现有体育场地资源,兴建体育设施

体育产业的发展离不开体育场地设施,这是因为人们参与体育运动必须要在一定的场所中进行,如足球场、篮球场、网球场、健身步道、自行车道等。我国现有的体育场地资源严重不足,而且大部分都集中在学校和一些国有单位当中,由于安全等原因,这些场所又经常不对外开放,导致人们运动健身的地方严重不足,影响了人们参与体育运动的热情。

为了吸引更多的人参与运动,促进体育产业的发展,政府应该出台相关政策,积极盘活现有的体育场地资源,让更多的人能够进入到现有的体育场地中去参加体育健身运动。此外,政府和社会资本可以投资兴建体育设施,从而提供更多的体育场地资源,为人们参加体育运动提供必需的场所,从而激发人们参与体育运动的热情,促进体育产业的发展。

4.培养高质量体育人才,为体育产业发展打好基础

任何一个行业的发展都离不开人才,在体育产业不断发展的今天,更需要综合素质强的体育产业人才。由于长期以来,受体育管理体制和我国体育产业发展的影响,既懂经营又懂管理的体育产业人才非常少,特别是一些实操性的体育产业人才更是紧缺,这些对于体育产业的发展都是非常不利的。体育产业人才,需要掌握的知识和能力较多,既要懂得相应的经济、管理和法律知识,又要懂得运动项目的发展规律,既要懂得商务开发,又要学会赛事运营,对赛事的组织、承办、赞助等流程也要掌握,这些都需要一定的综合能力。因此,应该积极培养体育产业人才,通过高校和企业合作的方式进行联合培养,不断提高体育产业人才的

综合素质和能力。只有这样,才能不断打好体育产业发展的基础,促进体育产业的良性运行和发展。

二、体育产业发展的法制建设研究

体育产业是我国体育事业发展到一定阶段出现的产物,也是我国市场经济不断发展和完善的结果,市场经济是法治经济,体育产业的发展必须纳入到法制轨道上来,才能良性地运行和发展。

(一)体育产业法治建设的必要性

体育产业在 2014 年已经上升为国家战略,有希望成为新的经济增长点,而 2014 年的十八届四中全会也提出了依法治国的国家战略,我国已经开启了依法治国的新时代,我国的社会主义市场经济是法治经济,任何市场的发展都离不开法治的保障,体育产业的发展也是如此。纵观国外发达国家的体育产业运行规律,无不是建立在一套完整的法治框架下进行的,例如在美国职业篮球联盟中,联盟总裁和球队管理人员都有相应的法律背景。我国的体育产业刚刚起步,不管是职业体育还是大众赛事,都应该在法治轨道中进行。

这几年来,我国体育产业领域也出现了相应的法律案件,主要集中在体育赛事转播权、运动伤害纠纷案,如近年来出现的体奥动力起诉各大平台盗播中超和国家队比赛的案件,马拉松替跑猝死案件等,极大地影响了体育产业从业者和投资者的积极性,对体育产业的健康发展造成了非常大的伤害。因此,必须加大对体育产业相关的法制建设力度。

(二)我国体育产业法治建设的现状

虽然体育产业在 20 世纪 90 年代就已经在我国出现,但是由于发展阶段的原因,直到近些年来,体育产业才真正得到社会的广泛关注,体育产业的发展在我国属于积极探索的阶段,而我国的体育法治建设也一直处于缓慢发展的阶段,因此,体育产业的法治建设处于刚刚起步的阶段。

目前,我国体育产业中的法律问题,主要包括以下几个方面。

①职业联赛的产权制度不明晰。

②体育赛事转播权归属不明。

③体育知识产权制度缺乏。

④体育产业法律理论研究不足。

现阶段,随着国家对体育产业的重视以及依法治国的不断推进,体育改革也在如火如荼地进行当中,体育产业的法治建设正在走向不断完善的快车道上,特别是近年来,我国体育体育法的学者们正在努力呼吁修改体育法,希望在体育法修改的过程中,能够对体育产业的发展做出相应的法律规定,这也得到了很多学者的认可,在未来体育产业发展的过程中,将会更加重视体育产业的法治建设工作。

(三)体育产业法制建设的具体内容

1.修改《体育法》,增加体育产业的章节

目前我国体育改革正在稳步推进,修改《体育法》的任务也已经提上日程,为了进一步促进和发展我国的体育产业,应该在法律层面对体育产业做出相应的规定,在修改《体育法》时,增设体育产业的章节,这是体育产业走上法治发展道路的重要保障,也是体育产业良性发展的必要要求。

2.明晰体育产权制度,促进体育产业顺畅发展

长期以来,我国职业联赛的产权制度不明晰,损害了投资人的利益,没有形成符合市场经济规律的产权制度体系,在体育产业不断发展的今天,应该不断明晰体育产业主体的法律地位,明确其承担的权利和义务,提高体育产业从业者的积极性,促进体育产业快速顺畅地发展。

3.对体育赛事转播权做出相应的法律规定

体育赛事转播权是体育产业中的重要一环,是体育产业中最重要的收入来源,而在我国,体育赛事转播权还没有得到明确的法律规定和保护,因此,应该出台相应的法律对专门的体育赛事转播权进行规定,以保护我国体育赛事转播权从业者的利益,使我国体育产业的重要组成部分,得到很好的发展,从而促进体育产业的不断发展。

4.建立符合中国国情的体育仲裁制度

目前,我国的体育产业从业主体在遭遇到侵权纠纷时,往往不能够得到很好的法律保护,这在一定程度上会挫伤从业者的积极性,影响体育产业的发展秩序,制约体育产业的向前发展。因此,有必要建立符合中国体育产业发展实际情况的体育仲裁制度,从而保障体育产业从业者的各项权利,激发更多的人参与到体育产业中来,从而促进我国体育产业的快速发展。

第二节　我国体育产业发展的制度研究与创新

制度对于产业的发展起着非常重要的作用,制度的变革在一定程度上可以为产业铺平发展的道路,降低技术变革的费用,加速产业的快速发展。我国体育产业的发展,也受到相应制度的影响和制约,只有对我国体育产业发展的制度进行不断创新,才能促进其结构的不断优化,从而促进产业的快速发展。

一、制度对我国体育产业发展的影响

(一)制度对体育产业发展的积极作用

首先,制度对我国体育产业初期的发展起到了非常重要的作用,由于我国体育事业在初期是计划经济的一部分,根本谈不上产业,人们对体育的认识也只是停留在事业的范畴,直到国家通过相关的制度安排,特别是《关于体育体制改革的决定(草案)》的出台,才使人们意识到体育产业的形态。同时,在相关制度的安排下,我国出台了体育经营的各种形式,使得体育与经济初步结合起来,原来的体育事业单位可以变成相应的体育市场主体进行市场经营,从而获取相应的经营利益,这些都得益于相应制度的作用和安排,为打破计划经济的限制提供了非常有益的帮助。

在体育产业随后的发展时期,特别是1992年的吹响中国足球改革的红山口会议之后,体育产业进入到发展的快车道,1995年出台了《1995—2010年体育产业发展纲要》对体育产业的发展目标、类别和属性做出了相应的规定,进一步为体育产业的发展提供了制度上的安排,极大地促进了体育产业的发展。

在之后的发展过程中,我国相继出台了《关于加快发展体育产业的指导意见》《关于加快发展体育产业促进体育消费的若干意见》,将体育产业发展提高了国家制度层面的高度,在一定程度上促进了我国体育产业的发展。

(二)制度对体育产业发展的消极作用

1.体育行政部门会影响体育市场主体的行为

在制度经济学中,制度的核心功能是促进市场主体在经济活动中更好地发挥作用,但是在体育产业的发展过程中,体育行政部门的一些规定和安排,可能会影响体育企业的决策和行为,如现阶段,我国大力发展足球,针对足球改革出台了很多的制度安排,这些都在一定程度上影响了一些体育企业和体育产业市场主体的决策和行为,从而可能影响体育市场的完善运行。

2.缺乏一定的激励动力

体育产业在发展的过程中,如果缺乏一定的激励制度,可能会影响体育产业的发展,如缺乏对体育产业的财政支持,没有税收优惠,将会影响投资者的热情和信心。从制度经济学角度考虑,激励制度可以降低交易的不确定性,从而降低交易的费用,从而给参与主体一定的激励,如果激励制度缺失,则会对体育产业的发展形成约束。

二、体育产业发展的制度体系构建

(一)主体制度

1.体育产权制度

体育产权主要是指一切体育财产和体育财产资源相关的权利,主要包括体育赛事商业推广权、体育赛事转播权、体育冠名权、体育标志权、体育特许商品经营权、运动参加商业活动的权利等。目前,我国的体育产权制度改革正努力使体育资源可以得到很好的配置和利用,因此,在安排新的体育产权制度体系时,应该做好以下几个方面的工作。

(1)明确各个体育资源产权的所有者

界定体育产权的所有者,主要是为了促进体育资源的有效利用,明确体育产权的具体归属,找到其所有的主体。一些物化的体育产权容易确定下来,如体育健身俱乐部、体育用品企业、体育培训和咨询公司的经营过程等,这些都可以通过企业的所有制形式进行确定。但是一些体育组织的冠名权、体育赛事的举办权等无形资产的产权并不容易确定,这是因为一些体育财产资源早期为国家所有,在参与市场经营后,如何转化,以及是否改变所有权主体并不十分清晰;另外,由于体育产权界定中关系到利益主体的利益再分配,所以可能会形成一定障碍,但是从体育产权本身应该承担的功能来看,体育资源所有权的确立是最基本的前提。

(2)明确保护体育产权的具体规定

体育资源的所有权一旦清晰后,对其产权所有者的权力保护就是体育产权制度的另一关键性内容。体育产权制度是划分、确定、界定、保护和行使产权的一系列规则,所以对于产权主体权力的保护必须要明确。主要应确定体育产权在什么范围内行使,体育产权主体具有哪些应有的权力,以及当权力被侵占时应采用什么方式保障权利所有者的自身利益。在我国,目前有关体育产权的相关制度性规定并不完善,除了在物权法中有对应的法律规定通用外,其他与体育产权直接相关的制度性规定几乎空白。由此可见,对于体育产权没有制度性的保护就失去了产权界定的意义。因此,重新定位体育产权制度,从制度角度给予体育产权主体法律性保护是新产权制度建立的本质。

(3)拓宽体育产权的现实组成与实践应用

从产权组成角度,产权是包括了各种各样的或大或小的权利,但从最根本的关系上归档和分类,它包括狭义的所有权、占有权、支配权、使用权,即人们通称的"四权"。可见,从权利组成角度,体育产权同样应该是一组权利束,因此对于新的体育产权制度需要在所有权明确的基础上开拓其现实组成,通过体育资源使用权、经营权及处置权的合法转让实现体育产权制度的完善。这里还需要指出,体育产权的多元组成是体育资源有效配置的前提,即在体育产权制度明晰的前提下,体育资源的配置制度才能够建立,体育资源的最优化利用才能得以实现。

2.体育资源配置的相关制度

体育资源是指一个社会用于体育活动,以扩大参与体育活动的人口和提高竞技运动水平在物资、资本、人力、时间和信息等方面的投入。但在体育产业的实践发展过程中,体育资源应如何选择配置方式—配置效率如何检验等问题还并不是很清晰,即对体育资源配置制度应如何服务于体育产业发展还没有形成一定的共识。但不可否认体育产业发展对体育资源配置制度会在以下几方面形成相应需求。

(1)明确体育资源的配置方式

在我国体育产业发展过程中,资源配置方式是配置制度的重要组成,从资源配置的理论角度,资源配置方式往往由政府、市场及二者混合配置组成。对于体育资源配置方式的判断可以得出:我国的体育资源配置方式经历了完全政府计划配置、政府配置为主与市场调节为辅、向市场化方向发展的混合型配置三个阶段;在体育产业发展中我国应采用政府和市场相结合的体育配置机制。可见,对于体育产业发展的资源配置方式实际已经比较明确,但体育资源配置方式与具体体育资源的结合还不清晰。换言之,针对不同体育资源如何选择合适的配置方式有一定难度。但从规范性角度,新的体育资源配置制度中必须明确相应的体育资源配置方式。

　　具体而言,在选择体育资源配置方式时,由于体育产业中体育资源与市场有密切的关系,如何选择市场配置的方式尤为关键。例如,当前竞技体育资源随着赛事的发展,其投入日益高涨,如果仅仅依靠国家及各级政府的投入,其资源的利用很难达到优化,应通过体育资源配置制度明确市场配置的方式是竞技体育资源的有效配置方式组成,从而减轻政府的非效率性参与。相应的,在体育产业发展中涉及部分高校体育资源、群众体育资源、农村体育资源等,也可以选择由市场配置。但这并不意味体育产业发展中就不需要政府配置体育资源,只是新制度体系中的体育资源配置制度一定要侧重于根据不同体育资源选择合适的资源配置方式。

　　(2)采取一定手段检验体育资源的配置效率

　　任何一个项目的产业化发展都注重高效率的发挥,体育产业也是如此。体育资源配置制度除了对体育资源配置方式的规定外,还应明确如何采取一定手段去检验体育资源配置的效率,这对推动体育产业发展将起到非常重要的保障作用。体育资源在具体配置时,无论其配置方式如何选择,配置主体起到何种作用,所关注的最终结果都离不开效率,这也是评价体育资源配置方式是否合理的有效依据。事实上,体育资源的稀缺性和浪费现象反映出我国体育资源总体配置的低效率和不公平,而处理效率和公平问题是优化体育资源配置的关键。在现实体育产业发展中检验体育资源配置效率,应侧重于体育产业中不同主体的不同需求,即从公平视角检验效率;另外,对体育资源配置制度的区域性执行及相应监督部门的设置也是检验体育资源配置效率的有效途径。概括而言,体育资源配置制度需要履行制度的相应作用,为体育资源配置提供规范化的指导与监督。

3.体育技术的相关制度

技术本身是指在劳动生产方面的经验、知识和技巧,也泛指其他操作方面的技巧。从新制度经济学视角,制度是技术进步的关键因素。技术制度是机会条件、专有条件和积累条件的总和(有时还包括知识特征),这三个要素构成了技术制度理论的基本框架,并决定了每一种技术发展的轨迹,即技术轨道。其中,机会条件是指潜在的创新者进行创新的容易程度;专有条件是创新者保护自己的创新不被模仿,从而使自己从创新中获利的能力;积累条件是新技术建立在已有技术上的程度。对于体育产业发展,技术制度除了影响物质性体育产品的生产,如体育用品业、体育场馆业等相关产业以外,对体育产业中的本体产业发展,如体育健身娱乐业、体育培训业等也形成了重要的作用。事实上,一国制度安排的改善将提高非物化型技术溢出水平,这对体育产业发展至关重要。具体发展过程中,体育技术制度将决定体育产业本身发展的技术轨迹,影响体育产品的创新与产出。因此,体育产业发展的技术制度应首要明确两个方面。

(1)体育技术进步及创新的标准与奖励

目前,我国体育技术创新水平整体不高,总体上呈"东高西低"的空间格局,全国大多数省市的体育专利还属于实用新型和外观设计类,表明我国体育技术创新结构尚不完善,创新发展十分紧迫。实际上,技术的发展是为了实现技术进步及技术创新,在体育产业发展中无论是"动作技术战术"还是"体育用品的工业技术"都在不断追求进步与创新。但创新与发展的过程中应该首先明确最低的技术标准，并对相应标准进行推广与完善。当然由于体育技术不同于一般性工业技术，技术标准的设定存在难度，但是灵活性"技术标准"的制定是技术进步的前提，是体育产业发展的基础。试想，当体育技术的基本标准尚不明确时，何以谈及对其进行更新与进步。在此基础上还应明确对体育技术进步进行奖励，即对创新性参与体育市场竞争的"动作服务类技术"和"物质产品类技术"主体给予制度性的鼓励和激励，以真正从制度上保障体育产业发展的技术动力。

（2）体育技术的引进规制与保护

体育产业发展中技术的表现较为隐蔽，且很难做技术变化后的相应产出衡量，但对于新进技术的引进则应同其他产业一样，形成一定的规制，即规范体育产业中体育技术的引进，合理评价新技术的使用效果。换言之，应转变单纯性技术引进的依赖，同其他产业发展一样鼓励创新性体育技术发展。对于体育产业发展过程中的技术保护，从某种程度上更侧重于隐蔽性，相应的除了通过专利进行体育技术保护外，往往缺少其他的制度保护性措施，特别是针对"体育专有技术"的保护。即使一些体育技术所有者拥有保护体育技术的主观能动性，但从制度层面仍需对体育技术进行保护规定，这也是通过制度保障体育技术所有者相应利益获得的重要前提。

4.体育投资制度

资本是产业发展的最基本要素之一，投资就是相应资产的投入。当前我国处于经济转型期，转轨经济的资本和投资行为一方面表现为投资主体的多元化，投资目标的多元化；另一方面表现为对低效率存量资本的调整。对于体育产业发展的投资制度，不但需要对投资主体进行定位，还需要兼顾投资效率，真正做到从资金上引导与扶持体育产业发展。概括而言，体育投资制度是体育产业发展的重要引导制度，是从资本上对其进行引导的直接途径，在体育投资制度创新中，引导的作用需要贯穿始终。需要注意以下两个方面。

（1）明确该项目的投资主体

在投资制度中，投资主体的确定是核心，对于体育产业这个特殊的第三产业，其投资主体必然是多元化组成。其中，公共投资（政府投资）必不可少，而非公有制主体的投资同样至关重要。当前体育公共投资的主要形式有建设体育场馆、培育或引进体育赛事、扶持体育用品产业发展和直接注资职业体育俱乐部等。针对体育公共投资，需要先行明确其投资的主要形式，再进行具体投资，以达到有效利用投资直接引导相关体育产业发展。此外，当政府对体育产业进行投资时，还需根据投资所在区域特点、体育产业市场需求情况、投资的效应和相应风险评估等因素综合进行。换言之，体育产业发展中需要公共投资时，此种投资的进行必须具有引导性，即体育公共投资除了要解决相应的资本需求以外，还要起到自身需要承担的作用，这在投资制度中应通过投资主体被明确。

对于非公有制体育投资，投资制度应鼓励投资主体多元化，投资方式及投资目标符合市场经济发展的客观需求。例如，体育风险投资是以追求最大利润或资本最大增值为目的，而体育产业要实现资源优化配置和低成本高效益扩张，实施风险投资是最佳手段。但在体育风险投资中，投资主体往往为非公有制主体，因为这种体育产业风险投资是一种集金融、创新、科技管理与体育市场于一体的资金运作模式，所以从运作角度更适合多元的非公有制主体进行。可见，在体育产业发展的投资制度中，投资主体明确的最终目的是寻找合适的投资者引导体育产业发展，即通过制度引导体育投资主体，从而不断推动体育产业发展。

（2）保证投资的效率

投资是一种典型的经济行为，在投资的背后对应着产出，即投资必然对其收益进行衡量。事实上，制度是保证高效率投资的关键，因此体育产业发展中投资制度必定涉及投资效率的保证。这种保证是体育投资中对制度的一种期望，是一种从制度层面对体育投资收益进行保护的集中体现。但是,如何在制度中明确对体育投资效益的保证是较困难的,具体可以从体育投资主体利益的保障、投资环境的完善、投资方式的引导及投资结构的优化角度进行。例如,在体育产业发展的投资制度中可以明确体育投资主体的根本利益,以法律法规形式进行保障;而体育投资环境完善则要从体育产业发展角度和其他投资环境角度融合改善;对于投资方式可以多元化,不拘于政府规定,顺应市场需求;投资结构则要积极保障非公有制经济成分的自由进入,消除体育投资壁垒,真正做到对体育投资主体的吸引。

5.体育融资制度

近些年来,我国体育产业发展迅速,体育产业领域内的融资越来越多,但是仍然存在"融资难"的问题,主要表现为体育产业的融资渠道单一,民间资本缺位,政府对体育产业融资的立法滞后,融资结构不合理,相关专业知识缺乏,影响体育产业重组、股权置换和项目融资等。结合体育产业发展本身的特征,其融资通常应着重关注融资渠道与对融资优惠两个方面。因为,融资渠道是融入资金的前提,融资渠道的寡与多决定了体育资金能否顺利获得。另外,从发达国家融资经验可以得出,融资的政策性支持是融资顺利进行的直接动力,所以为配合融资的顺利进行,体育融资制度也必不可少,特别是对于我国体育产业的加速发展尤为关键。可以从以下两个方面进行融资制度的建设。

(1)多元化融资

在我国体育产业发展中,青岛双星、北方五环、巴士股份、西藏圣地、中体产业、奥园集团、李宁等企业集团,已经根据各自的优势适时进入体育产业资本市场,融资后大力开发体育品牌产业,获得了巨大的经济效益和社会效益。但从目前我国体育产业发展的整体融资情况看,融资渠道的应用还不能满足体育产业发展的现实需求,还需结合其不同组成领域的发展特征,选择恰当的融资渠道创新性融资。例如,近几年在体育产业融资中除了所熟悉的股票融资和债券融资外,目前世界各国的体育主管部门已经改革了本国的体育产业投融资机制,在实践中先后出现了体育基金融资、商业银行贷款融资、体育赞助融资、体育彩票融资等多元化市场融资渠道。因此,对于体育产业发展的融资制度,首先需要拓宽融资渠道,并且不能仅依靠政府拉动,还需顺应体育资本市场的发展,进行多元化选择和应用。

（2）适当地给予体育产业投融资"优惠"条件

融资制度有时需要给予一定的"优惠"条件,这些优惠条件既包括优惠融资政策的倾斜、区域融资环境的配合,还包括相关法律的完善以及对新融资渠道的支持等。特别是在我国体育产业发展的关键时期,通过优惠条件刺激体育产业融资,增强体育产业的融资能力是值得关注的。因为"优惠"本身是利益的一种提前支付,通过可预见性的"产出"刺激"投入"是融资双方顺利达成合作的最有效方式。事实上,体育产业在世界经济发展中的作用已经证明其本身进行融资的可行性,但即使是在体育产业发展趋势存在明显优势的前提下,对我国体育产业融资的促成也存在一定困难,因此为降低体育产业融资的难度,扫清融资障碍,以"优惠"条件作为吸引,是体育产业发展所需融资制度的另一关键性组成。

6.体育税收制度

完善的税收制度是提升国家现代治理能力的一个重要部分,是党的十八届三中全会决定的重要内容。从政府宏观调控的视角,税收制度对任何一个产业发展的影响都不能忽略。对于体育产业发展,税收制度是政府对其扶持性的突出体现,这是因为:一方面,税收制度反映了体育产业在现实发展中的地位;另一方面,税收制度又从成本上影响着微观体育企业的现实发展。概括而言,税收制度对体育产业发展应起到关键性的扶持作用,并且这种扶持能够潜移默化的对体育产业发展形成一定的引导。因此,在创新体育产业发展的税收制度时,需要从实践角度聚焦于税收制度的扶持与引导,可以从以下两个方面进行引导。

第一,降低体育产业发展中赋税金额,给予体育产业发展一定的税收优惠,从税收上体现政府对体育产业发展的扶持力度。事实上,国民经济发展中我国体育产业发展的确需要一定赋税优惠,特别是在各项制度创新的过程中,完善的赋税优惠可以引导资本流向体育产业发展,可以减轻体育企业实际负担的经营成本,以形成体育产业发展的最基本动力。

第二,优化体育产业的具体赋税结构,从税收种类上激励微观体育企业经营者的经营积极性。合理确定体育产业的赋税结构是增强体育企业经营积极性的基础,只有赋税组成公平合理,才能在既增加国家公共财政收入的同时又合理引导体育产业发展。

7.体育产业发展的相关监督制度

体育产业发展中涉及的具体监督制度范围较广,一切与体育产业发展有关的监督内容都应包括其中,但政府监管制度是政府宏观调控体育产业发展的主要途径之一。政府对体育产业发展的作用恰是监管制度行使的核心。例如,对于体育产业发展政府应加强其专业管理人才的培养力度,合理定位职能,实行宏观调控,从而实现政府与市场在对体育产业管理中的优势互补,最终实现体育产业与经济社会的协调发展。创新体育产业发展的监督制度,就是创新这一制度层面中的每一组成。体育产业发展所需的监督制度主要集中在体育竞赛、体育市场、体育投融资、体育彩票、体育商品质量、公共体育场馆运营等方面。具体而言,在政府监督制度组成中,应着重突出对体育消费者权益的保护、对体育企业经营自主权的维护、对体育市场良性运行的监督以及对体育产业发展所需法规的制定。此外,监督制度的组成不是固定不变的,需要根据体育产业的现实发展情况适时调整。但无论监督制度如何组成,监督的目的必须明确,即政府行使监督职能是为体育产业发展所"服务"。因此,"服务"是体育产业政府监督制度的主要目的,通过一定的监督制度,促进体育产业有序向前发展。

8.体育产业发展的规划管理制度

体育产业作为第三产业,与市场联系紧密,属于发展初期的"年轻化",格外需要政府的规划管理。事实上,没有规划的体育产业发展就是盲从而缺乏可持续性的产业发展。现有发展背景下,体育产业迫切需要制定促其发展的政策规划,以培育完善的市场体系。在该项规划管理制度中,政府应主要关注对体育产业发展方向的判断和引导,对发展计划的制定和调整,对规划执行的布置与检查等。具体规划制度的设计上需要考虑体育产业的实际情况与阶段性发展目标,从国家、社会及当前消费需求的不同角度制定发展规划。此外,体育产业发展的规划制度还需理顺规划与监督的现实关系、深化规划的作用及现实操作途径。概括而言,体育产业发展的规划管理制度突出于对体育产业发展的方向规划,是在体育产业发展的切实需求上进行的规划性管理。

(二)辅助制度

体育产业的辅助制度主要包括体育价值信念、体育伦理规范、体育风俗习惯、体育意识形态等。作为正式制度不可分割的部分,辅助制度具有自发性、非强制性、广泛性和持续性的特点。在体育产业发展的新制度体系中,辅助制度的组成是不能忽视的,因为辅助制度在以它特有方式潜移默化地影响着体育产业发展。例如,体育价值观念和体育意识形态对体育产业发展的影响最突出,体育思想不仅使人们对体育产业形成了特定的价值判断,甚至还对正式制度形成了一定的思想基础,这也是正式制度发展甚至是开始变迁的一个原因。而体育伦理规范、体育风俗习惯则更多地影响着体育产业发展中的消费者。以体育彩票业为例,我国体育彩票业的发展相对国外发展而言较晚,作为博彩家庭中的一分子,人们从道德观念和风俗习惯上对体育彩票的出现并不能完全接受,但当人们明确其对体育发展及社会发展的积极作用后,体育彩票在我国的发行和出售才逐渐步入正轨。而在中国"饮食文化"和"健身文化"的博弈中,传统习惯的影响同样对体育健身业的发展产生重要的制约,虽然"请人吃饭,不如请人流汗"的提法早已出现,但在现实的体育健身娱乐业发展中,大部分闲暇时间和资金被"请客吃饭"所占用。因此,辅助制度是体育产业发展的重要制度组成,对其进行明确与创新同样是体育产业发展的有效制度支撑。

辅助制度是体育产业发展新制度体系的重要补充,也是体育产业发展的重要源动力,需要引起相应的重视。

三、体育产业发展制度创新的策略

(一)整合体育产业供给制度

现阶段,我国体育产业发展的供给主体不太明确,产业主体缺乏职能的有效性和积极性,因此,应该整合体育产业发展的供给制度,使各个职能部门可以有效配合。其具体原因主要包括以下两个方面。

1.体育产业发展的必然要求

体育产业是一项综合性很强的产业,具有很强的"跨界性",因此,其对制度的需求也不再简单,而要求也越来复杂和多样化。因此,必须对体育产业发展的供给制度进行整合,满足体育产业发展的客观需求。

2.有效解决原有制度中的限制

在我国体育产业发展的过程中,受到了制度供给的限制,"条块"分割较为严重,且相互之间缺乏有效的统筹和沟通机制,体育部门与其他相关部门之间的沟通不是非常顺畅,导致合作效率的低下,无法满足体育产业发展的制度性需求。

通过整合新制度供给,可以有效提高我国体育产业发展的质量,使得各个部门可以发挥"合力",促进体育产业的有效发展。

(二)构建协同联动的供给机制

体育产业的协同联动机制,主要是由国务院领导组成相应的体育产业发展制度领导机构,由国家体育总局、发改委、财政部、税务总局等其他部委组成相应的执行部门,共同协同制定符合体育产业发展的制度体系。这既是迈向体育强国的必然选择,同样也是体育产业发展的必由之路。

(三)提高体育产业的观念认同

由于体育产业在我国的发展时间不是很长,还没有得到大多数人的认同,在我国产业中的地位并不高,与发达国家相比,还存在非常大的差距。因此,首先应该提高人们对体育产业发展上的认同,可以通过提高人们的体育文化认识和消费意识来推动人们对体育产业的认同。当人们的体育产业认同提高以后,就会进一步推动体育产业制度创新的发展。

(四)建立现代体育企业制度

促进体育产业发展制度的创新,不仅需要外部制度的存在,更需要建立相应的体育企业制度。这是因为现代化体育企业的发展离不开相应的外部制度保障,而现代企业制度是内部性的制度,对外部性制度的变迁和创新具有一定的内源性推动作用。现代体育企业制度的建立有助于体育产业发展的制度创新,两者可以形成联动,从而形成最佳的制度创新结果。

第三节 我国体育产业信息网站运营模式研究

当今时代是信息化的时代,任何一个行业的发展都离不开信息化,体育产业信息是体育产业发展的重要保障,通过建立一定的体育产业信息网站,可以为体育产业从业者和研究者提供相应的参考信息和依据,从而保障体育产业的科学有效发展。本节将重点对我国体育产业信息网站的运营模式进行研究,提出相应的建议和对策。

一、我国体育产业信息网站的现状

(一)网站分类

我国体育产业信息网站的种类繁多,可以将其分为不同的种类,具体分类如下。

1.综合性网站

这类网站主要指的是那些包含体育产业信息的综合性网站,这类网站主要包括中国产业经济信息网和中国经济信息网,这两个网站主要是提供中国的经济信息和行业信息,其内容广泛,涵盖了国民经济各部门和各层面,是描述和研究中国经济的权威网站。在这些网站上,也会出现相应的体育产业信息,供人们参考。

2.体育行政部门官方网站

国家体育总局是我国最高的体育行政部门,在其官方网站上建立有相应的体育产业专栏,主要包括产业信息、产业理论、产业统计、场馆运营和健身场馆等内容。

在一些地方省市的体育局官方网站上,也设立有相应的体育产业专栏,如北京市体育局在"体育业务"栏目专门发布体育产业的相关信息,主要包括体育产业政策、体育产业发展引导资金、体育市场监督等内容。山西省体育局的官方网站上,也设有专门的体育产业栏目,上面的信息一般由体育产业管理中心进行更新。

体育行政部门官方网站上的体育产业信息主要是反映我国体育产业发展的现时情况,特别是地方体育局网站上,主要反映的是该地区体育产业领域所发生的事,包括所取得的发展和进步等,其信息往往具有权威性。

3.体育协会官方网站

一般而言,体育协会的官方网站主要是发布新闻资讯、协会公告等,随着这几年体育产业的快速发展,一些行业协会也开始在自己的官方网站上设立相应的产业专栏。

中华全国体育总会,负责全国的各个单项体育协会,在中华全国体育总会的官方网站上,除了发布相应的协会公告、政策法规以外,也专门开设了"体育产业"栏目,及时发布国内的体育产业信息,具有一定的指导意义。

在中国田径协会的官方网站上,也专门设有"田径产业"的栏目。近年来,我国马拉松和跑步产业发展迅速,为田径事业的发展打下了坚实的基础,协会设立专门的体育产业栏目,可以更好地发布田径产业的相关信息。

4.体育赛事官方网站

随着体育产业在我国的快速发展,越来越多的高水平赛事在我国举办,如北京国际马拉松、中国网球公开赛、上海网球大师赛等赛事,在这些赛事的官方网站上,除了赛事的相关介绍以外,还会有相应的赞助商、合作伙伴展示,这是体育产业的重要一环,在一定程度上展示着体育产业信息。

5.门户网站的体育频道

现阶段,我国的门户网站发展迅速,占据了互联网的半壁江山,我国目前主要有新浪、网易、搜狐、腾讯四大门户网站,这些门户网站都开设了相应的体育频道,各具特色,都分别积累了相应的体育用户,这些网站主要提供相应的体育新闻和体育赛事直播服务,是我国体育产业信息服务的重要平台。其中,腾讯体育近年来更是投身于体育产业中,2015 年花费 5 亿美元购买了 NBA

的版权,吸引了更多的篮球球迷关注其网站,为体育产业发展做出了一定的贡献。

6.体育产业信息垂直网站

随着体育产业在我国的快速发展,市场上已经出现了越来越多的体育产业信息垂直网站,主要包括以下几个。

(1)体育产业资源交易平台

这个网站是由华奥星空和北京产权交易所主办的,主要发布一些体育产业的招商和融资信息,为体育项目和体育赛事招商、体育企业股权交易、体育企业融资等提供一站式的产业服务,该网站是一个专门的体育产业信息交易网站,在一定程度上解决了我国体育产业招商和融资的问题。

(2)中国体育产业信息网

这个网站是由宏育(北京)科技发展有限公司建设和运营的,是一个体育产业资源的交互平台,提供最新的体育产业信息,为体育企业提供相应的展示和服务,包括赛事服务、远程培训、人才交流和体育科研等,是我国第一个以体育产业信息直接命名的网站。

(3)体育大生意

随着体育产业在我国的迅猛发展,市场上出现了一些体育产业信息的创业性网站,体育大生意就是其中的一种,这个网站囊括了体育产业报道、体育产业营销、体育产业研究、体育企业评选、体育资本对接等栏目,每个栏目都有相应的产业资讯和报道,近几年来发展非常迅速。

(4)懒熊体育

跟体育大生意一样,懒熊体育也是新创业的体育产业信息服务综合商,懒熊的口号为:在这里读懂体育产业,懒熊体育的官网上也主要包括了产业资讯、体育产业创业课程、体育产业投融资等,也是这几年来发展非常迅速的体育产业信息新媒体。

（5）新华网体育频道

随着国家对体育产业发展的重视,同样也引起了国家主流媒体对体育产业的关注和投入,新华网作为中国最具影响力的新闻媒体,对体育产业的关注度不断加大,这对于促进体育产业的发展起到了非常重要的作用。

体育产业信息垂直网站这几年来在我国发展迅速,已经逐渐成为了我国体育产业信息服务的主要平台,对我国体育产业的发展起到了非常重要的作用。

（二）网站的特征

近年来,我国体育产业信息网站发展迅速,虽然取得了一些成绩,但其发展仍处于初级阶段,表现出了一定的特征。

1.处于初级发展阶段

目前,我国的体育产业信息网站虽然已经初具规模,但是其在网站定位、网站内容、网站管理等方面存在着一些问题,缺乏核心竞争力。主要提供的是信息搜索和文档下载技术,其所提供的服务需要进一步升级和完善。

2.体育产业信息垂直网站发展迅速

随着体育产业市场在我国的不断升温,市场上出现了几家体育产业信息服务的网站,这些网站有专职人员在负责运营,并且主要是为了盈利,因此发展迅速,已经成为我国体育产业信息网站的重要主体部分。

3.网站以多向互动为主要发展方向

目前,我国体育产业信息网站主要是通过信息资源共享和整合来实现网站运营者和体育资源获取者的双向互动为主要的发展方向。未来的发展应该实现体育资源拥有者和一项合作企业、网站运营者和公众的多向交流,从而提供一站式网上信息服务并提供个性化的定制服务。

(三)网站的功能

1.形象展示功能

形象展示是网站的第一功能,也是我国体育产业信息网站最基本的功能。当前处于"眼球经济"时代,形象优美的体育产业信息网站有助于吸引更多的关注者,带来更多的流量,从而网站运营者有更多的机会与关注者进行沟通,及时了解这些潜在客户的需求,为售卖服务产生收益奠定基础。形象展示功能是体育产业信息网站受众最早期的体验,只有满足这类体验后,网站运营者才能进一步提供给网站受众更深一层的、附带增值服务的体验。同时,内容翔实、设计精美、运行良好的体育产业信息网站可以展示网站运营者的综合实力,树立网站运营者的良好形象。从这个功能角度来看,现阶段,我国体育产业信息网站的形象展示功能并没有体现得非常好,应该在这方面做出更多的努力。

2.产业信息发布功能

产业信息发布功能是体育产业信息网站的重要目标功能之一,网站运营者向社会发布体育产业信息,分享体育产业资源,让公众知晓、参与和监督。同时,所发布的体育产业信息不能够是转载其他网站的内容,还要注重原创性,可以从体育产业事件评论、体育产业政策解析、体育产业数据分析等客观、专业且能够吸引关注的内容;另外要注重网站关注者的言论在体育产业信息网站上的体现,这样既有利于体育产业信息网站运营者了解网站关注者深层次的需求,也有利于培养体育产业信息网站关注者的主人翁意识。体育产业信息网站发布的信息应该包括:网站运营者相关信息、体育产业政策法规、体育产业相关重大项目及实施情况、体育产业相关新闻、体育赛事或活动信息等。

3.商务合作功能

商务合作功能是平台型体育产业信息网站必须要具备的功能，即体育产业信息网站应当充当中介角色，解决体育产业相关信息各方不对称的问题，为体育产业信息附加商业价值创造效益，如体育产业资源交易平台、懒熊体育、体育大生意等。体育产业信息网站要成为体育相关组织和企业嫁接合作的桥梁。例如，体育赛事主办方可以通过其官方网站展示赛事的相关信息，向潜在赞助商传递合作信息；体育产业信息垂直网站发布体育相关赛事或活动招商信息，有意向进行体育营销的企业可以选择适合本企业的体育赛事或活动进行合作。

4.资源整合功能

有效地进行资源整合，也是体育产业信息网站的重要功能之一，体育产业信息网站通过系统整合，实现体育信息资源的充分共享，优化体育信息资源配置，发挥体育产业信息资源的最大效应。这种整合不仅是提供链接或导航，更重要的是为体育产业信息获取者提供全面、快捷的信息服务。体育产业不断发展，大量体育产业相关信息以无序的状态出现在大众面前，体育产业信息网站应将这些体育产业信息资源进行整理、加工等深层处理，便于体育产业信息获取者做出更为明智的决策，为体育产业从业者提供更加准确的决策依据，从而科学地促进体育产业的发展。

（四）网站的盈利模式

1.广告推广业务

广告推广业务往往是在网站流量达到一定量级后所采用的盈利模式，是网站重要的盈利模式，目前也是我国大部分体育产业信息网站主要的盈利模式，广告的模式主要包括点击广告、弹窗广告、销售分成广告、定期广告等。

2.搭建体育企业和项目的投融资平台

我国大部分体育产业信息网站通过搭建与体育产业相关的投融资平台，从而提供各类融资服务，赚取总集资额一定比例的佣金，如体育场馆建设、体育赛事举办融资等；投融资对接，对接资本和项目赚取代理佣金，如有融资需求的企业、创业者等和投资机构的资源对接等；企业、创业者融资担保，赚取担保金一定比例的佣金；投资机构投资方向指导，赚取咨询费用等。

3.发布体育产业相关数据

通过建立体育产业信息数据库是我国体育产业信息网站正在探索的盈利模式，通过对行业信息数据的收集、整理、再加工，挖掘信息和数据的商业价值，形成行业信息数据库，发布行业信息数据报告等，主要面向企业级客户，赚取访问行业信息数据库的授权费用和行业数据报告的使用费用等。

4.提供商务合作交易

随着体育产业信息网站越发清晰的商务属性，体育产业信息网站开始逐渐搭建起相应的资源交易平台，将商务合作交易作为一个重要的盈利模式，用来赚取相关的交易服务费，如体育产业资源交易凭条为体育企业、体育赛事、体育产业基地搭建起来的招商和投融资平台，可以为体育企业提供相应的股权交易、融资等一站式服务。

二、我国体育产业信息网站运营模式中的问题

由于我国体育产业信息网站处于刚刚起步的阶段，其在发展中必然存在着一定的问题，主要表现在以下几个方面。

（一）价值增值不明显

体育产业信息网站的主要目标是提高以信息为呈现形式的

各类资源在整个体育产业中的投入回报程度,实现体育产业信息网站总体价值增值的最大化,以满足各利益相关者的期望。价值增值涉及无形资产、社会效益、经济效益等多个维度,价值链增值活动包括基本增值活动和辅助性增值活动。

当前,我国体育产业信息网站在形式上大体具备此两类情况,但实际效用不大,各类资源价值增值不太显著,未能将体育产业信息有效转化为经济效益,且不能较为明显地提高体育产业信息网站运营者管理水平和深层次地满足体育产业信息获取者的需求。我国大部分体育产业信息网站只是将信息传播出去,而未对信息进行增值处理,尤其行业信息大数据缺乏,欠缺商务属性。同时,我国体育产业信息网站目前还存在融资和合作困难的问题,难以实现价值增值。

(二)盈利模式不清晰

现阶段,我国体育产业信息网站的盈利模式不是很清晰。盈利模式是体育产业信息网站创造价值的方法和方式,要着重考虑产品和服务设计、客户定位、实施策略、利润屏障等因素,合理有效的盈利模式是体育产业信息网站运营模式的重要组成部分,更是取得竞争优势的关键。我国四大门户网站体育频道依据门户网站原有的受众基础拥有较为清晰的盈利模式,如新浪体育频道主要收入有平台空间租金、注册会员费、网络广告等。而其他体育产业信息网站还没有形成清晰的盈利模式。

清晰的盈利模式应该在体育产业信息网站建设之前就确定,即使在一定阶段盈利较小,但是对于未来的盈利空间一定要有效设立,并做出合理预测。

(三)不能提供优质的体育产业内容

由于体育产业在我国刚刚兴起,体育产业人才比较缺乏,体育产业信息网站的运营也处于起步和探索阶段,网站过于简单,对于信息的处理较为低级,简单传播信息,而不对信息做出分析和整理,所以未能将信息有效转化为体育产业信息网站的优质内容。如对于大部分体育赛事,官方网站只是对得分等数据简单描述,却未形成有效的数据报告和数据库;体育产业信息网站的内容中体育产业相关分析报告的数量和质量均难以满足体育产业从业者与关注者的需求。我国体育产业信息网站内容的质量不高具体体现为以下几个方面。

①页面魅力不足。

②网站主题不鲜明,网站开放度较低,信息实用性较低。

③互动性不够,不能很好地交流信息。

④专业性不强,缺乏操作性。

如果体育产业信息网站不能提供优质的内容,就难以吸引大的关注量,也就难以产生更大的收益。因此,体育产业信息网站首先需要做的就是在内容方面下工夫,吸引更多的体育产业从业者来关注,提高网站的影响力。

三、我国体育产业信息网站运营模式的优化

(一)运营模式优化的原则

1.有清晰的定位

我国体育产业信息网站的定位主要是对网站运营模式做出具体定位,从而达到网站运营者的商业目标。网站运营者要以我国体育市场为基础,清晰定位网站发展目标、客户群体及用户需求等。定位不清晰的体育产业信息网站就像一篇没有主题的文章,会让网站受众不知网站运营者"所云",更会降低体育产业信息网站的点击率,失去实用价值。有了清晰的定位之后,会吸引同类的体育产业从业者关注该类网站,从而不断增加粉丝群体,不断提高网站的知名度,促进网站的不断发展。

2.分阶段优化

一般网站发展将经历技术导向、内容导向和服务导向三个阶段,我国体育产业信息网站整体上处于技术导向和内容导向之间,处于初级发展阶段。因此,我国体育产业信息网站运营的优化不是一次性的,需要在其不同发展阶段采取不同方法和渠道,从本质上促进网站运营的合理化。同时,要根据市场环境和客户需求的变化,不断对我国体育产业信息网站的运营模式进行优化,保证体育产业信息网站与客户的有效连接。

3.进行资源的有效整合

我国体育产业信息网站的优化一定要着重整合相关资源,体育产业是一项综合性很强的产业,需要各方面的资源,包括政府资源、社会资源等,体育产业信息网站应该着力进行资源方面的整合,为体育企业和相关从业者提供可靠的数据报告等服务,这是体育产业信息网站优化的重要原则。

(二)运营模式优化的策略

1.对网站进行合理的定位

现阶段,我国体育产业信息网站的功能主要为形象展示、信息发布、商务合作、资源整合。由于运营模式的需要,体育产业信息网站可以根据自身的能力和企业运营需求,对网站进行重点定位,如重点关注体育产业投融资版块,重点关注体育企业创业等,这些都将会提升网站的专业性,从而提高网站的流量,提高网站的知名度。

2.不断改善网站的内容

我国体育产业信息网站内容要包括各级文字界面、行业数据库、相关链接等,栏目设置可以从体育管理活动,体育竞赛表演活动,体育健身休闲活动,体育场馆服务,体育中介服务,体育培训与教育,体育传媒与信息服务,其他与体育相关的服务,体育用品及相关产品制造,体育用品及相关产品销售、贸易代理与出租,体育场地设施建设等十一类体育产业构建。可以从以下几个方面着手改善。

①我国体育产业信息网站要具备页面魅力,页面设置要精美、简洁。

②我国体育产业信息网站核心竞争力为其提供体育行业数据库和行业数据报告。

③我国体育产业信息网站要是以整合资源为核心的主题分明、结构合理、内容清晰,并能够提供给体育产业信息获取者产品或服务的综合性网站。

④删除体育产业信息网站内的无效内容,及时清理缓存等,以提高网站运行速度。

3.探索多元化的网站推广方法

现阶段,适用我国体育产业信息网站的线上推广方法包括:搜索引擎推广方法、电子邮件推广方法、资源合作推广方法、信息发布推广方法、病毒性营销方法、快捷网址推广方法、网络广告推广方法、综合网站推广方法、网站评比和推广方法等。同时,我国体育产业信息网站运营者还要注重线下推广,可以从两个方面进行。

①可以与国内重大体育赛事或活动进行资源置换合作,网站以赛事或活动的合作伙伴的形式呈现,赛事或活动借助网站传播相关消息,互利共赢。

②可以组织一些解决体育产业中存在问题的案例,及体育行业内传统媒体合作联合主办案例专版。

4.组建优秀的网站运营团队

网站运营需要强大的人力资源支撑,因此,组建优秀的运营团队是我国体育产业信息网站优化的重要组成部分。体育产业信息网站运营的重点在于如何完善网站核心服务功能,发挥网站形象展示、信息传播、商务合作及资源整合的功能,从而不断延伸体育产业信息网站运营者的服务范围,这些工作的实现都要依靠高效的运营团队。同时,要对运营团队进行有效管理,发扬团队精神,严格执行关于网站管理人员的相关规定,形成一致的目标观念,更有效率地完成体育产业信息网站的运营工作。

5.积极探索网站的盈利模式

现阶段,我国体育产业处于起步阶段,体育产业信息网站还没有形成清晰的盈利模式,各个体育产业信息网站应该根据自己的业务和侧重点,积极探索符合自身发展的盈利模式,从而不断提高体育产业信息网站的运营能力,最终建立符合自己的运营模式。

第六章　"一带一路"背景下我国体育产业发展的人才培养体系研究

　　进入 21 世纪以来,体育产业在不断拉动内需增长、增强人民体质、构建和谐社会中发挥着越来越重要的作用,特别是"一带一路"的提出,进一步推动了我国体育产业的快速发展。然而,我国目前的体育人才培养存在着人才数量不充足、培养模式和市场需求不适应等问题,已经严重制约了我国体育专业复合型人才的培养和体育产业的发展。本章通过对我国体育产业发展的人才培养体系进行研究,深入分析体育人力资源的配置与管理,探讨当前我国体育产业人力资源的培养模式,就成为了为体育产业的科学健康发展提供的有效途径。

第一节　体育人力资源的基本理论

　　人才是社会发展的源动力,谁组建了高水平的人才队伍,谁就拥有了世界的未来。党的十八大以来,习近平总书记关于人才工作的系列重要讲话精神中指出,"要秉持科技是第一生产力、人才是第一资源的理念,兼收并蓄,吸取国际先进经验,培养更多、更高素质的人才。"实现中华民族伟大复兴,人才越多越好,本事越大越好。知识就是力量,人才就是未来。21 世纪是知识经济的时代,融知识、技能、经验等于一体的人力资本已成为了社会发展与进步的根本动力,而体育产业的发展壮大取决于是否充分开发人力资源。

一、体育人力资源的概念

要理解体育人力资源就要首先理解人力资源。人力资源的核心要素是人,将人作为一种资源,但并不针对某一个个体。人力资源指一个国家或地区拥有的具备智力劳动和体力劳动的人的总称。目前,对体育人力资源概念的界定还没有形成统一的认识。从整体而言,有学者认为体育人力资源是体育领域内接受过体育专业教育或受过专门体育运动训练的、能够推动体育发展的体育人才的能力,即体育人才的知识、技能、运动水平、科研实力、组成结构的总和。还有学者从体育人口的角度出发,提出体育人力资源是指能够推动体育发展的,能进行体育实践活动或有助于体育运动开展的,具有一定体育意识、知识、能力和经验的体育人口。根据人力资源的定义,有学者认为体育人力资源是指一个国家或地区拥有高超的体育运动技能,获得过突出运动成就,具有较强的体育研究能力、创造能力和管理能力的人的总称。

本研究综合以上学者的观点,认为对体育人力资源概念的界定可以分为广义和狭义。广义的体育人力资源指体育组织内一切能够从事体育事业的具有智力劳动能力和体力劳动能力的人们的总和。狭义的体育人力资源指体育系统内接受过体育专业培养教育或受过专门体育训练能推动体育事业发展的专业人员的总称。

二、体育人力资源的构成要素

体育人力资源包括人的智力和体力,根据现实的应用形态以及劳动能力,具体包括人的知识、能力、体质。在我国,体育人力资源主要依照法定劳动年龄进行划分,包括未达到法定劳动年龄、在法定劳动年龄之内以及超过法定劳动年龄三类。

①未达到法定劳动年龄。未达到法定劳动年龄,但是符合国

家相关体育条文规定,已经从事体育活动的体育人力资源,即未成年就业的体育人力资源。

②在法定劳动年龄之内。在法定劳动年龄之内,在体育领域就业、准备就业、待业的体育人力资源,主要包括正在从事体育劳动、正在学习体育专业、军队服役人员从事体育工作、体育领域中待业的体育人力资源。

③超过法定劳动年龄。超过法定劳动年龄,仍然继续从事体育工作的体育人力资源。

我国体育人力资源的构成要素根据上述划分可以概括为以下结构,如图 6-1 所示。

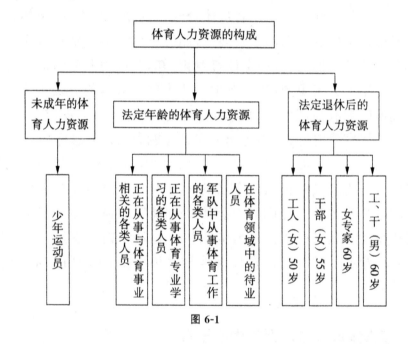

图 6-1

三、人口、体育人口、体育人力资源和体育人才资源的关系

人口、体育人口、体育人力资源与体育人才资源是一个动态结构关系,始终处于不断变化的过程中,这个结构呈正金字塔形,如图 6-2 所示。

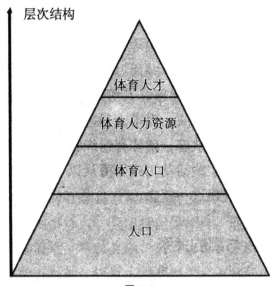

图 6-2

人口是体育人口、体育人力资源和体育人才资源的基础,一定数量和质量的人口在一定程度上影响着体育人力资源的结构,但不是正比关系,一个国家或地区人口基数的多少并不能说明体育人力资源的情况。体育人口与体育人力资源并没有直接联系,体育人力资源并不都是由体育人口分化出来的。人力资源的显著特点是劳动性和生产性,只有与体育生产、体育劳动相联系的体育人口才是体育人力资源。例如,每周开展身体活动频率3次以上,每次身体活动 30 分钟以上的体育锻炼人群,属于体育人口,但大部分不是体育人力资源,而承担群众体育指导工作的社会体育指导员就是体育人力资源,因为社会体育指导员承担着体育教学、训练、组织与管理等劳动性、生产性工作,而前者并不具有此特征。体育人力资源是体育人才产生的根基,是从体育人力资源中脱颖而出的较为优秀、层次较高的部分劳动能力。

在人口、体育人口、体育人力资源与体育人才资源的相互关系中,人口一定包含体育人口、体育人力资源和体育人才资源,体育人口与体育人力资源属于交叉关系,体育人力资源并不是全部包含在体育人口中,体育人才资源全部包含于体育人力资源中,如图 6-3 所示。

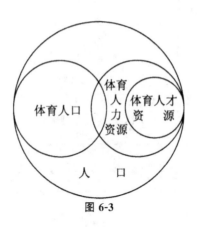

图 6-3

四、体育人力资源的分类

对体育人力资源进行科学系统的分类,可以更加科学地认识和管理体育人力资源,充分发挥各类体育人力资源的效能。我国体育长期实行举国体制,尽管中华人民共和国成立 60 多年来培养了大量体育人才,但是从整体上看,体育人才结构单一,缺乏经营管理人才,缺少对体育人力资源的开发和管理。按照工作性质,可以将体育人力资源分为体育管理类、体育教育类、体育竞技类、体育产业服务类,如图 6-4 所示。

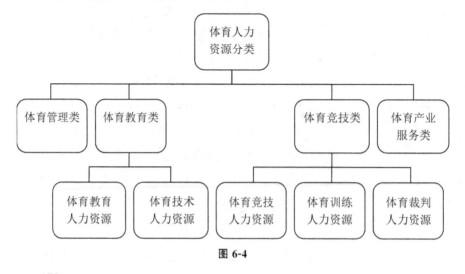

图 6-4

(一)体育管理类

体育管理类人力资源主要是指国家机关、企事业单位中各级各类的体育组织中从事体育领导或管理工作的体育人力资源。其主要来源于各级体育行政机关、体育专业学校、体育科研部门、各级运动队及体育教学组织的领导和管理工作人员。体育管理类人力资源主要是根据国家或上级的体育政策法规,对体育工作中的重要问题实行决策、计划、组织、监督、评估,协调体育领域内各系统、各单位的工作,有序开展体育管理相关工作,使体育组织灵活高效运转,为体育事业创造良好的发展空间。体育领导人在体育工作中占统帅地位,是发展体育事业的领导者和组织者,他们所起的作用是任何各类体育人力资源都无法替代的。

(二)体育教育类

体育教育类人力资源包括体育教育人力资源和体育技术人力资源。体育教育人力资源指在体育教育领域内,直接或间接从事教育教学、培训和科研的工作人员。其主要来源是大、中、小学校的体育教师和体育专业学校的体育技术课教师、体育理论课教师及从事体育宣传、体育出版工作的体育工作者。体育教育类人力资源主要通过对受教育者宣传国家的体育方针政策,传授体育理论基础知识和运动技能方式方法,提高受教育者的身体机能和运动技术,强化人们对体育的认识,增强社会适应能力,培养出高水平运动员,高层次体育教育、体育科研、体育工程技术、体育管理等体育人才。

体育技术人力资源主要是指在体育工作领域内从事体育科技开发、体育科学实验以及体育科技保障和辅助的人员。其主要来源于各级体育科学研究所的体育研究人员、体育情报人员,从事体育器材和制造工作的工程技术人员,运动队的保健医生和营养师等。体育技术人力资源掌握专门的知识和技术,具备操作技能,根据体育事业发展的需要,在体育生产等实践一线工作中解决技术和操作性难题的工作人员,如研究提高运动技术水平的方法,制造现代化体育运动器材和仪器,协助教练员解决运动训练和竞赛中的各种实际问题等。他们是体育事业发展的前沿力量,是建设体育强国不可忽视且必须迅速建立的人才队伍。

(三)体育竞技类

体育竞技类人力资源包括体育竞技人力资源、体育训练人力资源和体育裁判人力资源。

体育竞技人力资源是指具有一定体育运动技能,在体育竞技领域内专门从事运动训练和参加较高层次体育竞技比赛的人员。体育竞技人力资源是以自身的机能、身体素质和运动技术,在教练员的指导下,进行科学严格的训练,通过参加各级各类高水平的运动比赛,创造优异运动成绩,争取比赛的胜利,为国家为集体争取荣誉的同时向世人展示先进的体育运动技术、战术能力和水平,提高推动体育竞技运动和体育事业的发展。其主要来源于各级专业运动队、专业和业余体育学校、业余训练组织和大中学校训练队的运动员。

体育训练人力资源是指在竞技体育领域内,专门从事运动训练工作的教练员,在群众体育活动中从事技能传授、锻炼指导和组织管理的社会体育指导员。体育训练人力资源主要是向专业运动员和社会体育人员传授体育运动知识与技能,依据理论与实践相结合的原则,进行体育运动训练,不断地探索提高运动技术和运动成绩的方法,改善生理机能,提高体育技能水平。社会体育指导员技术等级分为:三级社会体育指导员、二级社会体育指导员、一级社会体育指导员、国家级社会体育指导员。社会体育指导员义务或有偿开展体育技能训练、锻炼指导、组织管理以及体育咨询等服务。他们是发展我国群众体育事业,增强身心健康,建设社会主义精神文明的一支主要力量。

体育裁判人力资源是指在体育比赛中依据比赛的规则,对比赛结果做出正确裁决的裁判员。体育裁判人力资源是竞技比赛的执法者,主要围绕体育比赛进行工作,其裁判水平的高低,直接影响运动员技术水平的发挥。同时,也是开展竞技体育运动不可或缺的人才力量。

(四)体育产业服务类

体育产业服务类人力资源是指在体育领域中,从事体育产业的规划设计、生产营销,经营服务方面的人员。体育产业服务类人力资源主要是以体育为工作内容,以经营效益为目的,在各项体育营销、赛事运作、俱乐部管理、体育经纪、体育赞助等工作中解决问题,从事经营或提供有偿性服务。例如,体育经纪人,是在体育领域中以收取佣金为目的,为促成他人交易而从事居间、行纪或代理等经纪业务的公民、法人和其他经济组织。体育经纪人主要开展的活动包括对体育比赛的经纪和对运动员的经纪,体育经纪人的存在,使得体育比赛更具有普及性、权威性和规范性,并使体育明星、运动员及体育俱乐部和其他体育组织从日常烦琐的事务中解脱出来,专注于提高运动技、战术水平,同时还可以刺激体育市场,加速体育产业化发展。

五、体育人力资源的特征

体育人力资源是人力资源的一种形式,要将体育人力资源视为体育事业发展中的重要力量,并对其进行有效的管理,必须掌握体育人力资源的特征。体育人力资源的特征与人力资源的特征具有共同性,比如自然性、社会性、能动性、有限性、动态性、时代性、消耗性、流动性等,除此以外,体育人力资源还具有鲜明的个性特征。

(一)资源稀缺

体育与大多数其他学科相比,是一个发展较晚、较为冷门的学科,没有引起大多数人的重视,社会地位还比较低,这是造成体育人力资源稀缺的一个重要社会原因。随着人口出生率降低,青少年群体相对减少,体育后备人才储量降低,家长不支持甚至反对子女从事竞技训练或学习体育相关专业,这又是造成体育人力资源稀缺的另一个社会原因。此外,由于体育特别是竞技体育具有成材率低、淘汰率高、风险大、回报率低等特点,这从根本上造成了体育人力资源的稀缺。

目前,我国优秀竞技体育后备人才稀缺,一、三线运动员相对较少。社会体育指导员非常短缺。截止到 2015 年,全国登记注册的社会体育指导员有 150 余万人,其中有 3 200 人是国家级社会体育指导员,有很大一部分人并没有上岗开展全民健身志愿服务。另外,我国体育经纪人也相当匮乏,数量不多,基本分布在经济发达地区和体育市场较为活跃的地区。高校体育教育人力资源也较为缺乏。

(二)文化素质偏低

体育人力资源,特别是体育竞技类人力资源中运动员专项训练低龄化现象严重,学生过早地离开全日制学校。如体操、跳水、武术等项目,小学 5～6 年级就进入运动队集训;羽毛球、乒乓球、田径也多是小学毕业进入运动队;篮球、排球等项目的运动员在进队前基本上毕业于省体校或地市中专,未受到系统的基础文化教育。这些运动员从小学阶段就开始从事半专业化训练,占用了大部分时间和精力,势必造成运动员文化素质偏低。我国教练员绝大多数是运动员出身,时间分配上,运动训练占绝大部分,这就决定了教练员需要在运动训练的间隙进行文化学习,而且运动员水平越高,集训比赛越多,学习时间也就越少。一般情况下,初中时期的运动训练大多属于基础性训练,比赛少,学习压力轻,大多数运动员可以坚持学习;到了高中阶段,运动训练进入专项提高阶段,比赛、集训的频率开始增多,出现停课现象,加上学习压力重,缺少充足的文化学习时间,致使某些运动员的学习成绩出现滑坡;到了大学阶段,运动训练处进入最佳竞技阶段,运动员的重心主要放在提高运动成绩上,要绝对保证运动训练的时间,而文化学习的时间相对减少;在职培训阶段,虽然实行了教练员岗位培训制度,但仍然主要立足于教练员的专业技能、技巧,而忽略了文化课的学习。这些因素综合起来很大程度上决定了教练员队伍整体文化素质不高。

(三)综合体力劳动与脑力劳动

体育与其他社会现象最明显的区别就是以身体练习为基本手段,身体直接参与活动。体育人力资源中体力劳动是不言而喻的,运动员接受高强度、严要求的训练和竞赛任务,运动技能的形成需要通过大强度的训练量来实现。教练员在教学中的动作示范以及训练中的陪练都需要付出高强度的体力劳动。除了体力劳动,体育人力资源同样也需要脑力劳动。教练员和体育教师承担着竞赛任务和教学训练任务,需要根据每个运动员和学生的特点,如体力、智力、心理特征,因材施教,这就需要教练员和体育教师具体情况具体分析,深入了解和研究训练对象。为了获得比赛的胜利,创造优异成绩,教练员和体育教师要不断地学习国内外先进的技术训练经验,体育管理人员要组织竞赛,制定政策制度,运动员和学生要掌握运动技术,完成训练任务,领会动作要领,熟知战略战术,这些都离不开脑力劳动。

(四)劳动生产周期长

体育人力资源的劳动不像其他有形物质产品可以通过计时、计件等方式来衡量,非物质形式的生产劳动是难以用有形的物质形式来准确量化的。体育人力资源的劳动作为非物质产品,难以确定社会必要劳动时间。一枚奥运会金牌、一项新的世界纪录,其中包含了运动员、教练员、科研人员、后勤人员、管理人员等的辛勤劳动。其他物质生产部门的劳动生产周期较短,可以用年、月、日、小时、分钟等明确计算,而体育人力资源的劳动生产周期长,在时间上可跨度数年甚至数十年之久。从我国体育人才培养现状看,少年运动员从 7～8 岁进行业余训练到 17～18 岁成才,训练时间长达 10 年左右。培养一名世界水平的田径选手,通常需要 8～10 年,培养一名奥运选手需要 10 年左右。体育教师要经过 25 年左右的时间才能成长为全国优秀体育教师。

(五)时效性

时效性指体育人力资源的形成和使用在一定时间内有效。地矿资源可以长期保存,不开采品位也不会变低,体育人力资源实则相反,储而不用就会被荒废甚至退化。作为生命有机体的人,生命是有周期的,每个人都要经历幼儿期、少年期、青年期、中年期和老年期,人的才能和智慧的发挥有一个最佳的时期和年龄阶段。一般来说,25～45 岁是科技人才的黄金年龄,37 岁是其峰值。体育人力资源的时效性更为明显,如果未能在这一时期充分利用开发,就会导致体育人力资源的浪费。特别是竞技体育后备人才的培养过程有很强的时效性,由于运动项目不同,成材的年龄段也不相同。运动员的年龄一般在 15～25 岁之间,超过这一年龄阶段,一般不可能再创造出最佳成绩。体育教师会随着年龄的增大,运动动作示范的能力逐渐减退。因此,体育人力资源的管理必须要尊重时效性,适时开发,即时利用,最大限度地开发体育人力资源,延长其发挥作用的时间,使体育人力资源的形成、使用与管理达到平衡的状态。

(六)损耗程度大

体育人力资源在使用过程中会出现有形和无形的损耗情况,比如,体育人力资源自身疾病和衰老就是有形损耗,体育人力资源知识和技能落伍就是无形损耗。而且由于体育运动本身对抗性强、竞争激烈,对体育竞技类人力资源的损耗尤为严重。有些运动项目如登山、攀岩、铁人三项等比赛所要求的自然条件恶劣、场地器材及相应保护措施达不到要求以及对体育竞技类人力资源的过度开发等原因,导致体育人力资源易出现伤残事故。在当今社会,新技术不断取代旧技术,体育竞技类人力资源的损耗速度越来越快,主要表现为无形损耗,对无形损耗的补偿相比于有形损耗要更加困难,伴随体育竞技类磨损速度的加快,产出费用也逐渐提高。

第二节 体育人力资源的配置与管理

一、体育人力资源的配置

(一)体育人力资源配置的概念

人力资源配置将资源配置的概念应用到人力资源中去,强调了人在社会发展中的重要作用,是指人力资源要素在各地区、各部门间的分配及其流动的排列组合。

体育人力资源的配置是按照体育可持续发展的实际需求,结合一定的经济或产出目标,从不同领域发展的数量和质量上对人力资源进行合理有效的分配,实现人、财、物、时间、信息等要素的有机结合,充分发挥体育人力资源能效,最终获得最大产出和最佳效率的动态过程。只要适合体育发展所需要的各项资源,不管它是在自然条件下的自由配置还是社会条件下人为配置都属于体育人力资源配置的科学领域范畴。

体育人力资源的配置可以从三个层面理解,宏观层面、微观层面和个体层面。宏观层面的体育人力资源配置是指体育人力资源在不同地区、部门间的分配,它要求体育人力资源能够在适宜的地方进行有效配置。微观层面的体育人力资源配置是指在分配确定的情况下,某个地区、部门组织利用这些资源,最大限度地发挥其作用,具体实施在微观单位组织,由资源供求双方的行为共同完成。个体层面的体育人力资源是体育人力资源自己选择工作岗位的主动行为,它是体育人力资源自主选择性的体现。对体育人力资源个体来说,需要寻找一个适合自己的工作单位和职业岗位,工作单位要有发展前途,职业岗位要有上升空间,这两个条件若都能满足,将使体育人力资源自身在市场中获得最佳位置。如若发现目前的工作单位不尽如人意或者遇到更好的职业机会,也会出现行业领域内的职业流动现象。

(二)体育人力资源配置的构成要素

体育人力资源配置由主体和客体两个部分构成。

体育人力资源配置的主体包括人力资源和用人单位。体育人力资源是体育劳动市场运行的根本,是向体育市场提供体育劳动力的储备库。体育人力资源要进入体育市场必须具有一定的体育劳动能力,可以创造一定体育价值。用人单位是体育人力资源配置的重要组成部分,是接纳体育人力资源,满足体育劳动市场需求的工作间。用人单位要进入体育劳动市场必须要具备以下条件:能够为体育人力资源提供工作岗位、能够选用体育人力资源、能够向体育劳动者支付报酬、使用体育人力资源后可以产生一定效益。

体育人力资源配置的客体是指体育人力资源中的劳动能力,是体育人力资源智力劳动和体力劳动的总和,具有价值和使用价值。体育人力资源配置的客体承载于体育人力资源主体上,没有劳动者也就没有体育人力资源配置客体。因此,体育人力资源配置的客体受到运行主体体育人力资源的限制,但同时,体育劳动市场需求的是劳动能力,因而运行主体体育人力资源的宏观活动又受制于运行客体劳动能力。

(三)体育人力资源配置的目标

体育人力资源配置的总目标是以市场为根本手段,将有限的体育人力资源配置到相应环节中去,获得最佳收益,满足体育劳动市场的需要。

体育人力资源配置的宏观目标使体育人力资源社会生产总量与社会使用总量达到平衡,体育人力资源社会生产结构与社会需求结构相契合。

体育人力资源配置的中观目标指引各地区、部门在体育人力资源使用方向上进行正确的选择决策,优化各地区、部门在体育人力资源使用方向中的配置,整合体育人力资源配置,发挥组合优势,形成现实的社会生产力。

体育人力资源配置的微观目标是充分调动体育人力资源自身的主动性、创造性、积极性,增加体育人力资源的活力,提高工作效率,做到人尽其才,人尽其力,更长久地创造价值,推动体育事业的发展。

(四)体育人力资源配置的内容

体育人力资源配置的内容主要包括四个方面:区域配置、领域配置、行业配置、项目配置。

1.区域配置

体育人力资源的区域配置是指将某一个区域范围内的体育人口和体育人力资源作为基础,结合这一区域体育资源的现状和体育发展规划,通过区域内体育人力资源流动,调整不同区域的体育人力资源政策,最终实现体育人力资源的配置。体育人力资源的区域配置,必须结合当地体育发展的实际情况,具体问题具体分析,充分发挥地区资源优势,使各地区均衡发展的同时又各具特色,推动区域体育事业的发展。

2.领域配置

体育事业的发展可以分为竞技体育领域、群众体育领域、学校体育领域和体育产业领域。体育人力资源在领域方面的配置要以发展重点领域为主要方向,对各领域中投入—产出之间的关系进行综合评定后再确定。体育人力资源的领域配置应该准确把握体育人力资源的方向,从我国基本国情和体育发展现状出发,保障竞技体育领域的资源供给,扩大群众和学校体育领域的资源分配,加深体育产业领域的资源共享,规划好各领域间的资源规模、比例和结构,使体育人力资源的领域配置获得最佳效益。

3.行业配置

体育人力资源的行业配置非常重要,体现了体育人力资源的规定性。体育人力资源质的规定性包含两点:水平等级和行业种类。在进行体育人力资源的行业配置的过程中,要区别对待水平等级和行业类别,针对不同行业的岗位需求,合理分配适合该水平等级和职业类别的体育人力资源,最终达到最优组合。另一方面,还要考虑行业交流和替代,应对出现某种职业供不应求的现象。科学合理的人力资源行业配置,需要准确预测行业需求,在这个基础上,安排各级各类教育培训,精准培养出符合各类行业需求的体育人力资源,满足各类行业岗位的需求。

4.项目配置

体育包含种类繁多的运动项目,体育人力资源的配置自然也包括运动项目的人力资源配置,在运动项目的配置上,综合考虑年龄结构,职称结构,一、二、三线人员结构等方面,不仅要避免出现某一运动项目上人才过于集中,而且也要防止出现某一运动项目中人才匮乏。

(五)体育人力资源配置的规律

体育人力资源配置遵循"边际效益递减律",人力资源的边际效益是指向一个处于经济活动过程中的经济实体做出的新的人力资源投放所获得的收益。依据"享乐递减法则",在社会经济活动中向每个经济实体投入的人力资源都可以导致边际效益递减现象。在向人力资源稀缺的经济实体投入人力资源后,这个经济实体的人力资源投入边际效益会呈现三个时期。第一时期,当经济实体的人力资源需求量很大时,其人力资源投入的边际效益明显且逐渐增大;第二时期,当经济实体的人力资源配置趋向饱和时,人力资源投入的边际效益逐渐降低直到为零;第三时期,当经济实体的人力资源配置过剩时,人力资源投入的边际效益出现负增长。与此对应,社会经济中的经济实体间人力资源投入边际效益会出现三种情况:一是人力资源匮乏的经济实体边际效益呈现正增长,二是人力资源配置基本平衡的经济实体边际效益接近于零,三是人力资源过剩的经济实体边际效益呈现负增长。

(六)体育人力资源配置的原则

1.坚持国家宏观调控为主,市场调节为辅的原则

体育人力资源配置主要分为计划配置和市场调节,这两类配置方式各有利弊。计划配置的优势是从全局把握,统筹协调,但是管得过多、过细就会降低人们的积极性和创造性。市场调节可以充分调动人们的主动性和积极性,提高配置效率,但是又会在一定程度上出现体育人力资源不平衡的问题。从辩证法角度看,无论何种配置方式,都有自身的优势和劣势,不能盲目选择其中一种。为了实现资源优化合理配置,只有将两者有机融合,优劣互补,最大程度地实现体育人力资源的合理配置。

依据我国的基本国情,现代市场是政府调控下的市场,现代市场竞争是政府管理下的市场竞争。体育人力资源要达到合理配置,既需要完备的体育产业市场体系,又需要政府在资源的配置中起到宏观管理和调控的作用,选择合适机变的政策体系。即使在市场经济较为发达的西方国家,不仅有市场调节,国家也会介入资源配置。因此,体育人力资源的配置方式需要结合计划配置和市场调节,根据我国体育发展的具体实际情况,体育人力资源的配置方式应该坚持国家宏观调控为主,市场调节为辅的原则,国家从全局角度对重大问题进行调控,而具体的业务性的问题则交给市场,这是体育人力资源配置不可动摇的原则。

2.统筹协调,兼顾公平

我国区域经济发展不平衡,东、西部地区,农村和城市都存在很大差距,体育人力资源配置要从整体出发,总揽全局、科学筹划、协调发展、兼顾各方地区差异,避免体育人力资源过分集中,分配不均。但是均衡不意味着绝对平均,并不能实现绝对公平,体育人力资源本身具有相对稀缺性,因此应在相对均衡和公平的基础上,最大限度地发挥体育人力资源的效益。运用经济、法律、政策等手段,遵循市场规律,使资源向效率最佳的环节流动,向国家重点发展的区域流动。

3.人尽其才,提高效率

要提高体育人力资源的利用效率,提高工作积极性,就要使体育人力资源与工作岗位相匹配,达到物尽其用的效果。如果能力高于工作岗的要求,会出现大材小用,造成人力资源浪费;如果能力低于工作岗位的要求,工作难免出现纰漏和问题,造成不必要的损失。只有将人才资源分配到合适的职位上,才能提高工作效率,获得高收益。从体育人力资源的角度看,选择到合适的岗位,才能发挥自身资源优势,为用人单位创造价值;从用人单位的角度看,选择到合适的人力资源,充分利用资源优势,才能提高生产效率,实现效益增长。

经济学中资源配置的重要原则就是提高效率,在体育经济运行中总会出现资源配置不合理、利用不充分的问题,提高效率可以有效解决这些问题。体育人力资源是体育经济运行的中坚力量,占有特殊地位,提高体育人力资源的使用效率尤其重要。

4.动态变化

体育人力资源的配置包括初配置和再配置。初配置是指体育人力资源最初在地区、部门及不同使用方向上的分布,主要针对新增的体育人力资源的配置。再配置是指在初配置的基础上,体育人力资源在地区、部门及使用方向上的合理流动,从而形成新的体育人力资源分布格局。体育人力资源初配置需要考虑存量问题,即有多少体育人力资源分配到各地区、部门及使用方向上。而体育人力资源再配置主要面对的是流量问题,即通过多少体育人力资源的合理流动达到有效的再配置。

随着社会的发展进步,特别是知识更新速度的加快,出现一批新兴学科和交叉学科,原来合理的人力资源配置变得不合理了,原来优化的人力资源结构变得不优化了,这时就需要进行人力资源再配置,推动体育人力资源在地区、部门及使用方向上的合理流动。另外,随着不断深入的体育体制改革和不断变化的体育人才需求,出现新的工作岗位或者一些岗位对人才提出了更高的职业要求,以前的体育人力资源不适应工作岗位提出的新要求,或者某一岗位急需相应的人力资源,这时都需要体育人力资源进行再配置。因此,随着经济、社会、知识、能力的不断发展,体育人力资源的配置也要处于动态变化中。

5.优化结构

通过体育人力资源的配置,调节各地区、各部门的体育人力资源分布,新的体育人力资源投放到不同的方向,优化体育人力资源使用结构。实践证明,多元的工作队伍结构,思路更为开阔,视野宽广,营造活跃的工作氛围和学术氛围,有利于开展综合工作;知识更新快的工作队伍结构,有利于吸纳符合现代社会发展要求的体育人才;年龄结构丰富的工作队伍结构,体育人才队伍不会出现断层和真空情况,有利于体育工作的可持续发展。优化人力资源结构,形成组合优势,具备高创造性和高效率的特点,因此,在资源配置过程中要坚持优化结构的原则,而不是"照顾关系"形成"小圈子"的体育人力资源结构。

6.合理配置

体育人力资源合理搭配是指体育人力资源投入的最高产出

率,经济的投入方向、配置的合理,以及更为广泛的社会方面的内容。科学协调生产效率与分配公平的关系、社会劳动与家务劳动的关系,经济效益可以通过数字等直观的方式表现出来,而社会效益则较为隐性,不能直观地表现出来,需要通过一定的形式才能体现。因此,体育人力资源合理配置,需要从宏观和微观两个层面正确理解和把握,力争取得最大的经济效益和社会效益。

体育人力资源的合理配置在于最大限度地提高体育人力资源的劳动投入产出率,必须有效结合体育人力资源和物质资源,科学管理体育人力资源,达到对各类体育人力资源的合理利用。针对不同工作岗位的不同要求,在人力资源的配置上,要最大限度地发挥每个人的工作才能,深入挖掘工作潜能,利用个人专长,调动劳动积极性和创造性。

7.充分就业

当今世界不同经济体制、不同经济水平的国家都共同追求的目标就是充分就业,它不仅是经济目标,而且是一个重要的社会目标。英国资产阶级经济学家恩斯提出充分就业的概念,即在一定时期社会存在一个工资水平,愿意接受这种工资水平但是没有得到就业岗位的失业者称为"非自愿失业";不愿意接受这种工资水平,想要寻找更高收入的失业者则是"自愿失业"。当一个社会不存在"非自愿失业"时,就是充分就业的状态。充分就业可以从两个角度分析,从总供给与总需求的关系分析,充分就业是总需求增加时,总就业量不再增加的状态,也就是凡接受市场工资水平愿意就业的人都能实现就业;从劳动力供求关系分析,充分就业是劳动力供给与需求达到均衡的状态,国民经济的发展充分地满足了劳动者对就业岗位的需求。

在宏观经济学的原理中,充分就业是人力资源的供给可以满足社会需求,有劳动能力和就业要求的经济活动人口,基本上都能获得社会劳动岗位。但是,由于经济活动的复杂性和不确定性,就业情况千变万化,充分就业在实际操作中有一定困难。从微观层面上看,生产的边际效益往往是影响人力资源需求量的主要因素,在资金投入固定的情况下,用人单位人力资源的需求总是有限的,但通常情况下人力资源供给又具有无限弹性,使得充分就业只能是一种相对的概念,在实际操作中充分就业很难完全实现。可以肯定的是,当充分就业实现时,失业现象并不会消失,摩擦性失业及其他类型的自然失业与充分就业会同时存在。

体育人力资源配置是通过调节体育人力资源的供求关系来实现的。人力资源供求矛盾客观存在,一部分人力资源在流通过程中沉淀下来,形成失业。失业是价值规律调节人力资源供求关系的结果,是在人力资源市场活动中形成竞争机制、价格机制的重要条件。但是失业的弊端又要求政府通过各种手段将其控制在一定范围内,避免无限扩大。通常,在人力资源供不应求或供求基本平衡的状况下,就容易实现充分就业,但是如果人力资源供过于求,就无法实现充分就业。这时就需要采取各种调控手段扩大岗位需求,尽量减少供给,达到人力资源的供需基本平衡,提高就业率。若采取一定平衡措施后仍然供过于求,这时未能就业人员的生活来源,就要从社会保障的费用中获得。经济学的原理中社会就业总人数只能达到经济总产值不继续下降的劳动力边际投入数量,但是在实际操作中,考虑到社会效益,有时还需要适量降低经济总产值,以便投入更多的劳动力,提高就业率来保持社会稳定。

二、体育人力资源的管理

(一)体育人力资源管理的概念

体育人力资源管理受到体育组织内外环境、社会经济发展水平的影响,是体育组织使用合适的体育人力资源,组成高效的体育人才队伍,实现体育组织目标的过程。体育组织要达到既定目标,就要运用科学且行之有效的管理理论和方法,提高体育人力资源的使用效率,借助考核和激励的手段管理体育人力资源。体育人力资源管理并不是直接管理劳动过程,而是对体育组织中人与人、人与事相互关系的管理,彼此相互适应、相互促进,事得其人、人尽其才,促使人与人、人与事的关系达到最佳状态。

体育人力资源管理常用的手段有组织、协调、监督,组织就是将人与人组织起来;协调是通过利用行政等各种手段,调整人与人、人与事的相互关系,避免出现各种矛盾,使其始终保持最优状态;监督是按照体育人力资源管理的相关法律法规对组织、协调等管理工作进行监察。

体育人力资源管理的核心要素是人和事,对人要竞争择优,对事要因事择人、竞争聘用、择优选拔、考核奖励、进修培训都属于管理手段。体育人力资源管理不是强迫人被动地接受,而是挖掘每个人的优势,使其在最适合的工作岗位上发挥自身长处和特点。根据每个人能力的变化,及时调整工作岗位,促使人力资源的合理流动。

体育事业的发展变化对体育组织中的人提出新的要求,体育组织成员素质能力的提高又对体育事业的发展起到促进作用,二者相互影响,形成了体育人力资源管理的基本规律,不同于自然规律和社会经济规律。

(二)体育人力资源管理的意义

体育人力资源管理的实质是根据体育市场客观发展变化的规律以及体育组织中人与事的相互关系,对其进行组织、协调、监督的活动。目前,我国体育人力资源的管理面临许多问题,加强人力资源的管理已经成为我国体育事业可持续发展的迫切需要。

1.构建科学的人才培养体系

当前我国体育市场的发展由计划经济体制向市场经济体制转型,"一带一路"思想的提出,推动了体育事业的进一步发展,各类体育组织在这一过程中遇到了很多问题,急需建立适应市场竞争的、有助于人才选拔、培训、激励的人才培养体系。我国各级体育组织由体育行政部门逐渐向协会性质的非营利组织转型,一些体育事业单位逐步转为市场机制下的营利组织,原有的国有体育企业转变为股份制企业。这些组织在转型过程中,都会遇到体育人力资源管理的相关问题,建立科学的人才培养体系,有助于提高人力资源的管理效率。

2.改革创新体育人力资源管理培养模式

由于政治、文化、体制的不同,我国与西方发达国家的体育组织在人力资源的管理上具有很多不同点,西方的人力资源管理理论和模式并不完全适用于我国体育组织,需要将国外人力资源管理理论与方法改革创新,形成一套适应本国国情的管理模式。结合体育组织自身的特点,一些在通用的、成熟的理论模式未必适用于我国体育组织。针对我国各级体育组织的实际情况形成合适的体育人力资源管理培养模式。

3.培养高层次体育人才资源

国家间体育的竞争就是体育人才的竞争,有效的体育人力资源管理可以增强体育竞争力,科学的体育人力资源管理可以推动体育事业的快速发展。目前,我国各类体育组织中专业的体育管理人才比较匮乏,缺少特别是高层次专业管理人才,体育赛事组织、运营和体育产业开发方面的高级管理人才,人才培养工作迫在眉睫。随着我国在国际体育组织中的地位日趋上升,需要有一大批懂外语、精通技术业务和管理经验的体育人力资源进入国际体育组织。

4.实现个人职业目标和体育组织的战略目标

体育人力资源的管理有助于实现个人职业目标和体育组织的战略目标,为体育组织提供人力资源开发模式、培训途径,提升人力资源价值,建立公平、公正的绩效考核体系和分配体系,激发员工的工作热情,提高满意度,帮助员工实现职业发展规划。

(三)体育人力资源管理的目标

对体育组织来说体育人力资源管理的最终目标就是获得体育人力资源的最大使用价值,以实现体育组织的目标。要想获得最大使用价值,就要努力提高体育人力资源的适用率、发挥率和有效率。

对体育人力资源来说,体育人力资源管理的最终目标是实现体育人力资源的价值,即体育人力资源的个人理想,既包括物质理想,也包括精神理想,既有国家理想,也有社会理想,体育人力资源管理从根本上来说是对人的全面发展。

(四)体育人力资源管理的内容

体育人力资源管理的内容主要是对体育人力资源的建立、维护和开发,从宏观层面看就是识人、选人、育人、用人、留人,从微观层面看主要包括人力资源进入体育组织,体育组织管理组织内成员的关系,成员与组织终止关系的一系列管理内容。以下将重点从宏观层面分析,如图 6-5 所示。

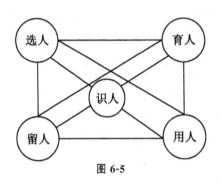

图 6-5

1.识人

识人是体育人力资源管理的核心,是选人、育人、用人和留人的基石。精准的识人为体育人力资源的选人和用人奠定了坚实的基础。首先要确定工作的具体要求,如年龄、力量、运动素质、观察能力、性格、态度等,其次要确定对工作人员的具体要求,如心理、生理技能、知识和品格等。识人最主要的是综合考虑体育人力资源的职位胜任力,一方面使识人更加科学、客观,另一方面也提高了识人的效率和质量。

2.选人

选人是体育人力资源管理进行实际操作的第一步,在运动员选材中有一句俗话:"良好的选材等于成功的一半",可以看出选人的重要性。如果选对合适的人,之后的育人也就相对容易,用人得心应手,留人更加方便。根据体育组织内的岗位需求和职责要求,利用各种方式方法从体育组织内部、外部吸引应聘人员,按照平等公平、择优录用的原则,招聘所需要的各种体育人力资源。选拔体育人才需要经过资格审查,从应聘人员中初步选出一定数量的候选人,然后经过严格的笔试、面试等环节进行筛选,试用一段时间后正式录用。

3.育人

育人是体育人力资源管理的推动力。体育事业的发展靠体育人力资源的推动,育人是体育人力资源管理的助推器。为了提高体育人力资源的工作效率,对新员工开展的岗位培训大多是有针对性的短期培训,对高层次管理人员尤其是晋升前的培训,主要是尽快掌握更高一级职位中工作的内容和技能要求。体育人力资源的培训系统一般包括确立培训主题、制定培训目标、设计培训程序、实施培训计划、评估培训。

4.用人

用人是体育人力资源管理的关键。识人、选人、育人、留人的最终目的都是为了让体育人力资源发挥效能,实现体育组织目标。体育人力资源在用人方面的管理内容主要包括机构与编制的管理、考核与奖惩的管理。机构与编制的管理,需要对体育组织的机构和各个岗位的要求进行分析,确定每一个组织机构和工作岗位对人力资源的要求。考核与奖惩是由体育人力资源自身对工作内容进行总结,体育组织管理部门进行审核,最后做出工作绩效考核的评价。定期进行绩效考核与奖惩挂钩,可以激发体育人力资源的积极性,检查和改进体育人力资源管理。

5.留人

留人是体育人力资源管理的目的,如果能留住优秀的体育人力资源,不仅可以增强竞争力,而且可以推动体育事业快速发展。可以通过多种手段、渠道,全方位考虑体育人力资源的需求,留住优秀的体育人才。

报酬福利是留人的重要手段之一,体育人力资源管理部门从工作人员的资历、能力和实际绩效业绩出发,制定有吸引力的工资报酬,随着员工的职务升降、岗位变换、成绩高低进行相应的调整。福利是工资报酬的延续,如"五险一金"等福利待遇,体育人力资源的保留需要国家、社会、用人单位、个人四方共同努力,国家、政府制定了劳动保护的相关条例和规定,在一定程度上保护了体育人力资源。

(五)体育人力资源管理的原则

1.以人为本的原则

在体育人力资源的管理工作中,要树立以人为本的观念,关注人本身在体育事业发展中的关键作用,不断激发工作热情,全身心地投入到体育人力资源的管理中去。各级管理者认真研究各类体育人力资源的特点、成才规律,激发其主观能动性,挖掘体育人力资源的潜能,通过定期开展教育培训工作,提高体育人力资源整体水平。

2.反馈原则

反馈就是由控制系统把信息输送出去,将结构返送回来,影响信息的再输出,起到控制作用,从而达到最终目的。在体育人力资源管理的过程中,由于受到内外多种因素的影响,或者是计划制定的不够完善,出现一些问题,这些问题需要及时反馈到体育管理部门,以便及时采取措施,调整策略,更好地实现目标。

3.休戚与共原则

体育人力资源的管理在实现体育组织的目标的同时也实现了体育人力资源自身的价值,如果过于计较个人利益得失,不仅降低了体育人力资源自身的价值,而且也阻碍了体育组织目标的实现,两者荣辱相生,休戚与共。

第三节　我国体育产业人力资源培养模式研究

一、体育产业人力资源培养模式概述

21世纪,人才将成为国家、民族、社会生存发展的推动力,体育产业人力资源既是体育产业各领域升级发展的基石,又是体育体制改革促进体育事业全面发展的推动力量。目前,我国面临体育事业发展的重大机遇,需要大批体育产业人力资源,将体育资源转化为生产力,尤其需要各种类别的体育人力资源承担体育产业发展的重任。体育人力资源的培养是时代的需要,是体育事业发展的需要。可见,对体育产业人力资源培养模式的研究是非常有意义的。

体育人力资源培养模式包括三个方面,培养目标、课程设置和培养方式。

培养目标是整个体育产业人力资源培养模式的主导方向,培养目标向体育产业各类别体育产业人力资源展现了一种基本的工作状态,包括工作领域、工作报酬等内容,为体育产业各类别体育人力资源的培养确定了方向。

课程设置是连接培养目标和培养方式的重要纽带,培养人才首先要明确培养什么样的人才,其次是如何培养,课程设置起到关键的连接作用。课程设置体现了体育产业各类别人才的基础知识、技能和素质要求,根据培养目标,结合所需课程,确定科学合理的培养方式。课程设置并不是简单的罗列,需要配合其他措施,例如教学方式或教材。课程设置处于不断变化之中,随着体育产业的不断发展,人才要求的不断变化,培训内容的不断更新,培训方式的不断创新,课程设置也要与时俱进。

培养方式是体育产业人力资源培养的最终实施阶段,各教育培训机构通过办学方式、培养层次、考评方式以及师资队伍的建设等,实现体育人力资源的培养目标,使人才符合岗位要求,课程设置得到进一步提升。学生和用人单位在培养目标上存在一定差异,由于区域发展不平衡,目前我国体育产业人力资源的培养过程也存在着供需矛盾。体育产业人力资源的培养目标以国家和地区发展需要为前提,依据国家和地区的经济实力。

根据国家和地区经济以及体育产业发展对人才的不同需求,以及体育教育机构的自身条件,确定培养目标,构建合理的人才培养目标。在构建人才培养模式时,必须树立正确的办学指导思想,准确地定位,制定正确的培养目标,课程设置上要充分考虑不同区域对体育人才的不同需要,及时了解区域经济社会的发展动向,根据区域体育产业的发展,适时调整人才培养目标。

二、各类体育产业人力资源培养模式

(一)体育经济人才培养模式

体育经济学作为一个新兴专业,主要是培养从事与体育经济活动有关的体育专业人才,其研究内容包括体育产业范围内的一切经济活动,体育经济学与体育管理学存在一定差别,管理学更注重管理技能,而经济学偏向经济理论,因此,体育经济人才的培养具有自身特色。

1.培养目标

就目前体育经济学专业的现状来看,体育经济人才的培养目标是:在体育及体育相关领域的政府、高等院校等机构,从事体育产业开发、体育金融、体育国际贸易以及体育教学科研等活动的专业人才。

政府部门、体育俱乐部、高等院校、体育企业等机构都需要大量体育经济人才,但是政府部门和高等院校的体育人才的缺口比较大,这是我国体育产业的发展现状所决定的。目前我国体育产业处于起步阶段,体育产业相关政策亟待完善,政府部门从政策的制定到调整体育产业结构都需要掌握经济学理论的体育经济人才。在高等院校中,由于体育经济人才供不应求,应加大对体育经济学教学的科研,为体育经济学人才的培养提供理论指导。

2.课程设置

体育经济学专业的主修学科是经济学、体育学、管理学和数学。其课程设置要跟随社会和学科的发展变化而变化,根据学科特点确定开课学时,最好将社会实践作为必修课,在市场环境中遇到经济问题,最终还是要运用经济学原理解决实际问题,因此社会实践课显得尤为重要。体育经济专业应开展以实践为中心的开放式教学,这种开放式教学可以采用案例教学、模拟教学和项目教学等多样化的教学方法。体育经济专业可以没有指定教材,教师可以运用最有发展前景的、就业率较高的案例来进行教学,不拘泥于教材本身、注重社会实践的开放式教学模式更有利于培养出适应社会需要的体育经济人才。

3.培养方式

体育经济人才的培养应以学历教育为主,由专业院校对体育经济人才进行教育培训。任何形式的在职培训或自学等方式既没有实施现实条件,也不会得到社会认可。体育经济人才的培养可以由综合性大学体育系与经济系联合培养为主,体育院校和经济类大学联合培养为补充。随着体育产业的发展,体育院校资源优势的逐步凸显,更有利于培养专业的体育经济人才。

在人才的培养层次上,体育经济人才应该至少具备本科学历,以硕士学历为主,适当培养体育经济学博士,研究生是我国高层次人才队伍的主力军,为实现科教兴国奠定坚实基础,需要扩大体育经济专业研究生的招生规模。满足社会各方的需求,可以招收委托培养研究生,培养经费由委托单位承担,研究生毕业后继续回委托单位工作。

在考核方面,对体育经济人才的考核应以考试为主,学制采用学分制与学时制相结合的方式。

(二)体育生产与研发人才培养模式

我国体育产业主要集中在体育服装、体育器材等体育用品领域,还没有专门从事体育产品研发的机构,体育用品企业大多集中于中小型企业,体育产品的研发能力较差,缺乏体育生产与研发的专业团队。自主创新要以人为本,只有拥有具有创造力的核心研发人才,企业才能将研发结果投入生产,才能实现自主创新。

1.培养目标

体育生产与研发人才的培养目标是从事市场调研、设计方案、样品整合、生产管理、品牌策划等复合型技术人才,具有良好的思想道德素质,扎实的专业知识,较强的技术能力,对人才的综合素质要求比较高,主要针对体育产业中的体育用品制造业。

2.课程设置

数学是培养生产研发人才最重要的基础理论课,它是培养技术人员形成数学思维习惯,提高逻辑分析能力,体育生产研发人才的培养将应用数学课设置为必修课或选修课,内容包括复变函数论、积分变换、数值分析、离散数学等应用较广的现代数学内容。课程的教学可采用少而精的方法,学时少可通过讲座形式介绍精华部分,便于学生开阔视野,接受更多更广的现代数学方法。

教学方式可以将大部分课程安排在工作厂房里进行实践授课,将理论与实践相结合,学生学习的同时可以直接运用到实践,一方面用理论指导实践,另一方面通过实践来检验理论。建立"讲授—训练—自学"开放式交流教学体系,注重师生之间的交流互动,不断从外界获取新的知识和信息,重视下厂调研,校企联手,营造开放式的交流环境,为学生毕业后能顺利走入社会,适应工作岗位奠定坚实的基础。

通过实验教学,传授知识、加强能力和提高素质,影响着体育生产研发人才培养的质量水平。组织学科水平高、教学经验丰富的教师教授公共基础课、技术基础课;有一定科研能力、熟悉专业生产的教师教授专业课。授课过程中不仅要传授知识,而且要传授治学之道,提高学生主动学习的能力。加强实验室建设,使实验的仪器设备达到较高的水平,为学生提供锻炼动手能力的条件。

建立一支具有创新意识的教师队伍,除了具备教师的基本素质条件外,要有科学研究与技术创新、解决实际技术难题的能力,有指导生产实践的能力,拥有创新的教育理念,善于进行教学理论方法研究和创新,注重培养学科骨干和学术带头人,形成教学、科研、生产相结合的教师队伍,担当起培养应用型生产研发人才的任务。

3.培养方式

改革办学机制,实行校企联合办学。随着职业教育的发展壮大,实践教学逐渐受到人们的重视,但是依照原来的教学行政管理体系,学校难以靠自身的能力完成相应的实践实习教学安排,实行校企联合办学,与企业紧密联系,扩大学生的实习和社会实践空间,改革以学校和课堂为中心的传统人才培养模式。学校要及时掌握市场变化与企业人才需求的信息,与经济效益好、具有发展潜力的制造类企业实行联合办学,把一部分办学的主动权交给企业,树立为自己培养人才的观念,调动企业的积极性。学习内容最后一年以企业为中心,主要由企业组织学生进行专业实习,毕业后直接投身生产加工第一线,之前以学校为中心,主要由学校组织学生学习公共基础课和专业理论课。学校和企业应签订联合办学协议,明确双方责任,为校企联合办学提供法律保障。

生产研发人才是应用性很强的技术人才,建立新型的师徒培训模式,需要一支专业的企业培训师团队,技术工人经过师傅培训获得专业的师傅资格证书,之后便可以在企业承担带徒弟学习的培训任务,要加快企业培训师团队的建设,提高技术工人的理论水平。

(三)体育项目管理人才培养模式

体育项目管理主要针对与体育活动有关的项目管理活动,在有限的资源环境中,运用系统的理论和方法,对与体育有关的项目进行合理的计划、组织、领导和评价,最终达到项目目标,最常见的如奥运会、世锦赛的项目管理等。

1.培养目标

体育项目管理人才的培养目标是培养体育产业领域内,从事项目策划与评估、项目组织与采购、项目实施与控制、项目风险管理等工作的高级应用型管理人才。体育项目管理人才要具备的能力素质有决策、组织、创新、协调和控制、激励、社交、领导能力,需要掌握一定的管理、财务和法规知识,有一定的外语能力,便于扩大沟通和交流。

2.课程设置

体育项目管理人才培养的课程安排较多,核心以管理学为主,包括经费管理、风险及质量管理、战略管理、财务管理等。

课程设置要能够鼓励学生进行基于实践和个人体验的探索性学习,项目管理不可重复性的特点决定了需要训练学生独立思考问题的能力。因此,在教学过程中要结合具体项目案例,最好是学生熟悉了解的项目,引导学生从宏观和微观层面分析项目实施情况、成本控制情况、项目实施后的经济和社会效益以及面临的风险等,使学生设身处地地思考和解决实际问题,尊重学生的独创性,采用以问题为中心、以任务为驱动、理论联系实际的方法进行教学活动。

3.培养方式

体育项目管理人才属于应用型高级管理人才,综合性大学的许多学科都处于科研前沿,学科种类多、学科综合性强、人才荟萃,具有成熟的教学与管理经验,有完备的教学设施和办学条件,掌握最新的前沿科技信息,因此,综合性大学培养体育项目管理人才是人才和用人单位的最佳选择。充分挖掘现有的教学资源,提升体育项目管理人才的办学效益。综合性大学也要改变重科研、轻教学的情况,提高教师的敬业精神和业务能力,增加实践教学方式,改革教师考核及晋升制度,鼓励一线教学的教师提高体育项目管理人才培养的教学质量。建设一批体育项目管理人才教育培训基地,更加有计划、规范地开展体育项目管理人才的培养。

三、我国体育产业人力资源培养模式的建议

(一)加强政府的宏观调控

体育人力资源用人单位对体育人才提出了高要求、严标准,

但是却没有对体育产业人力资源的培养模式进行开发,现有研究多集中于高等院校。政府需要发挥统筹协调的作用,营造良好的政策环境,保证政策充足供给并严格实施,集中利用企业、高校、科研机构三方优势,资源共享互补,创建具有中国特色的体育产业人力资源培养模式。

(二)充分利用学校资源

学校以及其他培养机构成为体育产业人才的供给方,及时了解市场变化动态以及人才资源的需求情况,确定人才的培养目标,实行学分制与学时制结合的课程设置,采取考试的测评方式,丰富课程设置,体育人力资源掌握体育基本知识的基础上,通过选修课拓展知识层面,引入数学、管理的相关知识,培养全面的复合型人才。

(三)加强专业建设

当前,我国体育产业人力资源存在供需矛盾以及区域不平衡的问题,应加强体育产业各分类人力资源培养的专业建设,开设新兴专业以满足体育市场对相关人力资源的需求,做好就业指导和职业生涯规划管理的课程,实现人才与用人单位的双赢,根据各个区域发展情况,因地制宜建立不同的体育产业人力资源培养模式。

第七章 "一带一路"背景下我国体育产业资源开发与配置

"一带一路"为我国体育产业的发展带来了巨大商机,未来体育产业需要在其他产业、行业及地域等实行跨界发展,加大与"一带一路"沿线国家的合作、对接,实现沿线国家互利、共赢和可持续发展。在这一过程中,合理开发与优化配置资源是一个非常重要的环节。资源的开发利用程度及配置的效率直接影响体育产业的发展。本章主要分析"一带一路"背景下我国体育产业资源的开发与配置,内容包括体育产业资源及其配置的基本理论、我国体育产业资源配置的基本情况以及我国体育产业资源开发与配置的优化。

第一节 体育产业资源及其配置的基本理论

一、体育产业资源

(一)体育产业资源的概念

能够支持各体育产业部门进行业务活动开展所动用的所有资源的总和就是所谓的体育产业资源。随着体育产业的不断发展与成熟,各种与之相协调的体育产业资源不断产生,这些资源对体育产业的发展提供了有力的支持,同时也推动了我国经济发展。

（二）体育产业资源分类

从综合性视角来看，可以将体育产业资源划分为两种类型，一是单一性体育产业资源，二是综合性体育产业资源，这两大类体育产业资源又可以划分为不同的小类，具体见表7-1。

表7-1　体育产业资源的类型划分

分类依据			类型
体育产业资源的市场特性和开发价值			潜在的体育产业资源
			已开发或正开发的体育产业资源
按综合性程度分	单一性体育产业资源	物质形态的体育产业资源	体育自然资源
			体育经费资源
			体育场地设施资源
			体育人力资源
		非物质形态的体育产业资源	体育传统资源
			体育信息资源
			体育组织资源
	综合性体育产业资源	各领域的体育产业资源	学校体育产业资源
			竞技体育产业资源
			大众体育产业资源
		区域的体育产业资源	农村体育产业资源
			城市体育产业资源
		各单项的体育产业资源	篮球项目产业资源
			体操项目产业资源

二、体育产业资源配置

（一）体育产业资源配置的基本类型

体育产业资源的配置方式有以下三种类型。

1.计划配置

计划配置的主体是政府,政府决定体育产业资源的分配,体育企业要依据国家经济计划行事。政府可通过各种手段对体育产业资源配置的格局进行直接或间接的调节,这对于将有限的体育产业资源集中起来,促进预期目标的实现具有重要的意义。政府在体育产业管理中,会设立专门的机构,政府的管理权力高度集中,相应的组织机构在贯彻计划机制原则的基础上采用行政方式全面管理体育产业。而从本质上而言,社会组织往往不具备管理功能。由政府计划配置体育产业资源的国家主要有苏联、朝鲜等。改革开放前,我国也采取该配置类型。

2.市场配置

通过市场价格的波动、市场主体的竞争、市场供求关系的变化而对经济运行进行调节的方式就是所谓的市场配置。市场机制充分竞争,受益最高的部门和地区是体育产业资源流动的目标方向,将体育产业资源配置到哪个部门和地区,主要受市场供求比例变化及由此导致的价格波动的影响。在市场供求关系中,价格发挥着晴雨表的作用,反映着资源稀缺程度或需求程度,从而将这些准确的市场信息传递给体育生产企业,这就加剧了企业之间的竞争,刺激了企业的盈利欲望,引导体育产业资源向资源严重稀缺、供不应求的生产部门流动,这必然会造成稀缺体育产业资源的存量的增加,进而使体育产业资源供求的矛盾得到缓解。世界上采用市场配置方式进行体育产业资源配置的典型国家是美国,政府很少介入和干预体育事务,主要采用法律和经济手段进行间接性的调控与管理。

3.混合配置

在体育产业资源配置中,难免存在"政府失灵""市场失灵"的情况,事实上,在资源配置中,如果仅仅依靠政府,或只是依靠市场,都会遇到很多问题,所以,当前,在体育产业资源配置中,很少有国家会单纯采用某一种配置方式,采用由市场配置和政府计划配置相结合的混合配置方式的国家已越来越多。世界上各个国家都在立足本国国情的基础上,不断对体育产业资源配置的方式进行调整,试图对与本国国情相适应的混合型配置方式进行构建与采用。这种方式对于政府主导作用的发挥,对于吸引社会对体育的支持具有重要的意义。当然,不同国家之间的混合型配置方式存在着明显的区别。有些国家以政府计划配置为主导,以市场配置为辅,即采用政府主导型的配置方式;有些国家以市场配置为主导,以政府计划配置为辅,即采用的是市场主导型的配置方式。中华人民共和国成立至今,随着社会经济体制的转型,我国体育产业资源配置的方式也在不断变化。

(二)市场配置与政府配置的边界

作为一种普遍流行的经济运行状态,市场经济以市场调节为基础和主导,本质上来说,市场经济是具有一定组织能力的一种经济调节方式,通过这种方式进行体育产业资源配置和布局,离不开对供求规律、价格机制、竞争机制的运用。通过运用市场机制,能够使微观体育经济主体的个别利益与社会整体目标保持协调一致。一定程度上而言,人们在对自身利益进行追求的过程中,也会推动体育产业资源的合理配置,这是普遍存在的客观后果。通常,如果运用市场机制就可以有效进行体育产业资源配置,那么政府就没有必要干预了。另外,虽然市场配置本身也需要一些成本,需要消耗一定的资源,但如果这种成本比政府配置成本低,那么选择市场配置的方式更妥当。一些转型国家往往不具备或不完全具备市场配置资源的效能条件,所以市场机制尽管可以配置体育产业资源,但这一配置方式并非是成本最低,效率最高的方式。所以,在面临市场不全、市场不灵、市场配置高成本等问题时,可选择政府配置的方式,这样配置效果更好。

(三)体育产业资源配置的相关研究

1.政府与市场的关系的研究

一般认为,在社会资源配置中,运用最广泛、最有效的机制是市场机制。市场机制可促进价格机制和竞争机制的功能的充分发挥,可促进市场主体主动向效益好的环节中配置资源,从而使微观经济活动主体的个别利益与社会发展的整体目标保持协调一致。需要注意的是,发挥市场机制的功能需要具备一些前提条件,一旦遇到"市场失灵"的问题,就难以使市场机制的功能发挥到最佳水平,资源配置也无法达到最优化的程度。

随着市场的不断演进和发展,市场上出现了一些突出的问题,如经济不稳定、公共物品供给不足、社会不公平等,这就为政府介入经济活动并实施干预提供了可能与条件。政府在市场经济中发挥自身的经济功能,目的是对市场自身功能的缺陷进行纠正、弥补。但是,政府在对市场经济缺陷进行弥补时,其经济功能逐渐扩大、不断强化,此时很容易导致另一种缺陷的产生,即"政府失灵"。在经济运行中,政府被寄予很高的期望,人们希望政府通过发挥自己的职能来弥补市场功能的缺陷,但结果往往不尽如人意,不仅"市场失灵"的问题没有得到补救,反而又出现了新的问题,导致社会效益急剧下降。政府在弥补市场经济缺陷的过程中之所以会出现"政府失灵"的问题,与以下几方面的原因是分不开的。

第一,非市场活动本身可能导致在收入和权力方面的分配不公等。

第二,成本和收益的分离导致非市场产出的过剩和成本的攀升。

第三,非市场机构在预算增长、技术进步、信息的获得和控制方面的具体特性可能导致种种缺陷。

第四,非市场组织的内生性和组织目标往往使相关机构的行为和运行偏离初始公共目标。

在经济运行中,"政府失灵"和"市场失灵"的现象客观存在,政府可以在一定程度上弥补、纠正市场的功能缺陷,但政府也不是万能的,市场机制无法解决的问题,政府未必就可以解决。不管从理论上来看,还是从实践经验来看,政府与市场的作用始终都不可能完全替代。

有学者指出,在社会主义市场经济中,最基本的资源配置方式是市场机制,政府在干预经济活动的过程中,并非是对市场机制的作用的否定,也不是替代市场机制,而是要促进市场作用的充分发挥。

庄垂生认为,在我国制度变迁的过程中,政府发挥自身的作用并不是为了完善市场运行;社会上可能同时存在政府失灵与市场失灵的现象,在经济运行中,市场机制与政府机制都是不完善的,将二者结合可互相补充。转轨中问题的核心在于在市场化的不同阶段应如何发挥政府作用与发挥到什么程度的问题,而非政府是否应该发挥自身作用的问题。

马桑认为,我国政府面临着双重问题,第一是运用政策对市场在资源配置中的缺陷进行弥补与修正,第二是运用政策对市场在资源配置中存在的不合理状况进行调节。市场机制的局部健全和局部不健全是经济体制转轨的一个重要特征。在经济体制转轨时期,我国政府必须加大宏观调控的力度,而且我国政府的干预力度也必然要大于西方国家对其市场经济的干预。

2.体育产业资源配置的研究

目前,我国体育界只有少数的学者在研究体育产业资源配置的相关问题,因而有关文献资料也非常少,现有的研究大都只是对体育产业资源的概念、分类、培育以及开发利用的问题进行探讨与分析。具有代表性的研究成果有以下几个。

陈勇军在体育产业资源配置方式及其效率评价的研究中,指出体育产业资源配置效率改革应符合体育的市场化发展要求。

裴立新等对我国在社会主义初级阶段体育事业转变为"集约化"发展模式的必要性和可行性进行了分析,对"集约化"模式在体育产业资源配置与利用中的重要性进行了论证。有效利用体育产业资源,必须采用"集约化"模式,这有利于促进体育产业发展的质量和效益的提高。体育产业发展向"集约化"转变,应实现体制、资源配置方式等方面的全方位转变。

刘可夫研究了体育产业资源开发和配置的相关问题,在研究中指出,在一定时期和一定条件下,体育产业资源是短缺的,这是其与其他经济资源的共性特征。体育产业作为一项经济活动,需要投入相应的资源,需要对体育产业资源进行合理开发、高效利用和优化配置,这是发展体育产业的重要条件,也是提高体育产业经济效益和社会效益的基本要求。在体育产业发展中,不同类型的产业资源居于不同的地位,发挥不同的作用,以此为依据,对不同类型的资源进行不同的配置,促进体育产业资源作用的充分发挥,更好地实现体育产业的经济与社会效益。

任海等认为,体育产业资源的类型、来源、影响因素、资源投入后的最终产品、环境因素、组织形式、法律政策等因素都会影响体育产业资源的合理配置。体育产出的社会公益性和市场开发性非常明显和突出。当前,资源分割、资源不足、流通渠道不够通畅、配置结构不平衡、利用率不高、资源再生能力弱等是我国体育产业资源配置中面临的主要问题。面对这些问题,我们需采用综合机制来进行资源配置,即将市场机制与政府行为结合起来,这是基于对我国国情的考虑而采取的举措。

舒萍认为,体育场馆资源不足是制约体育产业发展的一个主要瓶颈,对此,应借鉴经济发达国家的经验,有偿开放学校体育场馆,并加强对相关设施的管理与配置。

肖林鹏分析并探讨了中国社会转型期竞技体育领域进行资源优化配置的重要性,指出我国的举国体制以"奥运争光"为目标,政府将计划与市场两种手段灵活地利用起来,可实现体育产业资源的优化配置,使体育产业资源的最佳效益得到充分发挥。

3.我国体育制度改革的研究

李艳翎从经济体制与竞技体育体制之间的关系出发,研究了我国竞技体育体制的改革,研究中指出,我国竞技体育体制的改革主要由经济体制改革所决定,新时期这两种体制的改革要与社会变革保持协调,实现渐进式改革。

谭建湘在研究我国体育体制改革的过程中,是以我国足球职业化改革为出发点的,研究指出,我国体育职业化发展取得了明显的进步,发展环境在不断改善,并基本形成了俱乐部制,一些项目联赛的专业市场已经初具规模,而且基本形成了商业化经营机制。

潘键研究了体育体制改革的过程及改革中呈现出的特征,指出改革中呈现的特征具体表现在以下几方面。

第一,经济体制改革与政治体制改革相结合。

第二,自上而下与自下而上相结合。

第三,局部推进与整体协调相结合。

第四,体制内推进与体制外推进相结合。

李卫东指出,我国体育改革中之所以出现了很多问题,主要原因在于政府角色错位、体育改革目标不明确等。

孙庆鹏指出,未来我国体育体制的改革必须与我国在社会主义初级阶段的国情相符,与整个体育事业的发展步调相一致,必须与社会环境保持融洽和谐的关系。

史兵认为,重新定位政府角色是今后我国体育改革取得成功的关键,在体育改革中,要以缩减与调整政府机构为基本出发点和最后的落脚点。

此外,当前我国体育管理制度中存在着"管、办、做"合一的问题,对此,一些学者提出改革国家体育管理体制需要分两步走,首先是从举国体制过渡到垂直分化的国家与社会相结合的体制,其次是逐步过渡到水平分化的国家管体育、社会办体育的新体制。

第二节　我国体育产业资源配置的基本情况研究

一、我国体育产业资源配置的方式

从中华人民共和国成立到 20 世纪 70 年代末,我国体育产业资源配置中采用的方式主要是政府计划配置。我国的体育体制体现了政府直接办体育的理念。政府计划配置的基本特征主要表现为,政府通过采用计划手段对体育产业资源进行配置,采用行政手段对体育产业资源进行管理;政府既办体育,又管体育,而且都发挥着主体作用。在中华人民共和国成立初期,采用这种体制是非常必要的,该体制有效促进了当时我国体育事业的发展。我国为了借助体育"窗口"将新中国的新形象展示给全世界,促进我国国际地位的提高,国家有关部门将全社会资源集中起来,加强专业运动队的建设,并对三级训练网的训练体系进行了构建,通过发展体育来将社会主义的优越性展现给其他国家。这一时期,体育具有明显的政治性和外交性特点,即体育是我国发展政治、外交的一个重要手段。政府采用计划手段对体育产业资源直接进行配置能够使短时间内实现局部突破的目标得以实现。因此,在当时,政府对体育产业资源直接进行配置具有合理性,而且取得了良好的成果。在这一体制的支持下,"举国体制"作为竞技体育的组织管理方式充分发挥了自己的作用。

计划经济体制直接影响了我国对"举国体制"的建立,"举国体制"的优势主要表现为可以将有限的财力和物力集中起来,使重点方面的发展得到保障,使我国体育落后的面貌在短时期内焕然一新,促进我国体育崛起。

随着我国社会主义市场理论的完善和改革的深入,社会价值普遍重建,此时,体育产业资源配置中的计划配置方式暴露了自己固有的缺陷,政府体育行政部门操办和控制一切体育事务的方式严重影响了我国体育事业的发展,政府包办一切的现象迫切需要改革。关于体育改革发展的总目标在《关于深化体育改革的意见》中被提了出来,即"改变原来在计划经济体制下,单纯依赖国家和主要依靠行政手段办体育的高度集中的体育体制,建立与社会主义市场经济体制相适应,符合现代体育运动规律,国家调控,依托社会,有自我发展活力的体育体制和良性循环的运行机制,形成国家办与社会办相结合,集中与分散相结合的格局,力争在本世纪末初步建立具有中国特色的社会主义体育新体制"。❶《关于培育体育市场,加快体育产业化进程的意见》明确提出,体育事业发展的基本思路是"面向市场,走向市场,以产业化为方向"。

我国的足球项目率先开始向职业化方向发展,在足球联赛的影响下,其他项目的职业俱乐部联赛制度纷纷建立,如篮球、排球等,而且进步非常明显,效果也很好。此后,体育走"社会化、产业化道路"的目标进一步明确。在我国从计划体制过渡到市场体制的过程中,政府不断调整自己的职能,体育产业资源主体的多元化趋势越来越突出,体育产业资源不再由政府单独配置与管理,企业、个人等主体也逐渐介入其中。

当前,我国尚且处于社会转型期,在这一时期,我们需要解决很多有关体育产业发展的问题。而且当前我国仅有有限的体育产业资源,完全依赖市场进行配置有很大的难度,这就需要政府发挥自己的调控职能,干预与调节市场经济,弥补市场的不足。总之,转型期体育产业资源的配置方式不仅与原来的计划经济模式不同,而且与完全的市场经济模式也有一定的区别,其带有混合型方式的特点,而且这一特点非常明显。

二、我国体育产业资源配置的机制

从内在机制来看,体育产业资源配置中的市场配置方式与计

---

❶ 丛湖平.体育产业理论与实践[M].北京:人民体育出版社,2006.

划配置方式的内在机制是完全不同的,不同的机制也就造成了配置效果的不同。通过对两种体育产业资源配置方式实现机制的比较分析,可以明确两者在体育产业资源配置中各自的优势与不足,为我国社会转型期的不同阶段采用不同的体育产业资源配置方式提供合理的参照依据。

(一)政府计划配置与市场配置体育产业资源的信息机制

资源拥有者是否及时掌握信息,或掌握的信息是否准确,直接决定了其能否合理配置体育产业资源。如果掌握的信息不充分,那么很容易在资源配置中造成浪费,或无法充分发挥资源的效应。对体育需求及变化、体育供给能力等信息进行充分了解和掌握,是对体育产业资源进行合理配置的基础与前提。体育市场复杂多变,因此在实践中很难将体育市场中的各种信息全面、及时且准确地掌握到手中,也很难合理调节与配置体育产业资源。在计划经济时期,通过市场的价格信号无法准确反映体育的供需变化。在实践中,信息具有分散性、不确定性,而且也是不完备的。通过市场机制可以对有限的体育信息资源进行更有效的配置,通过价格机制可以将体育产业资源的数量紧缺程度及动态变化比较准确地反映出来,从而花费较少的成本来对体育产业资源的定价问题加以解决。在市场机制中,价格机制是核心,市场价格信号能够直接刺激体育企业的经营管理,通过市场竞争能够使体育产品的供需达到均衡状态,从而更有效地配置体育产业资源。

随着我国体育事业市场化发展水平的不断提高,对于体育市场价格信号的变化,体育企业的反应已经越来越明显了。另外,在体育产业资源的市场配置中,信息不完全的现象也时常存在,这就导致了市场交易成本的增加。所以,在转型期中,仍需要由政府来对市场进行规范化的调节,使市场信息更加透明。

(二)计划配置与市场配置体育产业资源的决策机制

在体育产业资源的计划配置中,政府完全集中掌握了决策权。政府行政部门根据自己制定的计划来分配体育产业资源,在分配过程中,注重将体育的社会效益凸显出来,这有利于从政治上保障资源分配的安全性。但某种程度上而言,计划配置可能导致体育社会功能的弱化,而使其政治功能得到强化,这样体育就与国家政治需要相吻合了,政府基本上都是站在政治的角度对体育产业资源进行配置的。体育在计划体制时期被当作是一种特别的社会福利事业,此时体育呈现出的特征主要表现为产品非商品化、部门非生产性等,体育产业资源在市场上无法自由进出,各类体育产业资源的稀缺程度也无法通过指令性价格的变动而反映出来。而且因为体育的商品属性为社会所排斥,所以体育企业在经营中缺乏一定的动力,也没有成型的可利用的约束机制,这就使社会办体育的积极性受到了打击。同时,因为体育企业的微观经济活动主要由政府包办,所以致使政府的调控协调能力大大降低,最终导致了政府职能错位问题的产生。

在市场体制的体育产业资源配置中,资源配置的决策并不像计划体制下的决策那样集中,表现出一定的分散性,一般由企业在微观层次上做出所有的经济决策,这有利于对计划配置下信息分散与决策相对集中的矛盾进行有效的协调与解决,从而使决策结构与信息结构的协调得到保障。当然,在社会转型期,采用市场机制进行体育产业资源配置也有一定的缺陷,这主要体现在以下两个方面。

第一,市场机制本身就是自发、盲目的,各个体育经济组织为了实现自身的利益目标,不可避免地会与其他经济组织出现摩擦、矛盾,引发冲突,如果相互间的竞争持续高涨,就会浪费和损失一定数量的体育产业资源。

第二,利润最大化是市场机制的主要追求,所以由市场配置体育产业资源,难以同时实现预期的经济效益和社会效益。

在社会转型期,我国体育市场主体的决策机制正由集中统一的决策机制过渡为各独立主体的分散决策机制,然而因为政府部门的管理制度在一定程度上还在制约着市场主体,所以在很大程度上政府也在控制和干预市场主体的决策权。

(三)计划配置与市场配置体育产业资源的动力机制

向社会提供公共体育物品,实现良好的社会效益,这是体育产业资源计划配置的主要目的。然而,在体育产业资源的配置过程中,政府也会面临一些动力与约束等问题。从公共选择理论可知,尽管政府的职能是使社会的公共需要得到满足,使国家的公共利益得以实现,但根本上来说,政府作为一个行为主体并不是尽善尽美的。鉴于此,政府在实践中会表现出偏离自身职能和社会公共利益的行为,这样政府行为也就具有了一定的盲目性与随意性,而这也是市场行为的缺陷与不足。虽然政府配置资源的主要目标是使社会各种公共体育需要得到满足,但在实践过程中,政府并不能完全做到按理性认识和客观需要进行配置与调控。从现阶段我国的情况看,政府为了取得良好的政绩、报酬、待遇等利益,为了追求短期的显性"政绩",会特别青睐于那些显性的、社会轰动效应大的体育投资领域和项目,如竞技体育的奖牌数量、体育产业的产值等。

在市场经济条件下,受追求利益动机的驱使,人们希望最大化地实现自身的效用,市场的动力机制可以最大限度地将各种经济主体的积极性激发和调动起来,这样就使得市场经济环境充满了风险、竞争和压力,在市场竞争中,优胜劣汰的机制发挥着双重作用,一方面是诱力,一方面是压力,在这两方面作用的影响下,市场主体快速高效地将体育产业资源配置到需求最大、作用最突出、效益产生可能性最大的地方。

与政府计划配置相比而言,市场配置的内在动力更强一些。所以,市场可以供给、组织及生产转型期的私人体育物品,从而使体育产品的服务质量不断提高。例如,足球、篮球等项目已经走向了职业化发展道路,本身它们的市场价值就已经很高了,通过产业化运作获利是不成问题的。但因为市场机制最大限度地追求利润,在公共体育物品方面,因为生产这类产品很难将搭便车的行为彻底消除,这就导致企业因为没有现实的利益而没有经营的动力。所以,在公共体育物品方面,政府财政转移支付仍然是必不可少的保障。

(四)计划配置与市场配置体育产业资源的竞争机制

在体育产业资源的计划配置过程中,在不同层面存在着不同的竞争。

首先是各行政区政府之间的竞争,作为利益主体,各地区政府之间的竞争非常突出。政府为了最大限度地争夺体育产业资源,追求本地区利益的最大化,会对各种障碍进行设置,部门主义和本位意识就是明显的反映,在这些障碍的影响下,"地方保护行为""进入和退出壁垒"的现象日益严重。在利益分配的博弈中,这种竞争的交易费用非常高,从而对我国体育产业资源的总体配置效率产生了严重的影响。

其次是政府内部的竞争,但这方面的竞争是比较少的,在体育产业资源的计划配置过程中,政府内部的竞争相对缺乏,该问题在政府机构中普遍存在。体育政府部门的工作具有明显的垄断性,公共体育物品的供给由这些部门垄断,因为竞争的缺乏,政府提供的体育物品无法满足社会需要,这就导致了供给过剩或不足等问题的产生。另外,在社会转型期,因为政府对大量体育产业资源进行控制,而且无法及时进行体制转换,所以大量的行政性垄断行为便出现在政府配置体育产业资源的过程中,这就导致体育市场竞争秩序的建立受到了抑制,对于全国统一大市场和市场经济的发展是非常不利的,权力寻租、政治腐败等现象也有可能因此而出现。

与计划配置相比,市场配置中存在着更为激烈的竞争,通过竞争可以激发技术创新,提高生产率。所以,一般而言,在体育市场竞争中能够最大程度地利用好体育产业资源,实现资源的优化配置。但是,随着市场竞争到达一定程度,规模报酬不断增加,此时垄断现象就会接踵而至。竞争性垄断一方面能够使过度竞争的问题得到避免,使规模经济的优势得以发挥;另一方面又会对竞争造成影响,从而对技术创新、消费者利益产生威胁。

在竞技体育领域,垄断有自己的特殊性,主要表现为相同的替代服务产品在高水平竞技体育市场中是不存在的,其制度安排的目的是垄断或维护垄断,而在市场内部,市场主体之间的竞争又非常激烈。在体育领域中,不管是因为竞争导致的垄断,还是政府的行政性垄断,判断其是否有效的主要标准是其是否对各经济主体功能的发挥有利,从而将可靠的信息提供给政府部门,使政府有针对性地进行干预。

三、我国体育产业资源配置的效率

(一)我国体育产业资源配置效率低的主要表现

众所周知,我国体育产业资源比较短缺,受这方面因素的影响,我国体育产业资源配置效率低下的问题也越来越突出,这就对我国体育产业的发展造成了严重的制约。

从现实来看,我国体育产业资源配置效率低的表现主要如下。

1.体育产业资源分配效率低

从以下几方面可以看出我国体育产业资源分配效率低。

(1)地区分配不均衡

在我国,经济落后地区更为缺乏体育产业资源,从而对当地体育产业资源的配置效率产生了影响。从地域分布来看,东部经济发达地区拥有的体育产业资源比中西部地区更丰富,这从东部地区拥有的体育场地设施的数量、规模、质量、资金投入等方面都能体现出来。

(2)城乡分配不均衡

农村严重缺乏体育产业资源,导致体育产业资源配置效率低下。相对来说,城市的资源条件更好一些。

（3）公共体育财政投入不均衡

在我国，在非竞技项目中投入的体育产业资源相对较少，这也是这些项目相关资源配置效率低的主要原因。这一不均衡进一步拉大了群众体育与竞技体育的差距。事实上，体育事业公共财政的目的主要是使群众的公共需要得到满足，将公共服务提供给更多的群众。现实中，在体育财政投入方面，城乡差距还是比较明显的。

（4）公共体育事业费与体育事业费增长幅度不均等

调查发现，我国体育事业费的增长幅度明显要比公共体育事业费的增长幅度大，体育事业费每年都有增长，而在全部体育事业费中，公共体育事业费所占比例的下降趋势比较明显。

2.体育产业资源流转效率低下

对于任何一个系统而言，保持活力的前提都是高效率的资源流转。只有资源顺利流转，才能使资源的更新、增值得到保障。配置渠道阻塞、资源流通不畅是我国体育产业资源配置面临的主要问题。资源流动困难不仅体现在体育系统内外方向的流动中，而且体现在体育系统内部的流动中。

首先，以体育产业发展中的基础资源——资金资源来说，许多国家和国际体育组织围绕体育产品已经开辟了大量的资金流动渠道。在体育界内外，大量资金迅速流动，投资方与被投资方的位置不断变易，提高了资本的增值速度。例如，欧美国家的体育娱乐业虽然以职业体育俱乐部为主体，但该行业在资金上与其他行业的联系特别密切。相比欧洲国家，我国的资金资源呈单向流动，是按照体育界外→体育界的方向流动的，还不具备多渠道的互动机制。

其次，从体育设施资源来看，资源流转主要指的是资源使用权的流动。例如，在不同的时间里，一个体育场在学校体育课、居民健身以及运动队训练中发挥着不同的作用，这就反映了体育设施资源在不同群体间的流动。因为我国社会各系统相对封闭，缺乏互动,所以体育设施资源在各系统间的流动也比较缓慢。

最后,就体育产业人力资源来说,体育人才资源缺乏通畅的更新渠道,这主要表现在两方面,一是人才来源的枯竭;二是人才的就业困难。

体育产业资源能否充分发挥自己的作用,会受到各方面因素的影响,其中体育产业资源的流转效率的影响非常大。

综上,现阶段我国体育产业资源流转效率低主要表现为:因为体育产业资源价格无法将其价值充分体现出来,导致资源流转受阻,即使流转相对通畅,也难以实现体育产业资源的优化配置。

3.体育产业资源使用效率低下

体育产业资源使用效率低下是我国体育产业资源配置效率低下在微观上的表现。体育产业资源使用不充分是体育产业资源使用效率低下的突出表现。因为管理者思想观念落后,管理方式单一,管理手段陈旧,而且过分注重管理,忽视了经营,所以体育产业资源大量闲置和浪费的现象非常突出,这就导致体育产业资源的社会效益和经济效益无法充分发挥。此外,体育产业人力资源的浪费现象在我国也非常普遍。

体育产业资源使用效率低下的另一个表现就是体育经费使用效率低。在使用经费、分配与投入经费的过程中,投入产出比率和边际成本收益概念没有得到应有的重视,这就造成了盲目投入资金、高投入低产出等不良现象的产生。在体育产业投资中,一般前期固定成本都比较高,随着资金使用率的增加,也会提高边际收益。而且维护收益只需要少部分边际成本,所以在设施资源使用中,只要投入较少的成本就可以修护损坏的设施,而且还会使边际收益增加。但在实践中,很多资源在受损后没有及时得到修护,最终成为沉没成本。同时,挤占与挪用原本用于体育产业领域的资金的现象也比较普遍,这些都导致公共体育资金的配置效率不断下降。

4.体育产业资源综合利用效率低下

体育产业资源综合利用效率低下也是体育产业资源配置效率低下的一个重要表现。虽然各部门都有属于自己的体育产业资源,但他们在安排与利用资源中没有统筹规划,缺乏综合利用的意识,所以导致体育产业资源没有被高效率地综合利用起来。这样的配置无疑是浪费了资源,对体育产业资源的综合利用效率造成了严重影响。

在我国,没有得到充分有效利用的体育产业资源有很多。以高校的体育资源为例,高校集中了大量的体育场馆和设施,国家公共财政投资建设的这些高校体育场馆设施占全国体育场馆的一半多,但这些场馆的对外开放率却很低,不对外开放体育场馆设施的学校居多。从全国来看,我国公共体育场馆仅实现了小部分的开放。开放率最高的当属体育系统,其他系统仅保持很小的开放率。而且有些场地设施虽然对外开放,但没有得到高效的利用。再如,我国有些大型体育场馆是为了举办某些赛事而建立的,赛事结束后,虽然会将这些资源进行有偿或无偿开放,但因管理模式落后,导致这些资源没有得到很好的使用,长期闲置,导致资源相对过剩。

5.体育产业资源再生能力低下

因为体育产品和各种资源要素没有纳入市场,所以导致资源投入与产出的双向驱动过程成为单向流动过程,即只是将资源转化为产品。因为没有从多个层次深入开发体育产品,所以导致无法充分发挥体育产品对资源的增值功能。这就导致在利用体育产业资源的过程中出现了资源的大量消耗。具体表现为没有深入开发大众健身的消费性服务价值、高水平竞技运动的商业观赏价值等,从而浪费了大量的体育产业资源。

(二)我国体育产业资源配置效率低下的原因

作为一种特殊的社会文化形态,体育与人的生物属性、社会属性都有非常密切的关系。体育具有健身、健心和益群等价值，正因如此，其才具有很大的社会效益和经济效益。在体育系统中，每个子系统的生存与发展都与其他子系统有很重要的关系，任何一个子系统都是其他子系统生存与发展的重要依据，子系统之间密切互动，相辅相成，而且体育系统与社会环境也在很多方面存在着密切的联系，这样社会才可以从多种渠道对体育的发展进行推动与调整。所以说，体育系统内外多种因素的综合作用导致我国体育产业资源配置中出现了各种各样的问题。

具体来说，影响体育产业资源配置效率的原因主要体现在以下几个方面。

1.配置结构的原因

我国在体育方面的投资存在着严重的结构失衡问题，主要表现在群众体育与竞技体育投资的结构失衡、不同运动项目投资的结构失衡、不同地区资源配置的结构失衡等方面。因为长期以来我国都是采取政府计划配置方式对体育产业资源进行配置的，再加上体育被赋予了政治性，所以竞技体育的社会价值和文化价值更受国家重视，在资金投入方面，国家更注重对竞技体育的投入，在群众体育方面的投入相对较少，这就推动了社会转型期我国竞技体育的发展，但也加大了竞技体育与群众体育发展的差距。

奥运会战略与全运会战略在目标上存在很大的差异，因此影响了体育资源配置的合理性，在全运会战略思想的影响下，各省（市）、地区的运动项目布局也呈现出一定的差异，以全运会的项目设立为依据来发展本地区体育是普遍共性，这也导致了各地区在发展体育的过程中偏离了本地的实际情况，对投入产出效益没有给予重视，导致大量的体育资源白白浪费。另外，我国也普遍存在着竞技体育产业资源闲置、社会体育产业资源不足等现象。

受"举国体制"的影响，国家对竞技体育的价值过分重视，向竞技体育领域投入了大量的人、财、物资源。目前，我国城乡差距非常明显，导致这一问题的原因主要是我国城乡分割的二元社会结构明显,城乡收入不均衡,社会利益分配格局和制度差异显著,差异性体育产品供给体制和基本制度等。此外,在传统体育产权制度的影响下,严格的产权激励机制和约束机制在体育产业资源的配置中严重缺失,这就给体育产权的交易和转让增加了难度。而且在当前,我国主要依靠多层行政性委托代理关系来运营国有体育产权,运营中弊端重重。体育"条块分割"管理是我国现行的主要管理模式,在该模式下,体育产业资源高度分散,分割明显,而且重复建设问题严重,只有少部分资源实现了共享,造成了需求不足和闲置浪费的问题。所以,为了使体育产业资源配置的公平性得到保障,应结合政府投入和社会运作,对传统体育产权制度进行改革,尽快实现资源共享,从而推动体育产业资源配置效率的提高与配置格局的优化。

2.政府职能的原因

在市场主体进行资源配置的过程中,政府政策发挥了指挥棒的作用,并且驱动市场主体的配置行为。体育产业资源配置构想即使再完善,如果缺乏好的政策体系做支撑,也是无法实现的。目前而言,我国体育产业资源配置政策还有很多不完善的地方,很多方面的政策都比较缺失,有的政策体系也是问题重重,不够完善,我国体育产业资源因此也无法实现高效率的配置。

目前,我国市场经济体制的建设还处于初级阶段,体育市场的发育程度有限,国家计划约束着体育消费品市场,国家计划控制着体育生产要素市场。现行体育体制中,计划经济色彩浓厚,政府主要通过计划手段对体育产业资源进行配置,采取行政方式进行体育管理,并且监督市场主体的决策,可见现行体育体制具有"三位一体"的性质。从这一方面来看,体育市场由政府所垄断,具有封闭性,市场壁垒和行业壁垒也因此形成,所以无法高效率地配置体育产业资源。目前,我国政府宏观管理体制与市场机制还未有机统一起来,因为政府职能发生了错位,所以与市场机制的关系并不和谐,有些领域政府本不该介入,但政府还是会实施控制,而有些领域需要政府的全力支持,但政府却没有充分发挥自己的功能,这些都是政府职能越位、缺位的表现,这些问题严重阻碍了体育市场化发展。目前,我国体育改革陷入了两难的境遇,主要表现为经济体制改革要求政府发挥自身的职能,全力推动体育产业的发展,而政府过多干预又会阻碍体育的产业化发展进程。

3.配置方式的原因

长期以来,我国主要以行政命令的方式对体育产业资源进行配置,这是受传统计划经济体制影响的结果。理论上而言,只要充分掌握了信息,决策具有理性化,行政配置方式就比市场配置方式更有优越性,可以实现体育产业资源的优化配置。但信息具有非充分性,而且行政决策者完全做出理性决策也是不可能的,这就决定了通过行政配置方式无法实现体育产业资源配置的最优化。

事实上,市场配置方式也难以保证体育产业资源配置的最优化,但市场价格机制可以反映供求关系,从而能够使体育产业资源流向最有效的领域,理论上而言,这样的配置可以接近最优化。我国在市场体制改革中,各种资源的配置方式基本上都是行政配置方式,该方式基本取代了原来的行政配置方式,但因为体育产业资源具有自身的特殊性,所以依靠行政方式配置的体育产业资源还有很多,这就使体育产业资源的配置效率受到了一定的影响。在社会主义初级阶段,由于资源有限,而行政命令式的配置方式又不计效益,所以对体育产业的发展非常不利。

4.配置方法的原因

资源的配置方式从根本上影响着资源的配置效率,但配置方法的影响也不容忽视。在资源配置方式既定的基础上,好的配置方法能够使资源的配置效率得到最大程度的提高。我国体育产业资源配置效率低下的一个重要影响因素就是资源配置方法的落后。长期以来,我国在体育产业资源配置中采取的是"粗放型"为主的方法,主要表现为一味强调投入,增加规模,不关注效益,从而导致我国体育产业资源的配置效率低下。

现阶段,我国体育系统中还不具备完备的共享机制,不同的体育分支各成体系,体育产业资源不足、资源分割、资源浪费等问题的发生主要就是由这一原因造成的。资源分割的问题同样也影响了体育行政部门,一方面大量体育场地设施闲置;另一方面社会教育、科技、人力等资源又无法得到充分的利用,从而造成了资源的短缺与浪费。多年来,我国发展体育一直存在着高投入、低产出、高淘汰率的问题,体育产业粗放型的发展模式与市场经济的运作规律明显不符。

第三节　我国体育产业资源开发
与配置的优化研究

一、我国体育产业资源开发的优化路径

从优化体育产业资源的角度出发,作为一系列资源的集合体,企业只有优化设置好内、外部资源,才能够获得强大的竞争优势。在经济转型背景下,合理配置体育产业资源,深入开发与高效利用体育产业资源,能够强有力地提高体育产业的核心竞争力。

(一)促进体育产业资源供需平衡

在开发体育产业资源的过程中,首先要对各种资源的供需情况有清楚的认识,然后采取方法实现供需平衡。

第一,在体育产业资源的流通中,对恰当的供给渠道进行选择,加强对新的供给源的开拓。

第二,合理分析与掌控体育产业资源的市场需求,促进多种

体育产业资源的供需平衡。

（二）结合各地优势，合理运用资源配置方式

市场机制的资源配置方式强调运行效率，在市场资源的优化配置中，价值规律无形中发挥着重要的作用。价格围绕价值变化，依据这一规律，市场价格机制在推动资源高效利用方面发挥了重要的作用，市场的调节作用促进了体育产业资源配置的优化发展。作为市场配置的重要补充，政府行为也促进了各种体育产业资源的利用及优化配置。在体育产业发展中，政府宏观调控职能的充分发挥能够使效率优先，兼顾公平的构想成为现实。此外，对于不同地区体育产业资源的现实拥有情况也要给予高度的重视，即注重分析各个地区原有的资源实力，这是实施体育产业资源战略的基础与前提。只有综合考虑市场机制、政府行为及资源优势，才是使体育产业资源战略性开发与利用的目标得以实现。

（三）推动体育产业集群的发展

波特最早提出"集群"概念，他在考察美国、日本等国家的产业发展情况后提出集群内企业获得竞争优势的主要途径是主体互动和知识学习。一般而言，一定范围内的企业竞争优势集合体就是所谓的集群，在一个集群中，各个企业相互依赖，相互促进。通过发展企业集群，能够重新配置资源，将企业集群及核心竞争力凸显出来，从而将更多能够满足市场需求的产品开发出来。需要注意的是，体育产业集群不是许多体育产业的简单相加，而是各相关企业以体育产业链为中心在结构与组织上的有机结合，发展体育产业集群可以在一定程度上使其获取和资源转换的壁垒得以缓解，使专业化的体育资源的共享理念成为现实，使一定地域范围内的相关企业组成生产网络，进一步优化体育产业资源，实现体育产业资源的高效配置。

(四)加强体育产业资源的协同体系的构建

为了使各项体育产业资源能够更好地与社会需求相符,在开发体育产业资源的过程中,需树立资源的协同观,有效配置各类体育产业资源,使各类资源都能够得到优化,从而使其价值得到最大程度的发挥。经过不断的开发,我国部分体育产业资源已经实现了共享,这主要从高校的体育资源中体现出来。

(五)促进体育产业创新能力的提升

开发与利用体育产业资源是一个动态过程,体育产业资源经过战略性开发后,能够更好地配置,实现深度的优化,促进新资源的形成,为体育产业的发展注入新鲜血液与无限活力,有效解决因体育产业资源短缺而造成的体育产业发展滞后及创新不足的问题。

二、我国体育产业资源配置的优化

我国体育产业资源配置的优化可以从配置方式、配置方法及配置政策三个方面来分析。

(一)体育产业资源配置方式的优化

1.对政府与市场的边界进行准确界定

对政府与市场的边界的准确界定是体育产业资源由计划配置方式过渡到市场配置方式的前提。政府与市场的边界模糊是目前我国在体育产业资源配置中面临的主要问题,这主要体现在以下两方面。

第一,在体育产业资源配置中,有很多领域(可以产业化和商业化的体育领域)采用市场配置方式更有利,但政府也会介入这些领域中。

第二,有些体育产业资源(如体育服务资源、公共体育产品等)理应由政府来配置,但政府没有大力投入,影响了资源的配置。

以上就是政府与市场边界不清楚的主要表现,这两个问题对我国体育产业资源的配置效率产生了严重的影响。

针对以上问题,我们应将政府与市场的边界理清,促进计划配置方式向市场配置方式的顺利过渡。政府对自身的职能要依法界定,自觉规范,包括市场监管职能、经济调节职能、社会管理职能以及公共服务职能等。在资源配置中,要充分贯彻政企分开、政事分开的原则,政府在履行管理职能的同时不能履行出资人职能,在资源配置中,发挥市场的基础作用始终都是必要且重要的。

发达国家在体育产业资源配置中有很高的效率,体育产品与体育服务只要是可以进行商业化和产业化运作,政府就不会介入,完全由市场配置资源,从而使体育产业资源的配置效率得到了提高,如果政府参与其中,便不会取得好的效果。有些体育产品与体育服务具有公共产品属性,如果让市场来配置这些资源,就会导致市场失灵的现象发生,政府在配置这类资源方面发挥着举足轻重的作用,应从财政上大力支持与鼓励。

2.改革体育产权制度

经济学理论指出,本质上来说,资源配置和资源流转都是一种产权交易。在产权交易中,如果缺乏有效的产权保护制度,激励机制和约束机制就难以建立,从而会影响市场调节作用的发挥。所以说,市场运行规则的基本前提是产权明晰,如果产权制度不合理也不完善,就会阻碍市场运行,难以发挥市场配置方式的作用。在传统体育产权制度的影响下,当前我国采用的体育产权制度仍然具有集中性,产权的权责不对称是这种产权制度的最大缺陷。体育主管部门所控制的体育产业资源并不是由部分的决策者所拥有,所以资源运行的收益也与决策者无关,决策者不需要承担成本损失的风险,所以,他们也就不会想办法去提高体育产业资源的运行效率,这无疑将导致体育产业资源的配置效率大大降低。

当前,在我国的体育产权交易中,存在着政府行政管理职能与市场经营管理职能不明确的问题,而且没有有效的市场交易平台来为产权交易提供良好的环境,这就导致行政性垄断问题在体育产权交易中的产生。因为产权交易双方没有互相掌握对称的信息,所以造成了体育产权交易效率低的问题,再加上一种严重的不规范行为,体育产权时效性的特殊要求很大程度上都得不到满足。总之,在体育产业化与市场化发展中,产权问题已成为一个非常严重的"瓶颈"。

同时,现在越来越多的体育赛事开始了商业化和产业化运作,这一方面也存在着产权关系不清晰的问题,有些职业体育俱乐部并不是实体性的俱乐部,从根本上来说,它们不具备独立法人资格,所以独立进行市场化运作也是不可能的,因而会严重影响体育产业资源配置效率。

为了提高体育产业资源的配置效率,需加强体育产权制度的建立与完善,具体从以下两方面着手。

(1)促进产权主体结构的多元化

在衡量体育商业化和产业化发展程度的过程中,体育产权主体结构能否多元化是一个非常重要的指标。如果不改变产权主体单一化的问题,那么要建立多元的市场主体是不可能的,这就会限制产权交易的顺利进行,并严重影响市场运行。从当前我国的现实环境来看,应推动非国有体育经济组织的发展,鼓励更多的各种类型的体育经济组织参与体育产业资源配置,而且在配置中要坚持"谁投资、谁受益"的重要准则。

(2)促进体育产权的清晰化

产权制度良性运行的首要基础是产权清晰。产权不清是当前制约我国体育产业资源优化配置的重要原因。因此,要进一步明晰体育产权,明确不同产权主体的权利和责任,建立有效的市场激励机制和约束机制,使体育产业资源的市场配置方式更好地发挥作用,推动产业资源的市场运行。

(3)促进体育产权的流动

产权交易的前提是产权具备流动性,倘若产权无法流动,将导致产权无法交易,此时产权也就是一个形式。产权只有具备流动性,才能使体育产业资源配置具备实现帕累托改进的基本条件。因此在明晰产权的基础上促进产权流动是今后产权改革的方向,只有这样,才能更好地发挥市场配置的作用,提高体育产业资源配置效率。

(二)体育产业资源配置方法的优化

优化体育产业资源配置方法,主要是由粗放式配置向集约式配置转变。大卫·李嘉图最早提出"集约"的概念,他指出,通过提高效率实现产出量增长就是集约。马克思指出,扩大再生产有内涵式与外延式两种类型。前者是集约型发展,后者是粗放型发展,前者主要通过提高质量、科技创新来增加效益,后者主要通过提高产量、扩大规模来增加效益。

改革开放后,我国在体育产业资源配置中所采用的方式不同于传统的粗放式方式,但也与完全的集约式有一定的区别,可以说正处于二者的过渡阶段,但目前来看,粗放式的比重仍然比较大,虽然在部分资源的配置中采用了集约式的方法,但在很多方面还是有很多漏洞,需要进一步改革,具体可从以下两方面来进行。

1.提高科技含量

利用科技手段能够使体育产业资源配置效率大大提高,总体来说,我国体育产业规模较小,无法使体育市场日益增长的需求得到满足。所以,我们必须树立通过科技改革推动体育产业发展的意识,改变一味扩张产业规模的做法,着重依靠科技来促进体育产业资源配置的优化,促进体育产业资源配置中科技含量的增加和配置效率的提升。

提高科技含量主要可以从以下几方面进行。

（1）加强对体育科技市场的培育

为推动体育科研在新时期的进一步发展，我们应引导、推动科技力量、科技人员从科研单位转移到相关企业，促进科研与企业的共同发展。加大对体育科学技术市场的整合与改革力度，促进供需矛盾的有效解决。

（2）加强体育科技人员的激励机制的建立与完善

体育科技工作者虽然做出了很多的贡献，但他们大都是默默无闻的，不张扬自己，这也是人们容易忽视这类人群的主要原因。随着体育产业的不断发展，科技因素的作用越来越受关注与重视，因此应建立恰当的激励机制，激发体育科技人员的热情与积极性，使其在体育产业资源开发与配置中进一步发挥自己的作用。

（3）增加体育科研的投入

在体育科研领域投入一定数额的经费有利于促进体育产业资源的优化配置。

（4）充分利用高校体育产业资源

经过多年的发展与建设，目前我国一些高校拥有丰富的体育产业资源，如清华大学、北京体育大学等，大量先进的体育器材、精密仪器以及体育科学人才集中在这些院校，此外，还有专业的训练基地纷纷在高校建立。这些高校能够将体育研究迅速转化为成果，从而促进体育产业发展水平的提高。

2.改革体育管理体制

在体育产业资源配置中，体制既是一种有效的驱动力，也是必不可少的导向标。要想使体育产业资源的配置方法从粗放式顺利转变为集约式，就要加强体制改革，发挥体制的支撑作用。现阶段我国的体育管理体制正处于转型期，计划经济体制、市场经济体制同时存在，受传统体制的制约与影响，资源配置方法在由粗放式向集约式转变的过程中面临着很大的问题。资源配置方式的转变需要有一定的制度保障,但当前我国缺乏这方面的制度,所以导致体育产业发展中出现了许多问题。对此,为推动体育产业的发展,必须加强体制改革,推动体育管理体制改革的进一步深化。促进市场在体育产业资源配置中基础作用的发挥是改革体育管理体制的核心,发挥市场的基础配置作用有利于提高体育产业资源配置方式的转化速度,更好地实现体育产业资源的优化与开发。

具体来说,改革体育管理体制应从以下几方面进行。

(1)尊重体育市场规律

虽然国家和俱乐部为中国足球联赛投入了大量的人力、物力和财力资源,但中国足球仍然没能冲出亚洲走向世界,相反,我国足球产业发展中的弊端频现,导致这一问题出现的主要原因是市场在资源配置中的基础性作用没有充分发挥。因此,我国体育部门应将体育竞赛市场逐步放开,在发展体育产业的过程中,促进多元利益格局的形成,贯彻谁投资,谁受益的原则,对不同主体的利益给予尊重并加以保护,促进市场在体育产业资源配置中基础性作用的进一步发挥。

(2)发挥体育行政部门的作用

我国建立市场经济体制后,该体制在一步步完善,为了更好地发挥这一体制的作用,体育行政部门需对自身的职能重新进行界定,并清楚地认识到,可以职业化与市场的那部分资源应由市场调节,同时必须弄清楚哪些职能必须由政府承担,哪些公共产品必须由政府负责提供,在体育行政绩效评价中,必须将效率、服务质量以及社会公众的态度作为最重要的指标。此外,还要建立一种良好的政府体育治理典范,体现公平与民主,从而提高资源配置效率,从而使资源配置与优化得到保障。

(三)体育产业资源配置政策的优化

完善体育产业资源配置政策是发展我国体育产业的需要,通过完善政策,可以促进体育产业资源配置效率的提高。下面主要分析完善体育产业资源配置政策的途径。

1.加大财政投入力度

当前,我国体育产业发展的一个主要制约因素就是财政投入不足。因此,我们要对严格的体育投入保障政策进行制定,并明确规定在体育方面投入的增长速度要比经济增长速度和财政收入的增长速度快,从而使体育产业的发展得到保障。今后,我国不但要继续推动体育产业的发展,还要促进竞技体育、群众体育的协调发展。大众体育未来发展的基本组织形式主要以社区体育为主,所以政府要促进社区体育组织、设施、指导、信息等方面服务水平的提高,推动社区体育产业资源的多层次开发与高效配置,整合社区体育产业资源,从财力上支持与推动体育公共服务目标的实现,特别是要在财政上大力支持农村体育公共服务体系的建立与完善。同时,在财政投入不足的当前,要实现体育产业资源的优化,必须以较少的投入实现最大的收益,这是非常关键的问题。

2.加强对财政投入结构的调整

我国体育财政支出结构不平衡,主要表现在对竞技体育的投入多,对群众体育的投入少。因为竞技体育的市场化、产业化程度比较低,所以竞技体育的资金投入形式和渠道从根本上说与计划经济时期具有相似性。在体育财政支出中,大部分公共开支都投入到了竞技体育中。在发展体育产业中,不仅要增加财政资金投入总量,还要注重对财政资金的投入结构的调整,将部分资金投入到群众体育中,促进竞技体育产业与群众体育产业的协调发展。

目前,我国体育工作的根本任务是发展群众体育,只有将群众体育发展好了,才能更好地推动体育产业的发展。因此当前我国应立足国情和群众体育的特点,按照相关要求适当增加财政资金向群众体育产业的投入比重,引导和推动群众体育活动的开展。

3.进一步放开市场价格

发达国家在体育市场管理方面的政策值得我们借鉴与学习,

主要表现在将体育产业资源价格市场充分放开,充分发挥市场调节机制的作用,以市场竞争机制和市场供求关系的变化为依托对体育产业资源进行优化配置,从而有效提高体育产业资源配置效率。所以,政府在对传统的高度集中的管理方式进行改革的过程中,要从管理形式、管理手段以及管理机构三方面入手。政府物价管理机构应坚持统一领导、分级管理的原则,在此基础上指导与监督价格变化。此外,还应制定有关体育商品定价的法律政策,促进体育竞赛市场活动的规范发展。

4.促进市场管理的规范与完善

发达国家在体育市场管理中,注重对扶持政策的制定,以便推动体育市场的规范与发展。美国为了进一步发展体育市场,采取"反垄断豁免"政策来管理职业体育市场,从而使体育市场得到了迅速的发展。我国也需要借鉴发达国家的经验,制定有效的管理政策来促进体育市场发展,提高体育产业资源的优化配置效率,具体从以下几方面来进行。

第一,加强市场监督管理体制的建立与完善。

第二,运用政府宏观调控手段对体育市场的经济活动进行监督与管理。

第三,促进体育产业市场监督管理队伍的素质的提高,提高相关人员的专业性、技术性,促进管理队伍综合管理水平的提高。

第八章 "一带一路"背景下我国各类型体育产业的发展研究

自改革开放以来,在党的政策引导下,我国各类型体育产业稳步向前发展。如今,在"一带一路"的背景下,势必会给我国各类体育产业发展带来空前的机遇。因此,本章就来研究"一带一路"背景下我国各类型体育产业发展,主要研究内容为竞技体育产业、休闲体育产业和体育旅游产业的发展。

第一节 "一带一路"背景下我国竞技体育产业的发展研究

一、竞技体育产业的基本知识

(一)竞技体育产业的相关概念

1.竞技体育产业的概念

对于竞技体育产业,可以简单理解为:以竞技体育为核心,围绕体育运动项目进行商业产品开发所获取的结果。从体育产业的发展历史来看,竞技体育产业与体育赛事和体育服务都有密不可分的联系,具体来说,竞技体育产业能直接提供出来的产品是体育赛事,而竞技体育产业的本质属性是服务。一般来讲,举办的体育赛事具有很高的水平和质量的话,会吸引很多人的关注,能全面、有效地刺激大众进行体育消费,进而让整个体育产业发展受到推动和促进。随着体育产业的诞生与发展,竞技体育产业因社会反响大、经济效益高,成为体育产业中的重要内容,迅速奠定了其主体地位。

关于竞技体育产业概念界定,不同学者和专家均有各自的理解,目前业内尚未有统一定义。其中,下面的理解比较具有代表性。

张庆春、马国义认为,所谓的竞技体育产业,就是竞技体育服务消费品的生产链条双向延伸、要素优化组合、三个效益统一的经济体系,说简单点,就是以俱乐部为实体,以运动员的竞技表演为基本商品,为产生最大化的利益而形成的经营体系。

2.竞技体育产业的基本要素

竞技体育产业由许多基本要素构成,每一个基本要素都不能被忽略掉,因为它们都会对竞技体育产业产生重要的影响。

针对竞技体育产业的基本要素,辛利、郑立志等学者是这样定义的:竞技体育产业化经营的基本要素是一个很繁杂的系统工程,其中包含着很多具体的环节,通过对其内涵进行分析,把其主要的构成因素提炼出来,主要包括这几个主要因素,分别是龙头竞技体育项目、竞技体育项目基地、竞技体育俱乐部、消费者等。

(二)竞技体育产业经营的阶段划分

竞技体育产业在经营与管理上具有明显的阶段性特征,因此,在不同的阶段,竞技体育产业的政策方针和发展重心都不相同。一般地,从竞技体育发展的角度来看,可将我国竞技体育产业经营大致分为三个阶段,分别是酝酿阶段、起步阶段及发展阶段。

1.酝酿阶段(1979—1991 年)

我国进行改革开放后提出了体育社会化的指导方针,因此竞技体育产业开始被酝酿起来。与中华人民共和国成立后的前二十年相比,竞技体育产业在这一时期体现出的重要经营特点是从国家全权包办逐渐转变为由社会来承办。

2.起步阶段(1992—1997 年)

1992 年后,我国确立了社会主义市场经济体制,所以竞技体育产业发展到了起步状态。对竞技体育的直接影响就是体育产业朝着市场化、职业化和实体化方向发展。这一时期,我国足球等项目实现了职业化改革,开始进行职业联赛。

3.发展阶段(1997 年至今)

进入 20 世纪 90 年代后期,政府更加重视竞技体育产业的发展,社会对竞技体育产业的重视程度越来越高,随着国家经济越来越繁荣,GDP 稳步增长,人民生活水平日益提高,日子越过越好,对体育消费的需求越来越大,因而体育产业成为国民经济新的增长点。此外,通过各种形式的资本力量注入,使得体育产业整体发展更加快速,而体育产业的经营管理也逐渐成熟、规范。随着"一带一路"的布局与实施,势必会给国家经济发展增添新的动力,也势必会带动体育产业继续繁荣发展。

(三)竞技体育产业体系的构成

竞技体育产业在体育产业中一直保持着核心地位,因此竞技体育产业的发展对整个体育产业的发展起到决定性的影响和至关重要的作用。具体来说,竞技体育产业体系构成的划分如图8-1 所示。

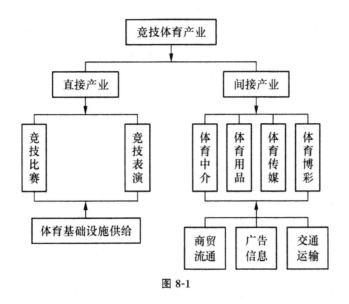

图 8-1

二、"一带一路"背景下我国竞技体育产业发展的策略

(一)完善竞技体育产业的发展环境

1.克服有效需求不足的障碍

在竞技体育产业发展中,近年来存在潜在需求和有效需求不足的问题,比如有的体育项目吸引力不足,比赛时看台空空如也,引导性消费需求的发掘与运行相对困难。但是,因为我国人口众多,中青年人口规模还是很可观的,收入和可任意支配收入增长较快,只要大众对竞技项目具有一定的兴趣,那么体育产业市场有效需求不足的障碍肯定会越来越低。为此,政府经济部门应保证经济较快增长,通过政策增加居民收入,尤其增加可支配收入,在此基础上通过媒体和舆论对大众的消费观念和生活方式进行引导。

总体来看,我国竞技体育产业发展存在多种环境障碍,所以要通过改善环境来解决这些环境障碍。近年来,中国体育产业整体发展相对稳固,随着"一带一路"的深入,城市居民在收入提高、家务劳动减少的同时,对体育的需求和消费必然会提高。因此,竞技体育产业要抓住"一带一路"的机遇,举办更多精彩赛事,为观众提供更好的服务。

2.规范竞技体育主体、体育行业组织的行为

竞技体育组织一般是企业的法人代表,其行为要符合国家法律规定,尤其是经济方面要做到诚信经营、依法纳税、明晰产权并履行相应的责任与义务,具有强烈的社会责任感;此外,要有职业意识,重视竞技运动员的契约关系,对运动员进行道德教育,培养和提高竞赛技能。作为竞技体育赛事的组织者和各会员企业的权威性组织,足球、篮球等协会是非营利性组织,在发展竞技体育产业时,要充分发挥出自身不可被替代的功能。对于职业俱乐部来说,要绝对认同和遵守相关的协会章程、赛事组织、竞赛规则等条文条例,如果俱乐部之间出现状况,运动竞赛秩序受到破坏,协会要有足够的处理能力和协调能力。此外,不论什么项目,协会组织开展工作的出发点和永恒的主题都是如何提升比赛的观赏性,吸引更多人的目光。

因此,各项目的组织协会与体育主管部门的行政隶属关系要逐步分离,确保这些协会组织对各个俱乐部负责,对广大关心热爱运动的人们和职业运动员负责,还要对各级政府负责。而地方政府、体育局等部门与竞技项目协会的关系,主要依靠法律和政府规制来维持和规范,如果职业运动员参加俱乐部比赛和其他赛事出现冲突,那么协会应该事先或及时进行协调,政府则要尊重其独立性和决策权,不过多干预。如果组织协会不制定科学的规则,没有权威性,功能不齐全,就会影响到竞技项目市场需求的稳定性和持续性,进而就会影响到我国竞技体育产业的发展。

3.及时弥补相关行业和配套条件中的薄弱环节

总体来看,竞技体育产业在发展中出现的具体障碍往往是体

育领域以外的相关行业或城市基础设施方面产生的相关问题,如城市发展的信息基础设施的能力达不到同步化、广域化、国际化,或城市自身的容载量有限,难以满足大量观众在游览和住店上的需求,此外还有城市交通系统不发达、交通不便利等,这些问题肯定会对消费者的需求形成一定阻力。当然,对于城市建设来说,这些障碍是可以逐步克服的,要采取相应规划,解决某时段中出现的重点问题。

此外,我国竞技体育产业发展的投资资金很不均衡,投融资机制不畅,方式单一。有些项目,像足球在近年来的投资呈爆炸式增长,但有些项目不论采取什么样的措施,依旧被"冷落",基础设施配套建设都不够完善。因此,地区政府要积极采取政策和措施,比如通过发放债券的形式,用于改善与竞技赛事、体育产业有密切关联性的基础设施和配套条件。

在体育场馆的经营与使用上,对一些规模大、租金高的运动场馆,在体育企业没有购买能力的情况下,政府可以采取类似物业税的方法为企业缓解租金压力。在企业对场馆设施进行投资时,只要政府多多支持,提供优惠和便利的条件,企业在项目投资上具有竞争性,不违背市场经济原则,多为消费者想一下,动员一部分财政和公共资源来支持竞技体育产业发展,就能得到社会的认可。

4.鼓励、吸引更多的民间资金、民营资本进入

需求是竞技体育产业形成和发展的基础,但供给状况也会对其发展产生影响。在我国体育体制改革和竞技体育市场化进程中,体育系统的部分机构和下属经营性企业已经产生了依赖性与习惯性,即希望在市场活动中利用较低的成本,依附或捆绑在重大公共体育活动中开展经营活动。因为这些机构和企业自身具有资源上的优势,能够迅速获得业内信息,这在无形中就会形成壁垒,对非体育系统的社会资本进入是一种障碍,造成不公平竞争。事实上,我国有大量民间资本完全具备进入能力,但体育产

业相关领域中的确存在一些无形的障碍,民间资本在传统产业的投资容易出现太过集中的现象,而相关体育产业又得不到足够的资本支持,所以要想方设法打破这样的局面。

因此,在"一带一路"的发展战略背景下,我国体育产业应当积极鼓励民间资本、民营企业到竞技体育产业中发展,对重要竞技项目进行运作、经营与管理,通过项目竞标、资产多元化以及国有资产民营方式等途径,引导民间资本力量进入竞技体育产业市场,为国家体育事业发展奉献力量。同时,各个省市与城市充分挖掘自身特点,吸引国外的投资公司、体育公司和体育中介服务商参与进来,促进国内外竞技体育资源的衔接,鼓励企业间进行商务洽谈、信息传播和资源共享。在这方面,政府要做相关工作,不仅要完善与竞技体育活动有关的城市基础设施,还要建设体育商务合作的市场平台。

(二)培养竞技体育市场

1.重点培养竞技体育市场

从西方国家和我国一线城市的发展过程来看,在竞技体育产业中具备高水准发展的往往是1~2个运动项目,造成这种现象的原因,既有社会文化、人文习惯等环境因素,也是社会资源有效配置这一规则的要求。在竞技体育的有效需求还没有形成规模时,会有众多竞赛项目存在,各项目都会缺乏有效的支撑,竞赛经营者实现不了投入与产出的平衡,就无法实现专业化和规模化的发展。但是体育市场是面向全社会开放的,城市政府主管部门要抓好机遇,将社会资源和有限的财政资源集聚在1~2个比较火热的竞技项目上,将这些项目打造成精品赛事,促使这些竞技项目在市场上形成更大的供求规模,发展出更高的层次。

2.构建竞技体育与主要行业的商务合作平台

在一定范围内,某一竞技体育市场初具规模,具有一定的社会影响力,能吸引一定的观众,对工商企业的吸引力也会增强。此时,进行赛事组织、推广、服务的相关企业和厂商就愿意与赛事主体进行商务合作,会吸引到专业媒体进行报道与宣传,吸引经纪人和广告公司进行代言合作。为此,竞技体育俱乐部、体育竞赛联盟或组织协会要成立互通的信息交流平台,利用互联网、电子商务等技术手段拓展商务渠道,进行长期交流,争取更多的市场机会和商业价值。

3.完善竞技体育市场的规则与制度

竞技体育市场能否把自身具有的功能施展出来,除了需求、供给等因素以外,还与市场运行关联的各种规章制度,尤其是法律以外的业内行规联系颇深。比如举办一届体育竞赛,在比赛的制度上,参赛队伍数量、竞赛规则、赛事日程等方面都要考虑周全;此外,裁判员、运动员、媒体人员等要有职业素养,俱乐部、经纪人、组织协会、场馆运营方以及媒介等方面的利益分配要符合行业规范,规制与惯例一旦确定下来就要执行,竞技体育产业各方主动联系,团结协作,及时沟通,充分发挥市场的功能。

(三)提升竞技体育市场潜在的商业价值

1.充分认识竞技体育商业价值的形成特点,鼓励和引导长期性的投资经营行为

竞技体育在发展中具有的商业价值是十分独特的,其商业价值具有易变性和关联复杂性,专业化经营和规模化发展相对缓慢,这就容易引发投资者短期投资、冲动投资的倾向。因此,政府部门和相关学术界要适当引导,让这些投资人和经营者不能盲目冲动,要慎重决策,冷静思考。不论什么样的投资都有风险,不是盈利就是亏损,因此在方法和策略上,帮助企业投资人将竞技体育业务与主营业务结合起来,将参与、组织竞技体育赛事的部分成本作为其他业务的预算。在"一带一路"背景下,我国竞技体育

产业必将会有更多的机遇,因此全国有志于投身体育竞技产业的投资人要有信心,相信竞技体育发展有广阔的前景,要追求长期的投资经营回报。

2.整合竞技体育与相关行业的资源,显示出产业链各环节的商业价值

我国竞技体育的平均有效需求量不大,相关配套服务市场也有稳定的需求,因此,竞技体育项目的产业化发展不能一下子布局到整体,与竞赛项目有关的中介服务也不能贸然发展。比如,观众想看中超联赛转播,可以去网上直播,也可以看中央电视台体育频道,还可以看省市级电视频道,此外还可以看媒体的相关报道。这样,在赛场、电视转播、广告中介和赞助商合作等环节,商业价值和收入这块大蛋糕都被这些企业瓜分了,均难以超过各环节的经营成本或降低了机会成本,导致各方都还想获取更多的利益,都不够满意。

因此,要对竞技体育与相关产业的资源进行整合,重点是控制商务作用方的数量,特别注意要缩减相同服务主体的数量,根据竞技体育市场与产业的发展过程,积极引导更多的其他相关服务企业加入进来。在这方面,市场自发的力量和政府的引导工作也是很重要的,它们的作用不可或缺。

3.加快国内外市场的联系与企业间的合作,促成竞技体育商业价值的广域性提升

在竞技体育形成和实现商业价值的发展过程中,国际化的交流与合作是普遍的发展规律。各个国家和城市具有的竞技体育赛事资源、有效需求、赛事传播方式以及赞助商的形象推广区域都具有一定的差异,竞技体育产业的国际化发展实际上就是去挖掘资源,拓展全球市场,有效满足参与各方的目标诉求,扩大自身的范围,提高影响力。

因此,要允许并鼓励这些国外竞技体育企业进入国内市场,

支持国内企业与国外企业进行广泛交流与合作,以市场、信息、产权等内容交换资源,提高自身经营收入水平。通过有组织、有规模的竞赛项目节省经营成本,显示出我国竞技体育还未被开发和利用出来的商业价值,促成更多竞赛项目发展出规模来,加速我国竞技体育产业的发展并与国际接轨,缩小与国外高水平体育赛事发展的差距。

第二节 "一带一路"背景下我国休闲体育产业的发展研究

一、休闲体育产业的基本知识

(一)休闲体育产业的相关概念

1.休闲体育的概念

随着科学技术的进步发展,人们的劳动时间越来越少,空闲时间越来越多,人们价值观念与生活方式随着时代发展出现很大的变化,由此诞生了休闲体育。当前,将体育作为一种娱乐手段,已成为现代文明中一种时尚的生活方式,在人类社会文化生活中将发挥着越来越大的作用。但由于"休闲体育"这个概念在我国流传的时间并不长,关于休闲体育的称呼也有诸如闲暇体育、余暇体育等其他别称。

对于休闲体育这一概念的理解,由于人们认识上的偏差,至今尚未形成统一的解释。因此,在参考众多观点的基础上,本书把休闲体育定义为:在相对自由的社会生活环境和条件下,人们自发选择并从事的各种形式的体育活动的统称。休闲体育是体育的一种存在形式,是社会休闲活动的主要方式之一。

在这个定义中,"相对自由的"有两方面的含义。一是指强调在现代社会中,所谓的自由并不是绝对的,因为我们在生活中要受到相关的法律、法规、道德、制度等方面的约束,因此定义中所谓的自由只是在遵守这些法律、法规等约束性内容的基础上;另一方面则表明,在现代社会条件下,任何参与者都可以拥有自由支配的活动时间和空间,并具有一定的活动能力等条件,但参与什么样的活动全凭参与者自己来决定。

2.休闲体育产业的概念

对休闲产业的构成结构进行分析可以发现,休闲体育产业在休闲产业中占据很重要的位置。休闲体育产业是指为充分满足人们的休闲体育消费需求,向大众中的个人或组织集合体提供物品、服务以及相关设施。从某种程度上来说,可把休闲体育产业理解成将目标设定为满足人们休闲体育需求的产业。

3.休闲体育产业的含义

休闲体育产业的概念中包含了以下四项含义。

①休闲体育产业所提供的产品是休闲体育用品与休闲体育服务。

②休闲体育产业之所以向人们提供休闲体育产品,主要目的是促使人们进行休闲体育消费,这说明其提供的产品具有明显的指向性。

③人们通过支付货币来购买休闲体育的产品或服务,以使自身的休闲体育需求得以满足,这个过程就是休闲体育消费。

④休闲体育有一个特殊属性是体育运动是对休闲体育产品进行生产和提供的基本方式和手段。

(二)休闲体育产业的功能

休闲体育产业被大众形容为新兴产业与朝阳产业,其具有的功能和作用能反映在很多层面上。由于休闲体育的内容包含了休闲体育的内容,所以休闲体育产业的功能与休闲体育完全相同,除此之外,要指出的是休闲产业功能的一个重要组成部分是经济功能。

1.经济功能

(1)提供就业岗位

毋庸置疑,大力发展休闲体育产业能向国民提供更多就业岗位,由此能在一定程度上缓解当前社会上就业难的局面。在特定的社会经济条件下,劳动者参与生产经营活动或非经营性工作,之后得到相应的报酬,这就是所谓的就业。从实质上说,就业即满足物质需求与精神需求,以特定方式在社会中成为劳动的参与者。当今社会无论哪方面几乎都离不开就业,都有相关问题与就业关联起来,这些问题对社会经济发展状况、全社会的长治久安、和谐社会的构建进程都有直接影响。我国要采取各种措施提高就业效率,由此使得我国广大劳动者的生存情况和发展情况得到改善,为构建和谐社会提供保障。休闲体育产业涉及的内容相当广泛,而且它属于一种综合性产业部门,既有生产,又有服务,体育休闲产业的发展必将会带动其他相关各行业的发展,从而使各行各业对不同类型的劳动者提出了需求,进而可以说,休闲体育产业能为社会提供大量的就业机会。

(2)刺激健康消费

现代社会倡导积极健康的生活方式,而休闲体育自从诞生以来就与一些体育活动方式有着密切的关系,这些活动方式不仅丰富多彩,而且对人的身心健康是很有好处的,如溜冰、登山、徒步旅行、钓鱼、攀岩等,经常参加这些活动不仅能满足休闲娱乐的需求,而且能提高体质与健康。因此,作为人们休闲方式的主要形式,休闲体育早已充分融入社会的方方面面。随着休闲体育产业发展进程稳步推进,有越来越多的休闲体育运动方式可供人们选择,人们在休闲体育消费方面的选择也越发朝着多元化方向发展,自觉在休闲体育产业上进行健康消费。

当前,我国生产力水平的发展速度不断加快,经济发展呈现出持续稳定增长的态势,居民收入水平不断提高,居民的消费欲望和消费潜力也越来越大。除此之外,国家近年来增加了清明节、端午节、中秋节等小长假,假期增多意味着大众的闲暇时间越来越多,此外,人们的消费空间也越来越大。在这个背景下,人们的休闲体育消费必然会持续增多。

随着我国不断对外交流与合作,举办更多的世界性体育赛事,与世界其他国家交流日益密切,大众的视野会更加开阔,固有的消费观念与生活方式会随着生活的变化而不断改变,进而也会导致消费需求出现变化。随着社会的发展,人们的基本生存问题早就得到了解决,现阶段人类的追求更加集中在精神层面,花钱长见识、花钱买健康的人不在少数。休闲体育产业目前和我国现阶段的市场需求相适应,因此对我国消费持续扩大的新兴产业产生极大的推动力,因而加快推进休闲体育产业在我国的发展可以演变为扩大我国内需的一个着力点。

在经济学上,有一个基本常识是生产决定消费,生产的最终目的还是消费。当某个国家的工业得到极大地发展,通过第二产业的发展供应大量生活资料的能力飞速提高,居民的日常消费品愈发丰富,但我国有一个很现实的问题就是人口众多,所以不可能对人们无节制的物质消费进行过多的刺激。针对这样的状况,大力提倡广大群众选择精神消费为主要内容的休闲体育消费是很有意义的。因为广大群众的精神需求可以在基本物质需求得到满足的情况下演变成为最关键的消费目标,所以精神产业消费的发展空间相当广阔。

2.文化功能

(1)促进观念的改变

在休闲体育产业中,休闲体育本身所具有的休闲、娱乐、健身等价值必然能够充分展示出来,这些价值有利于加深大众对休闲体育的认识,更能提高人们的生活质量,有利于促进人们在文化观念上的转变,对人们传统的体育意识进行有效引导,引导大家积极参与休闲体育中,进行休闲体育消费行为,这在客观上对体育经济的发展起到了助推作用。

在休闲体育产业中,其具有的健身、娱乐、休闲、教育等方面的休闲体育文化价值是显而易见的,此外休闲体育产业中还具有一定的艺术价值,这能够吸引更多的群众,可以使广大群众资源发展为体育休闲活动的参与者。在广大群众当中,不同人之间所持有的休闲体育文化价值观往往有很多相似之处,在一些情况下是相同的,当休闲体育文化价值成功影响到这些人以后,往往会对特定的休闲体育运动形成共同的思想并达成共识,同时他们会自觉改变以往片面或肤浅的休闲体育文化观点,由此产生共同的休闲体育消费倾向,这不仅有助于提高休闲体育和休闲体育产品的市场份额,还有助于推进规模经济的形成进程,也对体育产业市场和社会经济的发展具有积极意义。

(2)促进人们生活的丰富

人类在发展进程中不断创造物质文明,但也在不断创造着精神文明。随着社会文化不断发展,人们在不断享受着物质生活后,也逐渐对精神文化生活充满向往并尽情享受。文化生活内容丰富,多姿多彩,是一种社会文化;而体育运动也具有文化韵味,休闲体育亦是如此。在休闲体育中,不仅能满足人们的娱乐性、消遣性精神生活需求,还能满足人们的审美、自我发展等其他需求。

休闲体育产业作为社会文化生活的重要组成部分之一,其中包含多元化的活动内容与活动方式供人们选择。随着群众的闲暇时间越来越充足,休闲体育产业自身同样增加人们的选择途径和选择机会,促使人们能更加自由地安排自己的业余生活。在"一带一路"背景下,我国广大群众不仅要为社会主义物质文明建设贡献应有的力量,而且要积极倡导社会主义精神文明建设。休闲体育不仅能培养广大群众的精神素养,还能使人们学到更多的文化知识,提高人们的知识水平、审美能力和综合素养。在闲暇时积极参与休闲体育活动,一方面能使人们的业余生活更加丰富和精彩,另一方面能够推动我国社会主义精神文明的建设进程。

3.健身功能

很明显,在空闲时间积极参与休闲体育活动不仅能保持身体健康,还能提高参与者的体质水平。俗话说岁月不饶人,随着年龄增长,人的身体会出现各种变化,随之而来的就是各种疾病。据相关研究发现,动脉硬化在脑力劳动者中的发病率为 14.5%,在体力劳动者中仅为 1.3%。在我国传统养生观念中,一直强调运动对于人体有着重要作用。有研究者对长期参加跑步健身的 40 名中老年人研究发现,他们得病的概率都很低,心肺退行性变化能推迟 10 年甚至更长时间。之所以还能保持很好的心肺功能,与他们平时坚持参加适宜的长跑运动是分不开的。

在社会持续发展的大背景下,"职业病"与"文明病"成为人们健康的首要敌人,人们愈发意识到健康对自己是多么的重要,越来越多的人开始认同"生命在于运动",并付诸实践。在日常的工作生活中,人们逐渐将休闲体育的价值和意义放在更加重要的位置,在闲暇时间开始参与到多元化的休闲体育活动中,尽可能地消除运动量不足产生的消极作用。参与内容和形式具备多元化特征的休闲体育活动,有助于愉悦身心,保持并提高健康水平。总而言之,在所有休闲放松的方式中,休闲体育活动是积极影响最大、对身心最有益、愉悦身心作用最显著的一种方式。

休闲体育之所以不断受到人们的重视,同其自身所具备的特点密切相关。总体来说,我国在竞技体育、学校体育、群众体育上的发展均有不同程度的强制性色彩,而实践则要求过去闭塞的体育环境向开放体育、计划体育、市场体育过渡和转型。针对这种情况,"终身体育"与"健康第一"的观念逐渐成为社会群众的主流体育观念。"终身体育"的理论与观念之所以能被人们广泛接受,与人们对于健康的需求密不可分,它作为一种理论基础,积极推动群众提高自我的健身意识。此外,在实践中可以看出,休闲体育以其趣味性与娱乐性极大地吸引着大众的目光,从而促使人们产生了强烈的休闲体育健身的欲望。

需要补充的是,休闲体育活动内容丰富,形式多样,且对运动设施要求极低,无须配备太过高端、上档次的场地设施与运动器械,一般规模的运动场地即可满足活动需求;在技术动作上,也未提出硬性要求,参与者可以自娱自乐,与朋友、伙伴进行互动参与也是可以的。参与休闲体育的过程中,运动者的身份、地位、职业、性别、年龄等方面不受限制,男女老幼均可在参与过程中体会到休闲的快乐,可以对人们的身体和心理产生积极的愉悦作用。人们参与休闲体育活动可以让人们走出以工作为主的单调生活,也能够更加深刻地体悟到生命的意义,从各方面体验到生活的乐趣,由此为具备终身体育意识打下良好的基础,使其成为终身体育的践行者。

二、我国休闲体育产业的发展历程

我国休闲体育产业的发展大致经历的了三个时期,分别是探索期(1979—1992 年)、初步发展期(1992—2000 年)和全面发展期(2000 至今)。通过对我国休闲体育发展历史的整理,可以发现,我国休闲体育发展与国家经济发展是紧密相连的。

(一)探索期(1979—1992 年)

在改革开放以前,我国一直采取计划经济体制,在这个体制下,我国体育产业发展得相对平淡,特别是在"文革"时期,我国休闲体育产业还出现了停滞和倒退现象。1978 年,十一届三中全会胜利召开,我国开始实行改革开放政策,国家经济发展迈出崭新步伐,从此,人民生活的水平迅速提高,人们开始有时间去关注体育运动。1984 年洛杉矶奥运会上,许海峰获得了新中国第一枚奥运金牌,点燃了国人心中对体育的热情,此后,中国女排创造了"三连冠"的伟业,更是让体育运动的魅力深入到每一个华夏儿女的心中。

随着国家经济发展,老百姓的日子越来越好,电视机走进了千家万户,逐渐成为我国群众的家庭必需品,中央电视台逐渐开始转播或播出一些高水平的体育比赛,如世界杯足球赛、意大利足球甲级联赛、NBA 篮球赛等,我国群众开始体会到高水平体育赛事带来的魅力与激情。从此,我国逐渐形成了一批又一批的"体育迷",这使得体育竞赛表演业逐渐积累了土壤,民众不仅争先恐后观看各种体育赛事,而且也积极地参与一些休闲体育活动。

在这一阶段,西方国家流行的休闲娱乐体育也逐渐传入中国,如交谊舞、霹雳舞、旱冰等。一些发达的城市开始出现了体育场地租赁、体育健身指导、体育技能培训等服务,体育娱乐市场初具雏形。20 世纪 80 年代,职工体育在我国体育产业发展中是一个亮点。由于当时人们的精神文化生活十分匮乏,因此企事业单位也举办各种形式多样的休闲体育活动,号召职工们来参加。此时,在酒足饭饱后观看职工体育比赛是一种很流行的体育休闲方式,这在实质上也促进了我国休闲体育的发展。

总体来讲,休闲体育产业在此阶段是一种摸索的状态。当时国家鼓励体育系统中有条件的事业单位尝试多元化经营,扩大服务范围,积极增收节支,提出了体育场馆要"以体为主、多种经营",由事业型向经营型转变。各地体委充分利用体育场馆开设舞厅、健身房和台球室等。在体育用品市场上,大多销售的体育用品主要是一些国有企业生产的衣服鞋帽,价格低廉,质量一般,缺乏专业实用性。在 20 世纪 80 年代开始,逐渐有以生产销售体育用品为主要经营业务的体育企业,一些专业运动员所使用的装备与服装也能在市场上买到,但普通老百姓一般都买不起。

综上所述,这一时期真正参与休闲体育活动的人并不多,大众表现出参与休闲体育活动的愿望,但可供选择的体育项目非常少,休闲体育产品也十分匮乏,没有专业化的体育企业进行市场开拓,群众只能参与一些相对简单的休闲活动。因而,在这一阶段,我国休闲体育产业的发展特点是水平低、规模小、速度缓慢。

(二)初步发展期(1992—2000 年)

1992 年,邓小平同志发表了南方讲话,确立了社会主义市场经济体制的主体地位,国人对改革开放的信心更加坚定。在体育体制上也进行了改革,引入市场经济的运行机制。1993 年,国家体委主任在会议上制定了《关于培育体育市场,加快体育产业化进程的意见》,提出了体育要"面向市场,走向市场,以产业化为方向"的发展思路。1995 年,国家体委颁布了《体育产业发展纲要》,确定了体育产业的类别,确立了体育产业的发展目标。同年,国家体委颁布《全民健身计划纲要》,使得体育产业的发展成为国家政策,从而推进了体育管理由国家主导到社会化参与,一些体育项目开始向市场化的轨道前进。

伴随我国经济发展的腾飞,老百姓的余暇时间也不断增加。1995 年,我国正式实施五天工作制;1999 年,又相继开始实施"春节""五一"和"十一"长假制度。所以,实际上我国民众在一年有 1/3 的天数是在假期中,属于余暇时间,普通百姓如何过好这些余暇时光就成了一个不能回避的问题。所以,随着时间推移,自愿选择参与休闲体育活动,进行休闲体育消费逐渐成为人们度过业余时间的主要方式。例如,1998 年全国足球甲 A 联赛的门票收入达到了 1 亿元,整个甲级联赛有约 580 多万观众到现场观赛;全国男子篮球甲 A 联赛的现场观众总数达 62 万,门票收入 1 401 万元;全国排球联赛现场观众超 50 万,门票经营收入达 1 200 万元。❶

这一时期我国深化改革开放,北京、上海等一线大城市已具备现代化的发展形势,一部分率先富裕起来的人们开始尝试各种休闲体育消费。从此,体育娱乐市场很快形成了规模,体育彩票市场从无到有快速发展;体育用品市场开始活跃起来,诞生出一大批专门生产体育用品的企业,一些优秀的体育用品生产企业进入到

---

❶ 鲍明晓.体育产业[M].北京:人民体育出版社,2000.

快速发展的阶段；而伴随着职业联赛的开始，体育中介市场也开始显现；据统计，1998 年全国体育消费总额达到 1 400 亿元。❶

在这一阶段，我国休闲体育产业发展具备这些特点：民众的余暇时间增多；体育资源的配置从国家统一分配逐步转变为市场化配置；各种体育市场形成了一定的规模，休闲体育产业发展迅速壮大。

（三）全面发展期（2000 年至今）

2000 年，国家体委颁布了《2001—2010 年体育改革与发展纲要》，提出了体育产业要以"以体为本，全面发展"为指导思想。随后，我国调整了产业结构，加大第三产业的比重，这就使休闲体育产业的发展得到促进。这一时期，休闲体育产业继续呈现出市场化的发展特征，国有体育企业的数量锐减，而民营、外资和中外合资企业逐渐发展为休闲体育产业的主要力量。休闲体育产业发展规模继续扩大，大众休闲体育消费不断增长。

21 世纪初，中国的人均 GDP 达到了 856 美元，这说明我国已摆脱了贫困，国民生活基本上达到了小康水平。2001 年，我国成功加入世界贸易组织，标志着打开了我国经济飞速发展的大门。经济全球化的趋势下催生了以民营企业为代表的一大批出口外贸型企业，为国家经济发展做出贡献，外汇储备也大幅增加。2000 年到 2008 年，我国国内生产总值每年以 10％以上的速度增加；从 2000 年的 1 万亿美元增加到 2008 年的 4.3 万亿美元，在八年间经济产量直接翻了 4 倍。民众的收入增加直接改变了其消费结构，把更多的目光投向休闲体育消费，用于休闲体育活动的资金明显增加。

随着 2008 年北京奥运会的成功举办，为我国休闲体育的发展注入了新的活力，我国体育产业发展进入了一个全新的时代，促使我国休闲体育产业与国际接轨，带动大规模投资与更多的休

---

❶ 鲍明晓.体育产业[M].北京：人民体育出版社,2000.

闲体育消费。

2015 年以后,我国体育健身休闲产业的发展速度持续加快,在广大群众的物质生活条件有了更大的改善,闲暇时间持续增加、思想观念持续转变的情况下,我国国民不仅把休闲体育消费放在国内,甚至走出国门,去国外观看高水平的体育赛事,进行休闲体育消费,一些专门运作国外体育观赛的企业应运而生,这为我国休闲体育的发展注入了很大的活力。

在"一带一路"的背景下,我国当前有体育产业经营性机构 2 万多家,总投资额超过 2 000 亿元,年营业额超过了 600 亿元。而"花钱买快乐""花钱买健康"一直是一种时尚。在商业发展的持续带动下,休闲体育产业继续以高姿态持续发展,广大群众逐渐形成运动消费观念,这对广大群众提高身体素质、提高生活水平具有积极影响。我国休闲体育的产业化与设施持续完善进一步提升了休闲体育的参与人数。我国体育健身休闲产业继续处于全面发展期。

三、"一带一路"背景下我国休闲体育产业的发展现状

我国休闲体育产业在发展上已持续了很长时间,同时在很多方面已经取得一定的成就,具体表现是休闲体育市场体系基本构建起来,市场规模得到一定的拓展,体育健身服务的多元化发展和经营连锁化发展走向愈发明显,体育经济法制建设力度越来越大,市场管理朝着规范化方向发展,体育人口数量明显增加,休闲体育产业促使国民经济增长的幅度越来越突出。

(一)体育健身休闲市场体系基本形成

判断一个国家体育产业发展程度的关键性依据之一就是体育市场体系是否健全。现代体育市场体系具有多元化的特征,主要由体育用品市场与体育服务市场组成。体育市场体系的详细结构由很多相关市场组成,具体是指体育用品市场、休闲健身市

场、竞赛表演市场等。20世纪80年代初,我国休闲体育市场逐渐开始萌芽,此后历经三十多年的发展,发展为一个崭新的市场格局,这个市场格局具有以下几个方面的特征。

①各休闲体育机构是平等竞争的关系。

②社会主义市场经济为主体,多种所有制并存。

③投资主体来自各行各业,不一定是体育行业。

④健身运动营养补品市场与体育健身休闲用品市场(以体育健身市场为主体和核心)等共同发展。

⑤休闲体育市场提供低、中、高三个不同档次的体育服务产品。

(二)体育健身休闲产业的市场规模不断扩大

当前,我国有20 000多家经营性体育产业机构,这些机构投入到体育产业的金额大概有2 000多亿元,这些机构每年的总营业额高达600多亿元。"花钱买健康"的观念已经得到了广泛认可,人们将这种投资看成是一种时尚。目前,我国有3亿多人经常参加不同类型的体育健身休闲活动,所有居民平均每人参加的体育活动项目为3.45项。相关调查显示,在健身俱乐部进行运动健身的参与者每次消费额是逐年攀升的,在发达地区,人们常常会把家庭收入的很大一部分用于健身消费。这些数据进一步说明,我国休闲体育产业的市场规模正在朝着持续扩大的方法发展。

(三)体育健身服务更加多元化

目前,我国有多种类型的休闲体育健身中心和健身俱乐部,这往往可以给予消费者很大的选择空间,供消费者挑选多种休闲体育健身服务项目以及各个层面的内容,例如有氧健身操、器械健身操、有氧搏击操、形体训练、体育舞蹈、保健按摩、羽毛球、台球、保龄球、瑜伽、网球、武术以及游泳等。这些健身机构不仅设置了多样化的健身项目,而且能够为消费者提供多元化的服务。

在"一带一路"背景下,我国的休闲体育健身中心能够向消费者提供运动服务、健美服务、健身服务、美容塑身服务以及康复服务等多项服务,还有一些其他的服务项目,如咖啡屋、茶馆、舞厅、书刊室以及桑拿浴等。❶ 如此可以尽可能满足处于各个社会阶层的人在娱乐休闲、健身健美、社交等各个方面的实际需求。

(四)积极加大体育经济法制建设力度

从根本上说,休闲体育产业的发展和体育市场的运行都要依靠法治建设,都需要在市场秩序规范化的前提条件下进行。自20世纪90年代以来,我国体育产业方兴未艾,而且相关部分逐步确立并加强体育经济法制建设,相继制定了一些全国性或地方性的法律法规,其中,《公共体育文化设施条例》《全民健身条例》《体育法》等是普遍的代表。除此之外,我国在积极调整和优化休闲体育从业人员的资质认证制度和体育市场准入制度,这将进一步加强体育市场管理,并产生显著的规范作用,因此,包括休闲健身产业在内的休闲体育产业的各个发展环节将受到法律的制约与保护。

(五)连锁化经营模式的发展速度持续加快

1999年,连锁经营模式正式被引入我国,运用在健身俱乐部上。在此之后,很多影响力巨大的发达国家体育健身企业进入我国的休闲体育市场,这些体育健身企业为了在短时间内追求更大的市场份额,纷纷采取连锁经营的方式进行经营管理,并取得不错效果。此后,越来越多的健身企业开始效仿该方式,也采用连锁经营的经营管理手段,同样想让自身得到更大的发展。

一些影响力大的体育健身企业在我国市场站稳脚跟后,持续不断地扩大规模,凭借连锁经营的手段获取更大的市场,争取在最短时间内获得更大的影响力和知名度,推动体育市场集中度的

---

❶ 杨铁黎,苏义民.休闲体育产业概论[M].北京:高等教育出版社,2011.

发展进程。对国外体育企业在短时间内占领我国市场的现象进行分析后发现,这些企业之所以能迅速占领市场,主要原因有资金实力雄厚、知名度高、品牌口碑好、经营管理水平优秀、理念紧跟时代潮流等,这些都发挥了突出作用。

(六)市场竞争日趋激烈,市场经营风险持续增加

自我国加入世界贸易组织后,国内经济的大门向全球打开,经贸领域合作不断加深。这些国外知名体育健身企业进入我国后,产生的影响既有正面的也有负面的。具体来说,正面影响是指知名企业进入我国能带来先进的休闲体育理念和经营理念,有效推进我国休闲体育产业的发展进程;负面影响是指国外企业的进入会加大休闲体育市场的竞争,挤压国内企业的生存空间,同时由于各个企业的服务产品基本上大同小异,因而对顾客产生的吸引力是十分接近的,因此,这些企业常常以价格手段来吸引消费者,这就造成我国体育健身市场出现秩序混乱的现象,随之产生很多恶性竞争,这些方面的因素大大增加了企业经营风险。

(七)体育产业结构不合理,发展缓慢

在"一带一路"背景下,体育产业的发展实际上也推动了我国国民经济的发展进程,体育产业的健康发展与国民收入不断提高也是有一定关联的。有关调查表明,体育产业的发展速度比国家经济增长的速度还要快,但我国体育以及相关产业增加值的构成依旧有很多不合理的地方,各个方面有发展不平衡的现象,实际上休闲体育产业的发展速度是慢于其他体育产业的发展速度的。目前,休闲体育市场依旧有很大的潜力和广阔的空间,所以应当对休闲体育产业进行更多的尝试与探索,从根本上加快休闲体育产业的发展速度,促使其为我国国民经济的发展贡献更大的力量。

第三节 "一带一路"背景下我国体育旅游产业的发展研究

一、体育旅游产业的基本知识

(一)体育旅游产业的相关概念

1.体育旅游产业的定义与内涵

近年来,旅游业在我国兴旺发达,出门旅游已经是一种时尚和潮流。而体育旅游因为其具有的魅力,已经成为大众旅游的一个重要组成部分。根据体育旅游的大众性与特殊性,可以将体育旅游产业定义为以体育旅游资源为依靠,以体育旅游者为主要对象,通过提供体育旅游服务满足体育旅游者需求的综合性产业。根据体育旅游产业的定义,可以引申出以下内涵。

①体育旅游产业主要依托于体育旅游资源。在任何国家和地区的体育旅游产业发展过程中,体育旅游资源是重要的物质基础。只有充分挖掘体育旅游资源并发挥出其独有的吸引力,才能吸引到更多的体育旅游者前往。

②体育旅游产业属于综合性产业,包含了各种不同的行业。各行业通过提供各自的产品和服务来满足不同体育旅游者的各项需求,其作用是更加便捷地开展体育旅游活动,同时在满足体育旅游者总体需求的前提下统一起来。

2.体育旅游产业的构成

结合我国的实际情况,分析体育旅游者在食、住、行、游、购、娱等方面的旅游需求,可以将体育旅游产业中的旅游企业划分为直接体育旅游企业和间接体育旅游企业。其中,直接体育旅游企业主要是依靠体育旅游者消费来维持和生存的企业,诸如体育旅行社、交通通讯企业和旅馆餐饮企业等。而间接体育旅游企业则是那些主要服务对象并非体育旅游者,换句话说是有没有体育旅游者都不影响企业运转,但也向体育旅游者提供商品和服务,如销售行业、游览娱乐企业等等。从此可以看出,体育旅游产业在狭义上一般是建立在直接体育旅游企业这一基础上的,而广义来说不仅包括直接体育旅游企业,也包括间接体育旅游企业,还包括支持发展体育旅游的各种旅游组织。我国体育旅游产业的构成部门主要有以下几个方面。

①体育旅游餐饮住宿业。主要包括饭馆、酒店、宾馆、餐厅、露营营地等。

②旅行业务组织部门。主要包括体育旅游经营商、体育旅游零售代理商、体育旅游经纪人以及体育运动俱乐部等。

③交通运输通讯业。主要包括航空公司、铁路局、海运公司、公交集团、邮政局、电信局等。

④游览场所经营部门。主要包括体育主题公司、体育运动基地。

⑤目的地旅游组织部门。主要包括国家旅游组织(NTO)、地区旅游组织、体育旅游协会等。

上述部门之间相互促进,具有共同的目标,通过宣传、吸引、招揽与接待体育旅游游客来推动本地的体育旅游经济发展。虽然其中一些组成部分中的企业并不以直接营利为目的,但是它们在促进与扩大商业性经营部门的营利方面起着非常关键的支持作用。

(二)体育旅游产业的性质

通常来说,国家发展旅游产业的动机往往会涉及社会、政治、经济等诸多方面,并且以某方面为重点,兼顾其他方面。但是,结合旅游产业的发展状况,政府会在适当情况下对旅游动机的重点进行调整。可以说,这是一个国家政治、经济和社会发展的需要。从国家的角度来看,推动和促进旅游发展的工作仍然是一项具有多项目的的工作,因此,重视程度也略高一些。

在我国市场经济条件下,旅游产业作为诸多产业中的一种,旅游企业发展旅游产业的主要目的是通过对旅游的推动和提供便利服务来从中获取收入。旅游企业就是以营利为目的并需要进行独立核算的经济组织,是旅游产业发展的主要角色。由此可以得知,旅游产业具有明显的营利性质。因此,旅游产业自身也要进行经济核算。另外,需要强调的是,从根本上来说,旅游产业是一项经济性产业,因此,旅游产业并不属于文化事业的范畴,而是国民经济的组成部分。

根据对旅游产业性质的阐述,可以推测体育旅游是现代大众旅游中较为特殊的一种旅游,是旅游产业发展的重要组成部分。体育旅游产业属于经济性产业范畴,明显具有经济属性,直观来说,就是其是具有经济性质的服务行业,并且将通过为体育旅游者的体育旅游活动提供便利服务而获取经济收入作为其根本目的。

二、我国体育旅游的发展历程

我国的国际旅游产业在改革开放后飞速发展。在 1978—2001 年间,我国入境旅游人数与旅游收入以年均 12.9% 和 19.2% 的速度增长。随着国际旅游产业发展壮大,旅游者的旅游需求呈现总体范围越来越广泛化,而个体则是越来越细化,这种趋势也成为推动我国体育旅游需求等各种主题旅游需求越来越多的一大动因。

我国是一个地域辽阔的国家,拥有丰富的旅游资源,加之中华传统文化根植于每个中国人的心中,使得我国的体育旅游具有独特的民族特色,这些都是我国体育旅游在发展中的重要优势。

我国不同地区在地理环境、气候上差异明显,这些差异为开展不同的体育旅游提供了良好的条件。东北地区气候寒冷,降雪充足,天然滑雪场以及国家级森林公园多达数十个,所以是进行冬季滑雪旅游的好去处;我国拥有狭长的海岸线,沿线上有很多著名的海滨城市,如大连、秦皇岛、青岛、厦门等地,这些沿海城市都是进行游泳、潜水、冲浪、日光浴等运动的理想去处;我国内陆地区有众多河流、湖泊和水库,有很多水域都可以展开钓鱼、划船、赛艇等体育娱乐活动;我国还有很多的名山名峰,这就为登山、攀岩等活动创造良好环境。

中华人民共和国成立后百废待兴,一切处于重建阶段,此时人民的生活水平普遍较低,只能进行一些简单的体育活动,如跑步、游泳、球类、钓鱼、登山、骑自行车、滑冰等。在改革开放不断深入后,我国旅游产业得到了较快发展,在全国各个景区兴建了一批星级宾馆、饭店,从国外引进了诸如健身器械等配套设施。加之交通、通讯等基础设施建设稳步推进,居民的出行与外出旅游活动越来越便捷。随着国民生活水平不断提升,传统的健身活动已经满足不了大众的健身需求了,逐渐产生更加多元化的旅游需求。体育旅游作为一种可供选择的健身休闲方式,因其兼有娱乐、刺激等独特的魅力,逐渐受到广大群众的认可与喜爱。滑雪、漂流、攀岩、徒步穿越、登山、户外野营、骑行旅游、自驾车游、武术健身游、海滨健身游等体育旅游项目在我国蓬勃发展。

随着现代科学技术的不断发展,人们在体育旅游中有更多的选择和机会。例如,攀岩最早只是在旷野山峦中攀爬,如今逐步演变出攀冰岩、裸岩和人工岩等多种活动方式,此外,登峰、漂流、蹦极、跳伞等体育旅游活动,都体现出人类对自我极限的挑战。加上新型体育设备的研发与研制,既给这些活动提供了必要的基础条件,又在一定程度上保证了运动的安全,使体育旅游,特别是极限运动能够安全地开展。在多重因素的影响下,人们逐渐有了挑战自我、超越极限、追求刺激、享受快乐的理念,而体育旅游恰好能满足人们这样的心理,人们的这些需求逐渐受到关注与重视,所以体育旅游才会不断发展壮大。因此,体育旅游具有巨大的发展潜力。

然而,受到一些主观或客观的因素影响,我国体育旅游还有很多尚未开发的地方,旅游产业整体发展上也与发达国家存在较大差距。但是,我国的体育旅游发展前景是广阔的,在"一带一路"背景下会有更多的机遇,尤其是在民族传统体育旅游方面,我国有得天独厚的资源和底蕴,由此可以开发出具有我国民族特色的体育旅游。

三、我国各地体育旅游产业的发展现状

在"一带一路"形势下,发展我国的体育旅游产业已开始得到国家有关部门的重视与支持。政府主管部门推出这些体育旅游产品,对宣传体育旅游,促进我国体育旅游产业的发展有着积极的意义。

(一)将体育旅游产业作为新的经济增长点

当前,全国有很多地方将开发体育旅游产业作为本地旅游经济的全新增长点,并对旅游产业发展进行系统而具体的规划。其中,四川省和安徽省是典型代表,下面就阐述两地在体育旅游产业的开发与发展情况。

1.四川省体育旅游产业的开发与发展

四川省在《"十一五"旅游产业发展规划》中提出要开发"体育健康旅游产品"和"自驾车旅游产品",具体意见包括以下两个方面。

第一,就体育健康旅游产品的开发来说,借助大规模的体育赛事与健身运动场馆资源,进一步加大体育旅游的发展力度。深入挖掘四川省的中医药与少数民族医药资源,在此基础上全面发挥康体理疗的特殊作用,对矿泉和中药康体旅游产品进行规划,进一步扩大体育健康旅游市场的整体规模。在发展户外专项旅

游的过程中,要充分利用山岳资源,对其具有的重要性要高度重视。

第二,就自驾车旅游产品的开发来说,积极适应汽车大众化与本省公路网两个方面的发展趋势,配合"一带一路",推广香格里拉秘境之旅、剑门蜀道、重走长征路、攀西大裂谷探秘、南方丝绸之路、茶马古道等路线,将自驾车旅游的工作摆在重要位置,做好自驾车营地、汽车旅馆、餐馆、影院等设施与服务的相关工作,此外,在自驾车旅游沿线规划并建设厕所、加油站、服务区等配套设施。

2.安徽省体育旅游产业的开发与发展

安徽省为落实省委、省政府《关于推进旅游产业大省建设的意见》,充分利用并开发安徽省内的旅游资源,全面推动安徽省体育旅游产业的发展,为全省经济社会快速平稳发展、实现安徽快速崛起提供有力支撑。省体育局、省旅游局决定合力推进体育旅游产业大省的建设进程,通过多种途径促使各级体育和旅游行政部门密切合作,在全面开发多元化体育旅游产品的前提下,充分向全国乃至全世界展现安徽省的风土人情与地域特色,逐步开发出体育旅游的品牌产品,联合各方面力量将安徽发展为体育旅游大省。省体育局与旅游局通力合作,围绕《体育旅游产品发展规划》,认真落实战略合作框架协议的各项内容和要求,积极推动各级体育和旅游部门全面合作,共同开发体育和旅游两大资源。

(二)针对性地提出建议,发展当地体育旅游产业

在"一带一路"的发展背景下,很多人士对本地开发体育旅游产业提出了自己的观点,其中最具代表性的是重庆市和河南省南阳市,具体如下。

1.重庆市体育旅游产业的开发与发展

重庆政协委员建议以体育为突破口发展旅游,在市政协会议

上提交了《重庆体育旅游的发展现状、问题与对策建议》的提案。结合这项提案,重庆市的相关部门应当全面调查全市的体育资源,特别是要调查民族民俗性体育资源,并由此制定出科学的体育旅游发展规划,高质量完成体育旅游项目的策划工作。

与此同时,重庆市要逐步加快建设体育设施的速度,进一步调整现代体育设施体系,优化体育旅游服务配套设施体系,为挖掘旅游资源、树立体育旅游品牌打下坚实的理论基础与物质基础。

重庆市要结合本地的旅游资源来开发不同类型的旅游项目,如重庆多山,在山地景区可以开发山地自行车、摩托车、汽车越野竞技性体育旅游项目,重庆有很多少数民族地区,利用民族传统体育资源开发竹竿舞、舞龙舞狮、划龙舟等具有观赏性、参与性的体育旅游项目,开发少数民族传统体育旅游项目。

此外,针对重庆专业人才不足的问题,重庆市应当在培养体育旅游人才方面多做一些工作,把更多时间和精力用在体育旅游从业人员的岗位培训与职业教育这两方面上,让本地体育旅游的人才在体育运动技能、理论知识、组织协调能力上都有过硬的素质,从而更好地服务于重庆体育旅游产业发展之中。

2.河南南阳体育旅游的开发与发展

目前,河南省南阳市共有5 000多名"驴友",有1 000多名车友,他们根据自己的情报网络,通过互联网进行沟通,自发组织登山探险旅游活动,这些旅游者的足迹遍布全市人迹罕至的崇山峻岭、河谷深涧。

从休闲体育旅游的发展来看,体育休闲旅游实际上是体育产业与旅游产业相互交叉、相互渗透的结果,是把体育资源与旅游资源定位成重要基础,凭借不同类型的规划、设计、组合的体育活动和体育赛事吸引人们成为参与者中的一员。所以,体育旅游能促使人们更加深刻地体会到体育活动和与大自然情趣的亲密互动,这是一种以体验为主要形式的休闲生活方式。体育和旅游不仅不能被分割开来,同时要促使体育和旅游加深协作力度,如此才能增加体育旅游实现双赢的可能性,最终在短时间内将体育旅游的价值发展到最大。

(三)各地区体育旅游发展速度不断加快

近些年来,全国各地的体育旅游都有了很大的发展,这里主要对具有代表性的黑龙江省体育旅游产业发展进行分析。

黑龙江省地处东北,是我国冰雪体育运动的大省,黑龙江人很早就保持参加冰雪运动的传统,所以黑龙江一直保持着冰雪运动的热潮。随着哈尔滨成功举办了世界大冬会,全国各地的冰雪爱好者更加愿意去黑龙江参加冰雪活动,新一轮的冰雪体育旅游高潮也由此掀起。特色鲜明的滑冰、冬泳、冰雪汽车拉力赛等冰雪体育旅游项目从黑龙江推向全国,影响力不断增加,其中滑雪旅游的人数每年持续上升。

四、"一带一路"背景下推进我国体育旅游产业发展进程的策略

在"一带一路"形势下,推进我国体育旅游产业发展进程的策略包括以下几个方面。

(一)全面领会国家关于发展体育和旅游的精神实质

全国各级体育部门和旅游部门要进一步加强对党中央国务院精神的学习,从战略的高度进一步提高对体育旅游融合发展的认识,坚定做好工作的信心和决心。

(二)进一步开创体育旅游部门合作新局面

旅游部门和体育部门要做到科学发展,积极实践,探索出体育旅游融合发展的创新机制,敢于尝试促进发展的新方式与新方法,研究相关政策措施,引导体育旅游平稳健康发展。

（三）提升服务，不断优化体育旅游消费环境

在体育旅游产业的服务商首先坚持以人为本的思想，大力倡导企业结合游客需求在旅游服务上进行创新，向游客提供令他们满意的消费环境；其次，大力倡导健康、绿色的生活理念，主动引导良好的体育旅游消费观念；再次，关注民生问题，从根本上增强服务意识，提高服务人员的职业意识；最后，政府真正加大对体育旅游的引导力度和市场监管力度，构建和健全切实有效的保障体系。

（四）增加供给，大力培育体育旅游消费热点

鼓励旅游企业和体育企业以市场需求为导向，加强合作，创意策划，向游客提供更内容丰富、实用性强的体育旅游产品，不断提升体育旅游产品的文化内涵。鼓励各级政府深度挖掘、合理配置资源，培育各类要素，加大对体育旅游基础设施的投入。鼓励社会资本投资体育旅游，促进体育旅游多元化发展。

（五）发挥媒体优势，加强体育旅游和新闻传媒之间的联系

在现代社会，要借助各种媒体的力量，构建覆盖范围广、社会影响力大的舆论氛围，有效带动和激励各方面力量参与到体育旅游发展过程中，推动旅游、体育、文化等产业实现关联发展的状态。如果能得到政府的大力支持、社会各界的认可、体育旅游爱好者的积极参与与正面评价，那么就说明我国体育旅游产业迈向一个新的发展阶段。作为体验式的健康经济主题旅游交叉渗透所产生的新兴领域——体育旅游自发展起来后就迅速得到全国旅游爱好者的响应，同时已经表现出了良好的发展走向。

参考文献

[1]胡键."一带一路"战略构想及其实践研究[M].北京:时事出版社,2016.

[2]唐朱昌."一带一路"的定位、风险与合作[J].社会观察,2015(06).

[3]中国现代国际关系研究院."一带一路"读本[M].北京:时事出版社,2015.

[4]夏正清.体育产业经营管理[M].西安:西安地图出版社,2011.

[5]刘远祥.体育产业结构优化研究[M].济南:山东大学出版社,2015.

[6]杨铁黎.体育产业概论[M].北京:高等教育出版社,2010.

[7]曹可强.体育产业经营管理[M].北京:高等教育出版社,2017.

[8]卢嘉鑫,张社平.体育产业发展理论与政策[M].北京:北京大学出版社,2011.

[9]姜同仁.新常态下安徽省体育产业发展研究[M].北京:经济科学出版社,2015.

[10]李扬,张晓晶.论新常态[M].北京:人民出版社,2015.

[11]曹可强.体育产业概论[M].上海:复旦大学出版社,2004.

[12]柳伯力,李万来.体育产业概论[M].北京:人民体育出版社,2005.

[13]丛湖平.体育产业理论与实践[M].北京:人民体育出版

社,2006.

[14]陈晓峰.我国现今体育产业政策分析:存在问题与发展趋势[J].北京体育大学学报,2017(05).

[15]唐豪,魏农建.中国经济体育产业市场研究[M].上海:学林出版社,2005.

[16]谢卫.休闲体育概论[M].成都:四川大学出版社,2014.

[17]卢锋.休闲体育学[M].北京:人民体育出版社,2005.

[18]王飞.我国体育产业发展的制度创新研究[M].北京:北京体育大学出版社,2016.

[19]刘亮,付志华,黎桂华.供给侧改革视角下我国体育产业发展的新空间及动力培育[J].首都体育学院学报,2017(01).

[20]姜熙.《体育法》修改中增加体育产业章节的研究[J].北京体育大学学报,2016(04).

[21]张春萍,李世民.我国体育产业信息网站运营模式研究[M].北京:经济管理出版社,2016.

[22]马向文,高彩琴,韩新君.中国体育产业发展的制约症结及其法律环境建设[J].首都体育学院学报,2010(04).

[23]韩春利.体育人力资源开发与管理[M].上海:复旦大学出版社,2005.

[24]王德伟.体育人力资源管理[M].北京:人民体育出版社,2011.

[25]曲天敏.体育人力资源研究综述[J].体育成人教育学刊,2009(25).

[26]王斌.体育人力资源管理[M].北京:高等教育出版社,2010.

[27]李荣日.体育产业人力资源培养模式[M].北京:北京体育大学出版社,2009.

[28]谢军.体育产业人力资源培养模式探究[J].经济研究导刊,2014(24).

[29]隋路.中国体育资源配置效率研究[M].北京:社会科学

文献出版社,2011.

[30]宋涛.我国体育产业资源开发战略思考[J].科技风,2014(11).